Albert Jackson & David Day

Antiquitäten

pflegen und restaurieren

Albert Jackson & David Day

Antiquitäten

pflegen und restaurieren

Aus dem Englischen von Dr. Günter Reinheckel

E.U.
VERLAG
EUGEN
ULMER

Antiquitäten pflegen und restaurieren wurde exklusiv für HarperCollins Publishers von Inklink erarbeitet.

Idee, Herausgabe und Gestaltung
Albert Jackson, David Day und Simon Jennings unter dem Firmennamen Inklink

Text
Albert Jackson, David Day

Planung und Gestaltungsanleitung
Simon Jennings

Verantwortlicher für den Text
Peter Leek

Illustrationen
Robin Harris

Studiofotografie
Ben Jennings

Index und Korrektur
Mary Morton

Verantwortlicher Herausgeber für HarperCollins
Cathy Gosling

Umschlag
Entwurf: Simon Jennings
Fotos: Ben Jennings
Illustrationen: Robin Harris

Erstveröffentlichung 1998 von HarperCollins Publishers, London

Die Deutsche Bibliothek – CIP-Einheitsaufnahme

Jackson, Albert:
Antiquitäten pflegen und restaurieren / Albert Jackson & David Day.

Aus dem Engl. von Günter Reinheckel. – Stuttgart (Hohenheim) : Ulmer, 1999
Einheitssacht.: Care and repair of antiques and collectables <dt.>
ISBN 3-8001-7814-1

Die CIP-Katalogaufzeichnung ist durch die British Library erhältlich.

Beratung
Die Autoren bedanken sich bei folgenden Beratern für ihre Unterstützung:

Sammlerstücke aus Papier:
Anthony Cross,
Warwick Leadlay Gallery,
Greenwich, London;
Elizabeth Howard,
Buchbinder,
Sydenham, London

Keramik:
Carmen Villacampa,
Keramikrestauratorin,
Badgers End, Dorset

Textilien:
Alexandra Seth-Smith,
Textilkonservatorin,
Blackheath, London

Kunststoffobjekte:
John Morgan,
Autor von „Konservierung von Objekten aus Kunststoffen", veröffentlicht vom Komitee für Konservierung in Museen und Galerien und der Gesellschaft für die Erhaltung von Objekten aus Kunststoffen

Technischer Berater für Restaurierungsmaterial:
John Lawson,
Picreator Enterprises Ltd.,
Hendon, London

Zusätzliche Hinweise:

A. Bell & Co. Ltd.,
Kingsthorpe,
Northhampton
Ciba Polymers,
Duxford,
Cambridge
Cray Pharmaceuticals,
Eltham,
London
ICI Acrylics,
Darwen,
Lancashire
La Ronka,
Hockley,
Birmingham
Percy Reboul,
Plastics Historical Society,
London
Sapphire Products Ltd.,
Nechells,
Birmingham
H. S. Walsh and Sons,
Beckenham,
Kent

Zusätzliche Fotos:

© **EWA** (Elizabeth Whiting & Associates) S. 45, 81, 90, 128, 129.
Paul Chave S. 80 unten rechts, 108.
© **John Morgan** S. 136.
Neil Waving S. 88, 91 unten rechts, 109.
Shona Wood S. 91 oben rechts.
© Inklink (**Ben Jennings** Fotografie)
Umschlag und Kapitelvorspannseiten 18/19, 34/35, 52/53, 66/67, 82/83, 92/93, 110/111, 130/131.

Die Autoren sind folgenden Firmen und Personen für das großzügige Ausleihen von Antiquitäten und Sammlerstücken zum Fotografieren zu Dank verpflichtet:

Stephen und Jane Bull
Glen Chapman
Sammlung von Unikaten,
Greenwich, London
Jim und Pat Clark
Jacqueline Day
Julian und Ellen Day
Robin und Shirley Harris
Pauline Jackson
Rose Jennings
Christine und
Maurice Johnson

John Morgan
Alexandra Seth-Smith
Warwick Leadley Gallery
Greenwich, London.

Die Autoren und Hersteller danken den folgenden Firmen, die ihre Produkte und Materialien zur Verfügung stellten und das Fotografieren ermöglichten:

Chintex Herdemailglasur
Chintex International,
Wraxhall, Bristol, Avon

Renaissance Metallentroster,
Renaissance Mikrokristalline Wachspolitur,
Vulpex Flüssigseife
Picreator Enterprises Ltd.,
Hendon, London

Badger Airbrush
Richard Kohnstam Ltd.,
Hemel Hempstead,
Hertfordshire

Berater der deutschen Ausgabe:
Diplomformgestalterin und Restauratorin für Textilien Gisela Bruseberg, Kunstgewerbemuseum Dresden.
Diplomrestauratorin für Metall Regina Vollheim, Kunstgewerbemuseum Dresden.

Deutsche Ausgabe:

Wollgrasweg 41,
70599 Stuttgart (Hohenheim)
Lektorat: Dr. Angelika Eckhard
Herstellung: Gabriele Wieczorek
Satz: Typomedia Satztechnik GmbH, Ostfildern
Printed in Spain

Inhaltsverzeichnis

Inhaltsverzeichnis

Einführung

Es ist immer schwierig zu entscheiden, was etwas wünschenswert und damit sammelwürdig macht. Im Allgemeinen werden Gegenstände für die unterschiedlichsten persönlichen Zwecke erworben. Was der eine Sammler als eine solide Anschaffung bewertet, betrachtet der andere als sinnlose Geldverschwendung.

Seltenheit und Zustand sind jedoch immer ein zuverlässiges Kriterium. Wenn eine Signatur unten am Bild zu finden ist, steigt der Wert erheblich – vorausgesetzt, die Stücke sind echt. Es bedarf allerdings nur des Besuches einiger Antiquitätengeschäfte und Trödelmärkte, um festzustellen, dass sich der Handel inzwischen von dem, was traditionell als sammelwürdig angesehen wurde, weit entfernt hat.

Zweifellos üben Fernsehprogramme einen wesentlichen Einfluss auf die Gewohnheiten beim Sammeln von Antiquitäten aus. Durch das Vorstellen von spektakulären Entdeckungen mit ihren glücklichen Besitzern hat das Fernsehen den Durchschnittsbürger davon überzeugt, dass es sich lohnt, an Erbstücken festzuhalten, falls es sich um unbezahlbare Antiquitäten handelt. Als Folge davon gelangen immer weniger kostbare Stücke in den Handel und die Preise steigen. Gute Stücke werden, sobald sie auftauchen, verkauft. Sind sie selten, treibt dies den Preis hoch. Automatisch bewegt sich der Handel über die bisherigen Grenzen hinaus, was dazu führt, dass eine Fülle von Gegenständen angeboten wird, die vor nicht allzu langer Zeit von seriösen Sammlern abgelehnt wurden. Während früher ein Objekt wenigstens 100 Jahre alt sein musste, um als Antiquität zu gelten, finden sich heute in den Lagern der Händler häufig auch Stücke, die in den 40er oder 50er oder gar in den 60er Jahren des 20. Jahrhunderts entstanden sind.

Das bisweilen große Angebot an so genannten „modernen Antiquitäten" und deren zunehmende Akzeptanz eröffnet Sammlern und Hobby-Restauratoren ungeahnte Möglichkeiten. Ohne auf seltene und wertvolle Antiquitäten einzugehen, die normalerweise nicht erreichbar sind, erfasst das Buch viele Sammelbereiche vom 19. Jahrhundert bis in die 60er Jahre des 20. Jahrhunderts. Darüber hinaus haben wir zur schnellen und praktikablen Information jedem Materialbereich ein eigenes Kapitel gewidmet, wie z. B. Holz, Metall oder Glas. Weniger orientiert wird auf spezifische Objekte, wie antike Uhren oder Gemälde. Deshalb kann man Angaben zu geeigneten Techniken nachschlagen und sie zur Restaurierung ähnlicher Stücke aus praktisch jeder Periode nutzen.

Häufig wird die Meinung vertreten, dass Laien niemals zur Restaurierung von Antiquitäten ermutigt werden sollen, weil dadurch irreparable Schäden entstehen könnten. Dem pflichten wir bei, wenn es sich um wertvolle oder zerbrechliche Stücke handelt. Auf der anderen Seite sind wir sicher, dass es viele Laien gibt, die sehr geschickte Hände haben. Es fehlt ihnen oftmals einfach an notwendigen Informationen und Ratschlägen, um qualifizierte Reparaturen an Erzeugnissen des Alltags vornehmen zu können. Dieses Buch soll deshalb Ratschläge, Informationen und unterstützende Hinweise geben, die von erfahrenen Sammlern und praktizierenden Restauratoren sowie Konservatoren stammen.

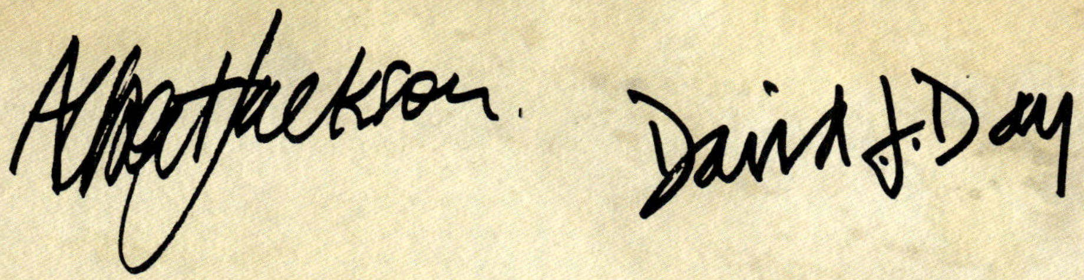

Erwerb von Antiquitäten und Sammlerstücken

Für manchen Sammler ist das Aufstöbern einer wirklichen „Perle" genauso reizvoll wie ihr Erwerb. Wenn sie ein Stück entdecken, das sie jahrelang suchten, nehmen sie auch einen etwas höheren Preis in Kauf. Diese Freude und der Reiz an der Sache bleiben erhalten, wenn die Sammlung langsam wächst.

Niemand kann genau sagen, was gesammelt werden sollte. Beim Nachdenken darüber, welchen Dingen man sich zuwenden könnte, ist es ratsam, sich für solche Sachen zu entscheiden, die es reichlich gibt und die deshalb billig sind. Das ist besser, als mit Sammlern konkurrieren zu wollen, die schon seit Jahren in gut durchforschten Sammelgebieten tätig waren. Keinesfalls sollte man sich aber in Gefilde wagen, in denen Skurriles überwiegt. Das muss aber nicht bedeuten, nun rigoros auf solche Antiquitäten zu verzichten, die allgemein beliebt sind.

Die meisten Menschen, die sich leidenschaftlich mit ihrer Sammlung beschäftigen, finden dieses Erforschen fesselnd und lohnend. Büchern und Zeitschriften können zwar Hinweise auf günstige Bezugsquellen entnommen werden, viel wichtiger aber sind Schaufensterbummel, das Schlendern über Trödelmärkte und der Besuch von Auktionen, auf denen die Stücke genau betrachtet und mit anderen verglichen werden können. Im Handumdrehen überblickt man das Angebot und sieht, ob genug Stücke in reparablem Zustand vorhanden sind.

Erwerb in Geschäften

Jeder Sammler bevorzugt den Kauf solcher Stücke, die in gutem Zustand sind, vorausgesetzt, der Preis ist vernünftig. Ein Vorteil ist es aber auch, wenn man sich zutraut, defekte Antiquitäten zu reinigen und zu restaurieren, weil schon geringe Fehler den Preis beträchtlich reduzieren.

Nicht alle Händler führen beschädigte Stücke, doch das häufige Aufsuchen von Geschäften, angefangen in erstklassigen Häusern bis hin zu Trödelläden, bringt eine umfassendere Kenntnis und eine Möglichkeit des Preisvergleichs von defekten und intakten Stücken.

Dann sollte man den Kontakt zu Händlern suchen, die sich auf solche Antiquitäten spezialisiert haben, die man selbst sammelt. Bei ihnen sind zwar kaum günstige Preise zu erwarten, aber die Preise sind reell, da der Händler den Markt genau kennt. Außerdem wissen die Spezialisten sehr viel über ihr Gebiet und reichen ihre Kenntnisse gern weiter – nur sollte man ab und zu etwas bei ihnen kaufen!

Bei Grafikhändlern oder in kleinen Galerien finden sich oft Exemplare, die restauriert werden müssten. Die besten Blätter werden normalerweise zum Einrahmen oder zur Betrachtung im Geschäft in Passepartouts gelegt. Die meisten Händler haben aber auch Mappen gefüllt mit jeder Menge eingerissener oder fleckiger Drucke. Diese Bestände geben sie lieber billiger ab, als dass sie viel für die Restaurierung bezahlen.

Die Buchpreise sind bei jedem Händler anders. Für normale Läden ist dieses Gebiet einfach zu groß, um sich auf dem Laufenden zu halten, sodass man oft Schnäppchen findet. Antiquarische Bücher können lange in den Regalen stehen, weshalb der Antiquar glücklich ist, wenn er eines davon verkaufen kann. Wenn er nicht zu viel dafür bezahlt hat, gibt er es auch billig ab.

Das Aufsuchen von Trödelläden lohnt sich immer, aber man muss sich durch eine Menge Trödel hindurcharbeiten, um ein gutes Stück zu finden. Viele dieser Händler haben sich auf Haushaltsauflösungen spezialisiert. Die besseren Stücke werden für Auktionen reserviert.

Es empfiehlt sich, die Geschäfte, in die man gern geht, regelmäßig aufzusuchen. Natürlich sind die Bestände immer wieder die gleichen, aber mit etwas Glück kommt gerade in diesem Augenblick etwas Besonderes herein, das man kauft, bevor es ein anderer Sammler sieht. Außerdem erkennen die Händler ihre Kunden wieder. Gern legen sie einzelne Stücke beiseite. Durch den Überblick, den man langsam gewinnt, können die Trends eingeschätzt werden – manche Stücke tauchen seltener auf, Ware des Alltags wird plötzlich teurer. Diese Kenntnisse helfen, gelegentlich einen besonders günstigen Kauf zu tätigen.

Viele Verkäufer wollen um den Preis handeln. Sie legen erst ein leicht erhöhtes Angebot vor, gewöhnlich wird dann um 5 bis 10 % nachgelassen, in Abhängigkeit davon, wie viel sie selbst ausgegeben haben. Geht der Preis nicht herunter, sollte man stillschweigend akzeptieren, denn auch der Händler will leben. Kreditkarten werden – außer vielleicht bei teuren Stücken – nicht gern akzeptiert, weil Gebühren entstehen. Die meisten erkennen einen Scheck bei entsprechender Deckung an. Bei billiger Ware oder nach dem Herunterhandeln sollte bar gezahlt werden.

Antiquitätenmärkte

Die Antiquitätenmärkte finden meist wöchentlich statt. Hier bieten die Händler ihre Waren im Freien oder in verschiedenen Räumlichkeiten an. Auf besseren Märkten findet man sogar häufig Händler, die regulär eigentlich Antiquitätengeschäfte führen. Sie bieten auf diesen Märkten die verschiedensten Objekte zu relativ niedrigen Preisen an.

Auf Märkten kann man ungezwungen herumschlendern, Preise vergleichen und mit Muse Stücke betrachten. Letztlich wird kaum das dabei sein, nach dem man eigentlich sucht. Häufig findet man jedoch ein gutes Angebot von ausgefallenen, preiswerten und tragbaren Schmuckwaren. Manche Händler haben sich auch direkt auf Edelmetalle und Edelsteine spezialisiert. Die meisten führen eine große Auswahl von Schmuckwaren, bei denen Bernstein, Korallen, Elfenbein und andere halbedle Materialien verarbeitet wurden. Man wird aber auch Schmuckstücke finden, die aus den Anfängen der Kunststoffverwendung stammen.

Privatverkauf

Hin und wieder sind in Zeitungsannoncen oder bei Haushaltsauflösungen interessante Antiquitäten zu finden. Hier sollte man schon etwas Erfahrung haben und sich seiner Sache einigermaßen sicher sein. Es kommt auch vor, dass private Verkäufer übertriebene Vorstellungen von der Bedeutung und dem Wert mancher Stücke haben. Man sollte sich jedoch nicht auf einen Streit einlassen und lieber auf den Kauf verzichten.

An Verkaufsständen geht es ähnlich zu wie bei Hausgeschäften. Manche dieser Händler leihen sich für wenig Geld eine Plane mit Stangen und bieten von preisgesenkten Lebensmitteln bis hin zu echten Antiquitäten alles an. Ärger gibt es meist, wenn jemand später etwas zurückgeben möchte, weil es ihm nicht gefällt. Das hat nur bei wirklichen Händlern Aussicht auf Erfolg.

Auktionen

Wer sich ernsthaft mit dem Erwerb und der Restaurierung von Antiquitäten und Sammlerstücken beschäftigt, sollte über die Auktionen in der Stadt und Umgebung Bescheid wissen. Sie werden meist in den Lokalzeitungen angezeigt, die größeren und bedeutenderen sind in Fachzeitschriften zu finden.

Der Besuch von Auktionen lohnt sich auch dann, wenn man nicht vor hat, etwas zu erwerben, und besonders dann, wenn sich Sammler gegenseitig überbieten. Bei den meisten Auktionen stehen alle möglichen Objekte von Möbeln bis hin zu Gemälden auf der Liste. Oft macht man einen Gelegenheitskauf, wie eine Porzellandose, Bücher oder Schallplatten, und bezahlt nur einen Bruchteil dessen, was in einem Geschäft verlangt wird. Gerade bei Auktionen kann man qualitativ wertvolle Stücke zu annehmbaren Preisen erwerben, und zwar besonders dann, wenn man in der Lage ist, sie zu restaurieren, denn die mitsteigernden Händler müssen die Kosten dafür zusätzlich einkalkulieren.

Wichtig ist eine Vorbesichtigung (gewöhnlich am Tag vor der Auktion). Wartet man bis zur Versteigerung, bleibt nicht genug Zeit, die Stücke sorgfältig zu betrachten und da das meiste als geprüft verkauft wird, besteht die Gefahr, Schäden zu übersehen. Auf Taschenlampe, Lupe und Notizbuch, in welches man Besonderheiten oder Marken einträgt, um sie noch vor der Versteigerung zu prüfen, sollte nicht verzichtet werden.

Auch der Auktionskatalog ist notwendig. Er führt Einzelheiten des Verkaufs und die zu erwartenden Preise für jedes Stück auf. Es ist zu prüfen, ob die Angaben Schätzpreise oder Mindestgebote sind, weil davon das eigene Gebot abhängt. Erreicht ein Objekt das Mindestgebot nicht, wird es zurückgezogen. Andererseits geht Auktionsware oft unter dem Schätzpreis weg.

Im Katalog werden außerdem zusätzliche Kosten genannt. Bei Auktionen wird gewöhnlich nur die Provision des Verkäufers aufgeschlagen, neuerdings ist es jedoch üblich, dass der Käufer noch einen Mehrpreis bezahlt, meist 10 % vom Zuschlag. Er muss deshalb diesen Betrag bei der Entscheidung, was er bezahlen will, noch hinzurechnen, ebenso anfallende Steuern.

Die Katalogbeschreibungen geben in den meisten Fällen wenig Details zu Alter und Herkunft. Sie stellen oft nur Meinungen dar und bilden keine Garantien. Wer nicht mit einem Haufen Plunder nach Hause gehen will, muss sich gut auskennen. Sorgfältige Vorbereitung ist ein Vorteil gegenüber Sammlern, die wenig wissen.

Am Versteigerungstag notiert man sich den Betrag, der höchstens ausgegeben und nicht überschritten werden sollte, an der betreffenden Katalognummer. Wenn die Gebote hitziger werden, lässt man sich leicht fortreißen und plötzlich ist der Betrag höher als man es sich eigentlich leisten kann. Kommt es nicht zu einem Kauf, sollte der Ärger nicht zu groß sein. Das kommt häufig vor, und wenn der Mitbieter sich anschickt, mehr dafür zu zahlen, bedeutet das noch lange nicht, dass das Stück auch so viel wert ist. Es ist immer möglich, dass der erfolgreichere Bieter eventuelle Schäden gar nicht bemerkt hat.

Das Bieten an sich ist ein Kinderspiel. Der leitende Auktionator schlägt den Mindestpreis vor und fragt dann in kleinen Schritten nach höheren Geboten. Alles, was zu tun ist, besteht darin, den Katalog oder die Hand zu heben, wenn man die geforderte Summe zahlen will. Man sollte auch keine Angst haben, durch eine zufällige Geste ein ungewünschtes Stück zugeschlagen zu bekommen. Das passiert im wirklichen Geschehen kaum. Es ist aber wichtig, die Aufmerksamkeit des Auktionators durch Schwenken des Kataloges oder durch Rufen seines Gebotes dann zu gewinnen, wenn das Mitsteigern verpasst wurde, denn er oder sie wird sich auf diejenigen konzentrieren, die darum bemüht sind, andere zu überbieten. Hat man Erfolg gehabt, ist es aus Sicherheitsgründen notwendig, seinen Namen auszurufen. Dann erhält man eine Nummer, die zur Identifikation dient. Im Katalog sind alle nötigen Informationen für eine problemlose Zahlung und zur Übergabe der erworbenen Stücke aufgeführt.

Erbstücke

Wer das Glück hat, durch eine Erbschaft zu Antiquitäten und Sammlerstücken zu gelangen, sollte sich vor dem Versuch, sie selbst zu restaurieren, von Experten beraten lassen.

Feststellen von Schäden

Zeigt man echtes Interesse an einem Stück, wird ein seriöser Händler immer auf Schäden hinweisen und den Preis darauf abstimmen. Es sind jedoch nicht alle Händler so entgegenkommend. Das gilt besonders für Auktionen. Auf jeden Fall ist es wichtig, nicht nur Schäden und Fehler selbst entdecken zu können, sondern auch einzuschätzen, ob man ein Stück selbst restaurieren kann oder ob fremde Hilfe benötigt wird.

Das Wissen, was zu machen ist, lässt die erste Hürde überwinden. Aber nur die Erfahrung lehrt, inwieweit ein Fachmann in Anspruch genommen werden sollte oder ob man es selbst erledigen kann. Im vorliegenden Buch wird immer wieder darauf hingewiesen, wenn es besser ist, Fachleute zu konsultieren. Auch wenn man sich unsicher ist, sollte besser der Rat eines ausgebildeten Restaurators eingeholt werden. Andererseits sollten Antiquitäten gewisse Altersmerkmale aufweisen, die dem Stück Geschichte und Lebendigkeit verleihen. Abgesehen von Maßnahmen zur Verhinderung weiterer Schäden, dürfte der Respekt vor dem Alter ein guter Leitfaden sein.

Das Folgende ist eine Auflistung vorkommender Schadensarten geordnet nach den Materialien, aus denen eine Antiquität besteht, und wie sie behandelt und aufbewahrt wurde. Diese Liste kann nicht vollständig sein. Sie wird aber helfen, die auffälligsten Schäden zu entdecken und irreparable Stücke gar nicht erst zu erwerben.

Bücher und Zeitschriften

Beim Bücherkauf schaut man nach sauberen Exemplaren mit intakter Bindung. Haben sie noch den Schutzumschlag, ist das von Vorteil.

Bücher mit gerissenen Rücken oder losen Einbänden erwirbt man besser nicht, es sei denn, sie sind so wertvoll, dass man sie zum Buchbinder bringt. Dagegen lassen sich ausgeblichene und schmutzige Stellen ganz gut beseitigen. Bei sehr fleckigen Einbänden oder verzogenen Pappen kann kaum etwas gemacht werden.

Alle Bildtafeln sollten noch an ihrem Platz sein. Einzelne lose Tafeln können ohne großen Aufwand wieder festgeklebt werden. Gleichzeitig muss man nach Anzeichen von Insektenbefall suchen. Vom Holzwurm ist bekannt, dass er ausgehend von den Regalen seinen Weg direkt durch die Bücher frisst. Diese Löcher können nicht beseitigt werden.

Bücher und Zeitschriften, in denen die Seiten starke Flecken haben, sollten aussortiert werden. Kleinere Schmutzstellen können entfernt werden. Gerissene Seiten und Vorsatzblätter sind auf unterschiedliche Weise zu reparieren.

Drucke und Bilder

Die Restaurierung von Ölgemälden und anderen bemalten Kunstwerken sollte Fachleuten überlassen werden. Hat man nicht genug Erfahrung, um die Materialien exakt bestimmen und die geeigneten Arbeitsschritte festlegen zu können, besteht die Gefahr, dass ein wertvolles Bild zerstört oder beschädigt wird. Es ist deshalb ratsam, seine Bemühungen auf Schwarz-Weiß-Drucke sowie Bleistift- oder Tuschezeichnungen zu begrenzen.

Verschmutzte oder fleckige Drucke sollten nicht einfach beiseite gelegt werden. Sie können notfalls in Wasser oder verdünntem Bleichmittel gewaschen werden. Auch zerrissene oder zerknitterte Kunstwerke sind reparabel. Da sie jedoch nie wieder wie vorher aussehen, sollte der Kaufpreis realistisch sein.

Metallobjekte

Sammlerstücke aus Metall werden oft in einem verschmutzten Zustand angeboten. Manchmal hat der Händler keine Zeit zum Putzen. Der eigentliche Grund liegt jedoch darin, dass ein erfahrener Händler weiß, dass manche Sammler an alten Metallgegenständen eine matte Patina besonders lieben und gereinigte Stücke nicht kaufen. Es ist aber recht einfach, mattierte Stücke zu polieren.

Ausnahmen bilden Stahl und Eisen, da beide in feuchter Luft rosten. Verrostetes Metall kann zwar gereinigt und konserviert werden, ist es aber zu sehr korrodiert, muss es durch Spachteln und Streichen einen Überzug erhalten. Das wirkt sich jedoch nachteilig auf den Wert des Stückes aus.

Dublierte Metallwaren sind auf Abnutzungsspuren zu prüfen. Häufig ist die Dublierung an erhöhten Stellen abgerieben. Diese Gegenstände können nochmals dubliert werden. Danach sehen sie aber dann nicht mehr wie Antiquitäten aus. Bei verchromten Stücken sollte auf Blasen geachtet werden, weil sich darunter Rost verbirgt.

Es ist nicht so schwierig, aus weichen Metallen Beulen zu entfernen. Vor Metallen mit Knittern oder Falten sollte man sich jedoch hüten. Dieser Schaden ist kaum zu beheben.

Zerbrochene Metallwaren sind schwer einzuschätzen. Der Erfolg einer Restaurierung ist davon abhängig, ob man in einfachen Metallarbeiten erfahren ist. In Abhängigkeit von der Art des Metalls und seinem Zustand können abgebrochene Teile oder gerissene Nähte gelötet oder genietet werden. Schweißarbeiten sollte man Fachleuten überlassen. Manche Brüche können auch mit Klebstoff oder unauffälligen mechanischen Befestigungen geschlossen werden.

Schmuck und halbedle Materialien

Es kann nicht oft genug darauf hingewiesen werden, dass antiker Schmuck einem Fachmann vorgelegt werden sollte, bevor man sich entscheidet, eine Reparatur selbst vorzunehmen.

Es ist zu prüfen, ob alle Steine vorhanden sind und fest sitzen und ob Nadeln, Spangen und andere Halterungen funktionieren. Letztere sind meist zu reparieren, allerdings genügt dafür eine isolierte Zange nicht.

Beim Kauf einer Halskette sollte darauf geachtet werden, dass sie auf einem haltbaren Faden aufgezogen ist. Sonst muss man dies selbst tun. Werden Kugeln oder Perlen lose angeboten, müssen sie in Größe, Farbe und Form ähnlich sein. Außerdem ist es wichtig, dass sie von der Menge her für eine Kette reichen.

Gegenstände aus Koralle, Bernstein, Gagat und halbedlen Materialien sind auf Anzeichen früherer Restaurierungen, nach sichtbaren Fehlstellen oder tiefen Kratzern zu untersuchen.

Bein und Elfenbein wurden häufig als Griffe für Bestecke, Maniküren und Handarbeitsgeräte verwendet. Sitzen die Griffe locker, reinigt man sie und klebt sie neu an.

Keramik

Porzellan und Töpferware zerbricht leicht. Deshalb müssen die Stücke vor dem Kauf von allen Seiten betrachtet werden, um abgestoßene Ränder und Sprünge zu bemerken. Haarrisse sind schwer zu finden. Es ist jedoch einfacher, einen Sprung zu entdecken, wenn das Porzellan gegen das Licht gehalten wird. Hält man das Stück in der Handfläche und tippt es mit dem Fingernagel an, so ergibt das, wenn es in Ordnung ist, einen klingenden Ton.

Das Ausbessern von Sprüngen und Fehlstellen ist relativ einfach. Auch das Zusammensetzen von zerbrochenem Porzellan ist mit etwas Übung nicht zu schwierig. Allerdings erfordert es eine gewisse Geschicklichkeit und einige künstlerische Fähigkeiten, um verlorene Teile, wie den Henkel einer Tasse oder die Hand einer Figur, zu ersetzen.

Krakelierte Glasuren werden gern gesammelt, wenn nicht zu viel Schmutz in den Haarrissen ist. Die Verunreinigungen können gelöst werden, aber das dauert einige Zeit.

Es gibt zwei wichtige Gründe, warum man frühere alte Reparaturen an einem Sammlerstück entdecken sollte. Erstens ist ein restauriertes Stück billiger als ein intaktes, zweitens kann es beim Reinigen mit heißem Wasser auseinander fallen. Montierte Reparaturen begegnen einem ständig. Es gehört einiges Können dazu, sie zu demontieren, falls man sie anders zusammensetzen will.

Es ist auch möglich, dass die Dekoration stellenweise abgeschürft ist; meist weil die Geschirrteile sorglos übereinander gestellt oder in der Spülmaschine gereinigt wurden. Das Ergänzen solcher Fehlstellen ist schwierig. Entweder man lebt damit oder benutzt das Stück selten, bis man es wirklich restaurieren kann.

Glas

Reparaturen an Glas werden immer sichtbar bleiben. Man sollte sich deshalb darauf konzentrieren, dass die Teile wieder genau an der alten Stelle sitzen.

Bei alten Glaskaraffen sollte auf Weinflecken und weiße Kalkränder geachtet werden, da diese kaum zu entfernen sind. Außerdem sollten die passenden Stopfen vorhanden sein.

Bleiverglaste Fenster bilden eine eigene Art von Antiquitäten. In der Regel werden aber nur handbemalte Scheiben gesammelt. Sie erzeugen als ganzes Fenster oder als kleine Tafeln vor klaren Glasscheiben eine attraktive Leuchtkraft. Alte bleiverglaste Fenster müssen auf defekte oder verbogene Bleiruten und auf zerbrochene oder fehlende Glasstücke geprüft werden. Für einen qualifizierten Restaurator stellen solche Schäden kein Problem dar. Man kann aber auch lockere Gläser durch Füllen der Fugen selbst wieder befestigen und das bleiverglaste Fenster reinigen.

Alte Spiegel, die blind oder mit kleinen braunen Flecken gesprenkelt sind, begegnen einem häufig. Diese Schäden entstehen durch Feuchtigkeitseinwirkung auf die Silberfolien der Rückseite. Dagegen kann man nichts tun. Nur bestimmte Glaser können Spiegel neu versilbern, doch dann geht der Wert der Antiquität verloren.

Holz

Bei Sammlerstücken aus Holz ist häufig die Oberfläche durch weiße Wasserflecken oder andere Mängel beschädigt, weniger das Holz selbst. Diese Stellen können ausgebessert werden oder man beizt das ganze Stück ab und streicht es neu. Risse und Brandlöcher erfordern mehr Arbeit, weil das Holzbrett bearbeitet werden muss. Wenn der Schaden nicht zu groß ist, kann man die Reparatur meist selbst ausführen.

Furnierte Stücke sind besonders gefährdet. Sie sind nach Blasen zu untersuchen, die niedergelegt werden müssen. Außerdem muss das Furnier an den Kanten überprüft werden, wo es abgesplittert oder abgehoben sein kann. Weiterhin sind die Stücke nach lockeren oder fehlenden Intarsien und Einlagen zu untersuchen.

Große Aufmerksamkeit ist den Holzwürmern zu widmen. Anzeichen dafür sind viele kleine Löcher und helles Mehl. Das ist allerdings kein Grund, auf den Erwerb eines Stückes zu verzichten, wenn es konstruktiv in Ordnung ist. Damit sich die Insekten nicht auf andere Stücke ausbreiten, muss eine Behandlung erfolgen.

Textilien

Alte Textilien bilden ein großes Sammelgebiet. Sie bedürfen eines sorgfältigen Schutzes. Dazu gehört auch – von vielen gern getragen – alte Kleidung. Man sollte so wenig wie möglich daran tun, abgesehen von Ausbesserungen, die weiteren Schäden vorbeugen. Da fast jeder ungern schäbige Sachen trägt, sind die Stücke auf abgewetzte Stellen zu untersuchen, vor allem dort, wo Kleidung am meisten beansprucht wird, z. B. an Kragen, Aufschlägen und Ärmeln. Wenn man die Gewänder nicht gerade für eine Sammlung historischer Textilien benötigt, ist es zu empfehlen, nach Stücken zu suchen, die solche Schäden nicht aufweisen. Alle ursprünglichen Besätze und Knöpfe sollten vorhanden sein und fest sitzen.

Das Restaurieren alter Textilien verlangt gegenüber dem Ausbessern moderner Stoffe eine etwas andere Technik. Es ist wichtig, solche Methoden zu wählen, die keinen zusätzlichen Druck auf empfindliche Gewebe ausüben. Löcher und Risse können gut ausgebessert werden. Die Bearbeitung leicht reißender und großformatiger Stücke sollte man umgehen.

In einigen Fällen ist es möglich, schmutzige Textilien zu waschen oder chemisch zu reinigen. Bestimmte Flecken, z. B. Schweißflecken, können jedoch nicht entfernt werden. Textilien mit Mottenfraß sollte man gar nicht erst erwerben. Es sei denn, der Händler garantiert, dass das Stück professionell behandelt wurde.

Brücken und Teppiche

Seitdem Brücken und Teppiche allgemein als Fußbodenbeläge dienen, sind sie auch immer mehr oder weniger abgetreten. Abgesehen von Ausbesserungen an Kordeln und Fransen gibt es für den Laien kaum eine Möglichkeit, sich an eine Reparatur zu wagen. Sollte man Löcher, Risse oder fehlende Fransen entdecken, müssen die Kosten für eine Restaurierung durch eine Fachkraft einkalkuliert werden. Bei einem Teppich, der längere Zeit gefaltet lag, müssen die Falten auf gebrochenes Gewebe geprüft werden.

Kunststoffe

Kunststoffe aus der Anfangszeit haben unterschiedliche Konsistenz. Einige sind spröde und brechen leicht in Stücke. Andere können gebogen werden, ohne zu zerspringen, behalten aber Risse. Noch andere Kunststoffe bleichen leicht aus und manche zeigen schnell Kratzer.

Der Schlüssel liegt in einer einwandfreien Identifikation, weshalb man die Tabelle auf Seite 137 studieren sollte, sodass die meisten Schadensquellen bekannt sind, bevor man sich auf die Suche nach Sammlerstücken aus Kunststoff begibt.

Potentielle Gefährdungen

Alle aus Papier bestehenden Sammlerstücke sind – neben Feuer – besonders durch Wasser und Luftfeuchtigkeit gefährdet. Feuchte führt nicht nur zu Verwerfungen und Wellungen, sondern kann auch Schimmel fördern und Flecken hervorrufen. Ebenso kann sie Insekten anziehen, die von organischem Leim und Papier leben. Für Erzeugnisse aus Papier ist deshalb eine trockene und relativ kühle Umgebung das Beste. Bei zu viel Wärme wird das Papier brüchig.

Außerdem muss Papier vor Luftverschmutzung geschützt werden. Feiner Staub wird vom Papier absorbiert, diese Staubkörnchen wirken wie Schleifmittel. Noch gefährlicher sind Emissionen und Abgase.

Auch ultraviolettes Licht ist schädlich. Tageslicht bleicht Farbpigmente aus und zersetzt das Papier.

Ein grober Umgang mit Stücken aus Papier sowie ungeeignete Lagerung sind wohl die häufigsten Gründe für Schäden. Das gilt ganz besonders für solche Werke, die zunächst für wertlos gehalten werden, bis sie jemand zu sammeln beginnt.

Im nachfolgenden Kapitel werden deshalb viele Ratschläge zur Aufbewahrung und zum Erhalten von Sammlerstücken aus Papier gegeben.

Sammlerstücke aus Papier

Die Entscheidung, ob ein Werk aus Papier sammelwürdig und damit erhaltenswert ist, hat wenig mit dem Material an sich zu tun. Denn zwei ähnliche Papierstücke können einen sehr unterschiedlichen Wert haben, je nachdem, was und durch wen etwas darauf aufgebracht wird. Bei einer Zeichnung oder einem Kupferstich dürften künstlerische Gründe den Ausschlag geben. Ein anderes Stück Papier verdankt sein Überleben sentimentalen Bindungen oder der Tatsache, dass es sich um ein reizendes und seltenes Exemplar handelt. Dokumente und Fotografien werden häufig an ihrem Inhalt oder dem Bezug zu einer Persönlichkeit bemessen. Obwohl die Konservierung dem Papier gilt, geht es eigentlich darum, das zu erhalten, was sich auf ihm befindet.

Nachfolgend soll vor allem das Verständnis für die Art der Konservierung geweckt werden. Es ist z. B. wichtig zu entscheiden, ob die Leserlichkeit oder der Inhalt vor der künstlerischen Gestaltung den Vorrang haben soll. Auch leben viele Menschen lieber mit einem Bild, welches fleckig ist, als dass sie das Risiko eingehen, es ganz zu verlieren.

Es gilt, folgende Regeln zu beachten. Man soll sich über seine Ziele im Klaren sein und darüber, welche Mittel anzuwenden sind. Außerdem ist sehr vorsichtig vorzugehen. Bestehen irgendwo Zweifel, sollte der Rat eines Fachmannes eingeholt werden, bevor man die Restaurierung selbst vornimmt.

Reinigen von Bildern

Der eigentliche Wert eines Aquarells oder einer Zeichnung kann an Preis, Gestaltung, Seltenheit, Alter oder persönlichen Beziehungen zu einem Ort oder einer Person gemessen werden. Für einen Restaurator ist es von größerer Bedeutung, dass er den Zustand oder die Erscheinung des betreffenden Objektes verbessern kann. Alte Bilder haben, wie alle Antiquitäten, eine Qualität, die sich mit dem Alter entwickelt. Leichte Verfärbung des Papiers, Flecken und Farbänderungen sind Spuren, die den Charakter eines Bildes mitbestimmen. Fehlen sie, könnte man auch eine Reproduktion aufhängen. Deshalb sollte man genau überlegen, ob eine Reinigung das Bild wirklich schöner macht oder es beeinträchtigt.

Als Nächstes muss entschieden werden, ob man die Arbeit selbst ausführen möchte. Das ist vom Wert und der Technik des Bildes abhängig. Ist es kostbar und recht anfällig, wie ein Pastell, sollte es einem Fachmann übergeben werden. Bei Schwarz-Weiß-Drucken ist eigentlich nichts zu befürchten, es sei denn, es handelt sich um eine fotografische Reproduktion. Bei farbigen Kunstwerken ist dagegen der Gang zu einem Fachmann angeraten. Niemals dürfen Bleistiftzeichnungen radiert oder nicht wasserfeste Tuschzeichnungen gewaschen werden. Auch Kunstwerke auf sehr dünnem oder empfindlichem Papier sollte man nicht selbst restaurieren.

Trockenmethoden

Vor der Anwendung stärkerer Mittel sollte man versuchen, oberflächlich vorhandene Schadstellen wegzuradieren. Bei der Behandlung der Gesamtfläche mit Dokumentenreiniger (s. rechts) wird der Kontrast in Federzeichnungen oder Drucken verstärkt. Trotzdem noch vorhandene schmutzige Flecken und störende Stellen können dann u. U. mit dem Radiergummi entfernt werden (s. Seite 29). Mit der Spitze eines scharfen Messers können winzige Schmutzpünktchen abgetragen werden.

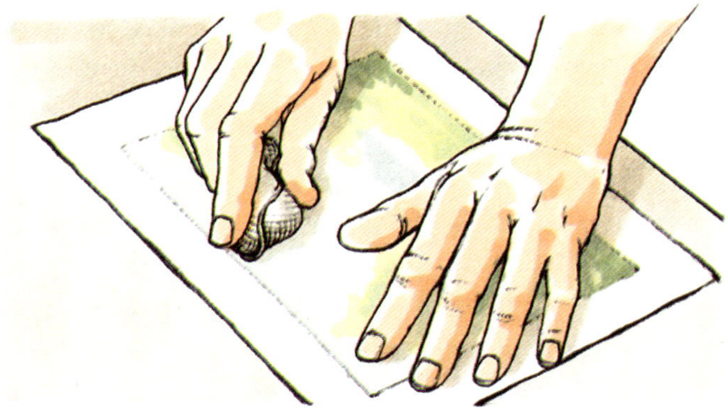

Benutzen von Dokumentenreiniger
Dokumentenreiniger (pulverisiertes Radiermittel) ist ideal zur Reinigung verschmutzter Kunstwerke geeignet. Seine Wirkung ist so gering, dass er ohne Bedenken bei handkolorierten Drucken und Aquarellen, aber nicht bei Bleistiftzeichnungen benutzt werden darf, vorausgesetzt, man reibt nicht zu sehr. Er wird in Buchbinderläden in grobmaschigen Säckchen angeboten.

Um das Einreiben von Schmutz in das Papier zu vermeiden, muss der Staub mit einem weichen Pinsel abgebürstet werden. Das Bild wird auf einer nicht zu glatten Platte festgedrückt, der Dokumentenreiniger auf die Oberfläche gestreut und mit dem Säckchen in überlappenden Kreisbewegungen auf das verschmutzte Papier aufgetragen. Es ist darauf zu achten, dass die Ränder nicht umknicken oder einreißen.

Waschen von Bildern

Wenn Trockenmethoden nicht zum Ziel führen, sollte man versuchen, das Bild in kaltem Wasser zu waschen. Selbst wenn dadurch die Flecken nicht verschwinden, lösen sich zumindest natürliche Säureeinlagerungen, die altes Papier zerstören können. Dieses Verfahren eignet sich für Schwarz-Weiß-Drucke, jedoch keinesfalls für farbige Bilder oder Zeichnungen bzw. Signaturen mit wasserlöslicher Tusche. Bleistiftsignaturen können gewaschen werden.

Mit sauberem Wasser – destilliert oder aus der Leitung – können die meisten Flecken entfernt, zumindest aber reduziert werden. Etwas Salz im Wasser hilft beim Lösen von Blut- und Weinflecken. Dann muss das Bild unbedingt in frischem Wasser gut nachgespült werden. Allerdings darf kein heißes Wasser benutzt werden, weil die Flecken dadurch noch hartnäckiger werden.

Solange man beim Waschen von Bildern noch relativ wenig Erfahrung hat, sollten keine großen Drucke eingeweicht werden, weil diese sehr schwer werden und schwierig zu handhaben sind. Gleiches gilt für beschädigte Bilder, die beim Feuchtwerden zerfallen können. Das Waschen von dünnem und empfindlichem Papier überlässt man am besten einem Fachmann.

Stockflecken
Kleine braune Stellen, Stockflecken genannt, werden durch Keime hervorgerufen, die sich auf feuchtem Papier entwickeln. Sie können durch Einweichen in einem milden Bleichmittel entfernt werden.

Eigene Ausstattung

Zwar kann man sich in vielen Fällen behelfen, jedoch ist das Waschen und Trocknen von Drucken einfacher und effizienter, wenn man einige spezielle Mittel einsetzt. Diese können bei Buchbindern und in Restaurierungsgeschäften, auch als Nachnahme, erworben werden.

Mit Stützgewebe für Archivalien aus nicht gewebtem Polyester kann feuchtes Papier sicher behandelt werden. Es erleichtert auch die Lufttrocknung durch natürliche Belüftung. Zum Trocknen wird ein Trockenrahmen aus Weichholz mit einem Netz aus Fiberglas bespannt. Sollte dieses spezielle Netz nicht zu beschaffen sein, genügt auch ein feines Plastiknetz aus einem Gartencenter.

Papier kann zwar in einer großen Plastikschüssel gewaschen werden, aber es lohnt sich auch, eine flache Fotoentwicklerschale zu kaufen. Sie sollte groß genug sein, damit der Druck flach im Wasser liegen kann.

Wasserflecken
Verschüttete Flüssigkeit zieht Schmutz in die Papierfasern. Durch Waschen in kaltem, destilliertem Wasser kann meist Abhilfe geschaffen werden.

1 Einlegen des Druckes in das Wasser
Zum Bedecken des Schalenbodens ein Stück Stützgewebe zuschneiden, das über den Druck hinausreicht. Die Schale mit kaltem Wasser füllen und den Druck langsam von einer Seite eintauchen.

2 In Abständen spülen
Nach etwa 20 Minuten sorgfältig das Stützgewebe mit dem Druck herausheben, frisches Wasser einfüllen und den Druck wieder einlegen. Diesen Vorgang vier- bis fünfmal in Abständen von 20 Minuten wiederholen.

3 Trocknen des Druckes
Nach der fünften Spülung (oder eher, sofern das Ergebnis befriedigend ist) Druck und Stützgewebe aus dem Wasser nehmen und auf den Trockenrahmen legen. In dieser Phase macht es nichts, wenn der Druck nicht völlig glatt liegt, da meist noch eine Leimung des Papiers durchgeführt werden muss (s. Seite 22). Den Druck fast völlig trocken werden lassen und zwischen zwei Löschblättern mit einem warmen Bügeleisen glätten und resttrocknen.

Bleichen von Drucken

Sollte der Druck nach dem Waschen noch einen Fleck zeigen, kann man das Papier in eine schwache Bleichmittellösung legen. Allerdings ist das Bleichen von Kunstwerken nicht unumstritten. Einige Experten sind wegen der möglichen Langzeitwirkung der Bleichmittel auf die Papierfasern dagegen, dass Laien mit Bleichmitteln umgehen. Deshalb bleicht man nur solche Schwarz-Weiß-Drucke, die nicht so kostbar sind. Alles andere sollte von einem Fachmann übernommen werden. Vor dem Einlegen in das Bleichmittel ist das Papier in kaltem Wasser einzuweichen.

In der Schale, die auch zum Waschen des Kunstwerkes dient, wird eine Lösung aus Bleichmittel und Wasser zubereitet. Der professionelle Restaurator löst vier Teelöffel Chloramin T in einem halben Liter kaltem, destilliertem Wasser auf. Man kann jedoch auch ein Entkeimungsmittel, welches zugleich bleicht und antiseptisch wirkt sowie zum Sterilisieren von Babyflaschen verwendet wird, mit vier Teilen Wasser benutzen.

1 Bleichen des Druckes
Stützgewebe und Druck in das Bleichmittel eintauchen. Sobald der Fleck verschwindet, den Druck sorgfältig herausheben, die gebrauchte Bleichmittellösung weggießen und die Schale mit Frischwasser auffüllen.

2 Spülen des Druckes
Den Druck 20 Minuten einweichen, dann das Wasser erneuern. Den Vorgang fünfmal wiederholen wie beim Waschen von Kunstwerken. Anschließend den Druck allein auf dem Trockenrahmen trocknen.

Leimen des Papiers

Papier, welches gebleicht und eingeweicht wurde, ist instabil und benötigt einen Leimüberzug aus 10 g Gelatine, die in einem halben Liter Wasser gelöst wurde.

Auftragen der Leimung
Der gewaschene und getrocknete Druck wird mit der Oberseite nach unten auf ein Blatt Papier gelegt und die Gelatinelösung mit einem weichen Pinsel aufgestrichen. Überschüssiger Leim muss entfernt werden. Dann kann der Druck auf den Trockenrahmen gelegt werden.

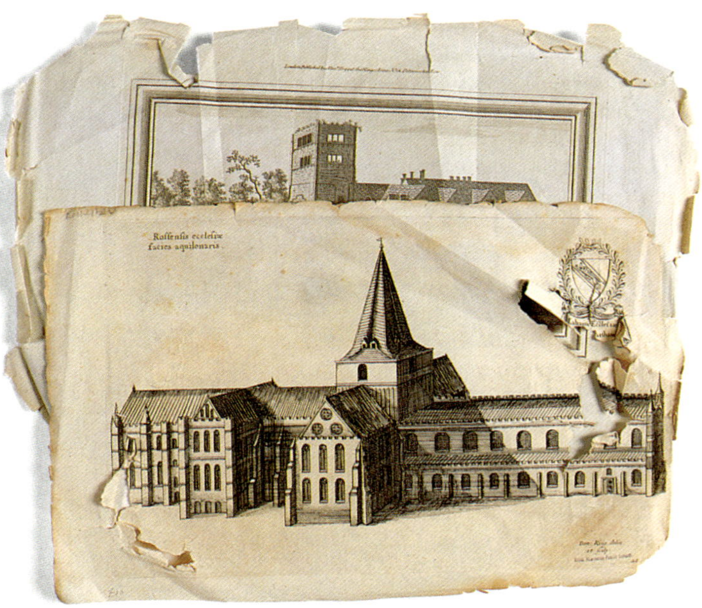

Beschädigte Drucke
Sie sind mit Stärkeleim oder Dokumentenklebeband zu behandeln. Bei großen Schäden muss der Druck neu aufgezogen werden (s. Seite 24).

Ausbessern von Bildern

Das Ausbessern von geknickten und gerissenen Bildern mit modernem Restaurierungsmaterial ist relativ unkompliziert, vorausgesetzt, der Schaden ist nicht zu groß. Allerdings darf dabei das Bild selbst keinesfalls angegriffen werden.

Glätten von geknickten Zeichnungen und Drucken
Wenn Papier einen auffälligen Knick hat, kann es schwierig, wenn nicht unmöglich sein, ihn zu beseitigen. Durch Befeuchten und Pressen einer Bleistiftzeichnung oder eines Druckes kann jedoch schon relativ viel erreicht werden. Farbige Werke oder Tuschzeichnungen, die nicht wasserfest sind, dürfen jedoch nicht auf diese Weise behandelt werden. Auch das Besprühen von Bildern, die ursprünglich kaschiert waren, ist zu vermeiden, weil das Wasser den Leim reaktiviert.

Besprühen und Pressen von Papier
Das geknickte Papier mit der Oberfläche nach unten auf ein sauberes Löschpapier legen und die Rückseite des Druckes oder der Zeichnung mit einer Sprühflasche und destilliertem Wasser befeuchten. Ein zweites Löschpapier anfeuchten und auf den Druck legen.

Alle drei Blätter zwischen zwei steife Platten legen und mit Büchern beschweren. Man kann auch die Platten mit einer Presse beschweren, bis das Papier trocken ist.

Beseitigen eines Kratzers oder einer Kerbe
Scharfe Kanten oder Spitzen hinterlassen tiefe Eindrücke im Papier. Bei beschädigten Bildflächen sollte ein professioneller Restaurator befragt werden. Liegt die Kerbe auf dem Bildrand, trägt man heißes Wasser mit einem Künstlerpinsel auf.

Das Wasser einige Minuten einziehen lassen, damit die Papierfasern quellen, dann Löschpapier über die Stelle legen und mit einem Falzbein oder Heizspachtel glatt reiben (s. Seite 31).

Ausbessern gerissener Kunstwerke
Die Methoden zum Ausbessern gerissener Kunstwerke sind die gleichen wie für graphische Bilder auf Papier. Doch seitdem die empfohlene Paste für Archivalien Wasser enthält, gelten Einschränkungen für wasserlösliche Materialien. Sofern das Bild nicht selbst beschädigt ist, kann es durch eine sorgfältige Ausbesserung in einen guten Zustand gebracht werden.

Klebebänder und Kaschierpapiere für Restaurierungszwecke sind auch sehr gute Stützmaterialien auf der Rückseite, jedoch nicht auf der Vorderseite des Bildes, obwohl sie nach dem Festreiben praktisch unsichtbar sind.

Ausbessern eines Risses
Ein Riss in dickerem Papier hat meist überlappende, ausgefranste Ränder, die leicht mit Stärkeleim geschlossen werden können. Für diesen Zweck ist Buchbinder- oder Tapetenleim für Restaurierungen zu empfehlen. Beide Leime sind erneuerbar und rufen weder Flecken noch Schimmel hervor.

Der Leim wird mit einem spitzen Künstlerpinsel sparsam an dem ausgefransten Rand aufgetragen, dann werden beide Rissränder zusammengedrückt. Der Überschuss wird mit einem Papiertuch abgewischt und die Stelle mit silikonbeschichtetem Abziehpapier bedeckt, welches dann mit einem Falzbein glatt gerieben wird.

Hinterkleben
Eine geleimte Ausbesserung sollte auch ohne Verstärkung halten. Wenn die Überlappung jedoch sehr knapp ist oder das Papier einen Schnitt ohne ausgefranste Ränder hat, bringt man ein spezielles Selbstklebeband aus Papier auf der Rückseite an. Auf solchem Dokumentenreparaturband befindet sich reversibler Acrylkleber, der das Papier weder angreift noch fleckig macht. Nach dem Glattreiben mit dem Falzbein ist das Reparaturband kaum zu sehen. Es gibt im Handel ein hellgelbes Band, welches der Farbe von altem Papier entspricht.

Aufziehen eines schadhaften Druckes

Zur Reparatur eines Druckes, der in zwei Hälften zerrissen ist, genügt das einfache Zusammenkleben nicht. Man muss ihn auf handgeschöpftes Japanpapier aufziehen. Es ist nicht leicht, perfekte Resultate zu erzielen, aber da ein in dieser Weise beschädigter Druck sowieso weniger wert ist, riskiert man nicht viel. In jedem Fall sollte man vorher eine Wertschätzung vornehmen lassen.

1 *Vorbereiten des Papiers*
Ein Blatt Japanpapier an allen Seiten 50 mm größer als den Druck reißen oder schneiden. Das Papier auf eine Glasscheibe legen und mit der Sprühflasche befeuchten. Das feuchte Papier auf dem Glas mit braunem, gummiertem Papierklebeband befestigen und trocknen lassen.

2 *Einleimen*
Auf die Rückseite jeder Hälfte des Druckes Stärkeleim aufstreichen und diese auf das Japanpapier auflegen, dabei die Rissränder genau anpassen. Anschließend ein Blatt silikonbeschichtetes Abziehpapier über den Druck legen und leicht mit einem weichen Tuch glatt reiben. Dann das Abziehpapier ablösen und den Druck trocknen lassen.

3 *Abschneiden des Bildes*
Nachdem Druck und Japanpapier trocken sind, die Klebebänder mit einem scharfen Messer durchschneiden und den aufgezogenen Druck vom Glas abheben.

Rahmen und Aufbewahren von Bildern

Bilder einer Sammlung hängt oder bewahrt man in den Wohnräumen auf, in denen ein relativ trockenes, sauberes und gleichbleibendes Klima herrscht. Gerahmte Bilder dürfen keinesfalls in die Sonne oder über eine Heizquelle, wie einen Heizkörper oder Kamin, gehängt werden.

Rahmen von Bildern

Von vorgefertigten Bilderrahmen für alte Drucke, Zeichnungen oder Aquarelle ist abzuraten. Es besteht keine Garantie, dass sie aus konservierungsgerechtem Material gearbeitet sind. Billige, rahmenlose Ausführungen in Form einer Glasscheibe, die an eine steife Rückwand angeklammert ist, bieten dagegen wenig Schutz vor Staub und Luftverschmutzungen.

Entweder stellt man sich die Rahmen selbst her oder bezieht sie von einem Rahmenbauer. So kann man sicher sein, dass nur Platten und Papier ohne Säuregehalt benutzt werden. Konservierungsgerechte Materialien sind in Künstlerbedarfs- und Restaurierungsgeschäften zu haben.

Das endgültige Aussehen des Rahmens hängt vom persönlichen Geschmack ab. Ist man im Zweifel, sollten eine schmale Profilleiste für den Rahmen und ein weißliches oder cremefarbenes Passepartout, welches zum Bild passt, ausgewählt werden.

Alle Kunstwerke aus Papier sollten in einen verglasten Rahmen eingelegt werden (nicht reflektierendes Bilderglas ist nicht unbedingt nötig). Einige Sammler bevorzugen Macralon- oder Plexiglasscheiben. Sie zerbrechen nicht so leicht wie Glas und können Bilder vor ultraviolettem Licht schützen. Allerdings laden sich Kunststoffscheiben statisch auf, was für Zeichnungen aus Kreide, Kohle oder Pastellfarben ungünstig ist.

An der Rückseite wird das Bild durch eine dünne, doppellagige Hartfaserplatte (versiegelt mit Acryllack) gehalten und geschützt.

Aufbewahren alter Fotografien

Fotografien müssen wie andere Drucke auf Papier vor Licht geschützt werden. Gerade durch ihre Bromsilberbeschichtung sind sie durch Luftverschmutzungen und Schwankungen der Temperatur und Feuchtigkeit besonders gefährdet.

Fotografien sind generell in einer kühlen Umgebung ohne Staub und Feuchtigkeit aufzubewahren, also nicht an Außenwänden sowie neben gestrichenen Flächen, die außerdem schädliche Gase abgeben könnten. Fotografien dürfen keinesfalls in einem feuchten Keller oder auf einem trockenen, staubigen Oberboden gelagert werden.

Schneiden von Passepartouts
Drucke, Aquarelle und Zeichnungen werden zwischen zwei Passepartoutkartons gelegt. Einer hat ein ausgeschnittenes Fenster für das Kunstwerk (dadurch liegt das Bild nicht direkt an der Scheibe). Beim Abmessen des Passepartoutkartons mit Fenster lässt man genügend Rand um das Bild. Gewöhnlich wird wegen des optischen Ausgleichs der untere Rand etwas breiter abgemessen. Das Fenster, welches normalerweise schräge Innenkanten hat, sollte dem Bild Raum „zum Atmen" geben und nicht den Plattenrand, der während des Druckprozesses entsteht, oder die Künstlersignatur verdecken.

Befestigen des Bildes
Das Bild sollte nicht direkt auf den Passepartoutkarton, sondern mit Klappstreifen aus Japanpapier, die mit Stärkeleim befestigt sind, geklebt werden (s. Seite 23). Dann werden über jeden Streifen andere Papierstückchen geklebt.

Einpassen der Rückwand
Nachdem man Glas und Passepartout mit Bild in den Rahmen gelegt hat, muss die Rückwand in den Falz eingepasst und mit nicht rostenden Stiften oder Bilderecken befestigt werden. Die Fuge der Rückwand wird zum Schutz vor Staub und Insekten mit einem braunen gummierten Papierklebestreifen geschlossen.

Aufbewahren von Bildern in Mappen oder Kästen
Für einen ernsthaften Sammler von Drucken dürfte es kaum möglich sein, alles gerahmt an den Wänden anzubringen. Vielmehr sortiert man die Bilder in flache Kästen aus säurefreiem Karton ein. Diese Kästen, die es in vielen Größen gibt, haben metallverstärkte Ecken und eine Klappe, die beim Abnehmen des Deckels nach vorn fällt. Dadurch hat man einen leichten Zugang zum Inhalt. Im Kasten wird entweder jedes Bild in einen Papierumschlag gesteckt oder säurefreies Seidenpapier dazwischen gelegt.

Sichere Aufbewahrung
In einem traditionellen Fotoalbum kann man Fotografien auch heute noch am besten aufbewahren. Die Sammlung ist leicht und schnell einsehbar, ohne dass die Fotos berührt werden. Außerdem wird das Verblassen verhindert, weil kein Licht einwirken kann. Es gibt bereits Alben, die vollständig aus konservierungsgerechten Materialien hergestellt sind. Man sollte auch transparente Fotoecken aus Polyester verwenden, die chemisch stabil sind und garantieren, dass keine Langzeitwirkung auf die Beschichtung ausgeübt wird.

Aufbewahrung von Einzelfotografien
Für die Aufbewahrung einer wachsenden Sammlung ist ein Album nicht so gut geeignet, besonders dann nicht, wenn Angaben auf der Rückseite geprüft und verglichen werden sollen.

Man kann deshalb ein oder zwei Fotografien in säurefreies Seidenpapier einwickeln und in einen kräftigen Umschlag stecken. Es ist jedoch zu beachten, dass der am Umschlag benutzte Leim sich nicht auf die Beschichtung der Fotos auswirkt.

Eine größere Sammlung ist in stabilen Archivkästen aus Karton unterzubringen und dabei jede Fotografie in säurefreie, nicht alkalische Papiertaschen oder noch besser in transparente Polyesterhüllen zu stecken. Bei letzteren können die Fotografien angesehen werden, ohne sie unmittelbar zu berühren. Alle diese Materialien erhält man per Nachnahme in Restaurierungsgeschäften.

Präsentation von Fotografien

Alte Fotografien präsentiert man ebenso wie andere auf Papier gedruckte Kunstwerke auf Rahmen (s. Seite 24). Es ist jedoch besonders auf die Zusammensetzung der Passepartoutkartons zu achten. Die meisten der so genannten säurefreien Kartons sind „gepuffert", um die Wirkung der Säure einzudämmen. Diese genügen zwar für gewöhnliche Archivzwecke, doch Untersuchungen haben ergeben, dass gepufferter Karton in engem Kontakt mit Fotos über längere Zeit schädlich wirkt. Ungepufferte Materialien sind deshalb vorzuziehen.

Reproduzieren alter Fotografien
Mit einer Kopie können mögliche Schäden an einer gefährdeten oder seltenen Fotografie verhindert werden. Das Original wird gut verwahrt und die Reproduktion kann ohne Risiko ausgestellt werden. Selbst sehr geknickte, fleckige oder verblasste Fotografien können verbessert werden, ohne das Original zu retuschieren. Viele bekannte Fotografen beschäftigen sich mit dieser hoch qualifizierten Arbeit.

Ausbessern gerissener Fotos
Mit Stärkeleim (s. Seite 23) kann man zwar eine gerissene Fotografie, kaum jedoch deren rissige oder geflockte Emulsion einwandfrei ausbessern. Zumindest verhindert das Kleben des Papiers weitere Schäden. Die gerissenen Ränder werden, wie auf Seite 23 beschrieben, zusammengeleimt. Bei Bedarf kann auf der Rückseite des Abzuges die Reparaturstelle mit einem schmalen Streifen Japanpapier oder Dokumentenreparaturband überklebt werden.

Restaurieren von Fotografien

Sollte man seltene oder wertvolle Fotografien besitzen, die einer Restaurierung bedürfen, ist diese Arbeit einem Fachmann zu überlassen, der über die Zusammensetzung und den Herstellungsprozess Bescheid weiß. Eigene Familienfotos, deren finanzieller Wert nicht so groß ist, die aber erhalten werden sollten, kann man dagegen selbst reinigen und ausbessern.

Reinigen von Abzügen
Das Reinigen eines alten Abzuges mit Wasser führt zum Aufquellen der Emulsion. Deshalb sind Fingerabdrücke, Schimmel und manche Tintenflecken mit einer Reinigungsflüssigkeit, die in Restaurierungsgeschäften erhältlich ist, von der Oberfläche zu entfernen. Die Flüssigkeit wird auf ein fusselfreies Tuch gesprüht und der Abzug damit kreisförmig ein- und danach restlos trockengerieben.

Restaurieren von Büchern

Da Bücher fast immer aus Papier bestehen, sind sie durch Feuchtigkeit, Staub und Insekten sowie durch unsachgemäße Behandlung gefährdet. Die bereits für Bilder und Handdrucke beschriebenen Restaurierungstechniken gelten auch für die Papierseiten und Pappdeckel von Büchern, wobei die Besonderheiten der Konstruktion beachtet werden müssen.

Wie Bücher aufgebaut sind

Buchtexte werden auf große Papierformate gedruckt, die man faltet, zu Lagen schneidet und mit Fäden zum Buchblock zusammenheftet. Der Rücken, die zusammengenähte Schmalseite des Blocks, wird mit Gaze, manchmal auch mit quer laufenden Textilklebebändern (Bünde) verstärkt. Außerdem werden am Rücken oben und unten zur Verzierung so genannte Kapitale angebracht.

Gaze und Bünde sind die Ansätze für die aus grauer Buchbinderpappe mit Textil- oder Lederbezügen bestehenden Buchdeckel. Relativ dicke Vorsatzpapiere, welche auf die Innenseiten der Deckel geleimt werden, verdecken die Ansätze und bilden am Anfang und Ende des Buches ein Fliegendes Blatt.

Viele Bücher haben einen dekorativen Schutzumschlag aus Papier. Er sollte möglichst erhalten werden, weil Sammler ihn sehr schätzen.

Selbst Bücher restaurieren

Auf dem Gebiet der Buchbinderei findet man vieles, was Laien Restaurierung nennen. Sie erfordert jedoch eine große Kunstfertigkeit, Spezialkenntnisse und viel Praxis. Alte Bücher in sehr schlechtem Zustand sind deshalb einem Fachmann zu übergeben. Das betrifft besonders Bände mit dekorativen und beschädigten Ledereinbänden. Bei seltenen und wertvollen Büchern ist stets ein Experte zu konsultieren. Bei gewöhnlichen antiquarischen Büchern können Reinigung und kleinere Reparaturen durchaus von Laien vorgenommen werden, sofern einige spezielle Werkzeuge und Materialien angeschafft wurden. Diese können bei jedem Buchbinder oder in Restaurierungsgeschäften käuflich erworben werden.

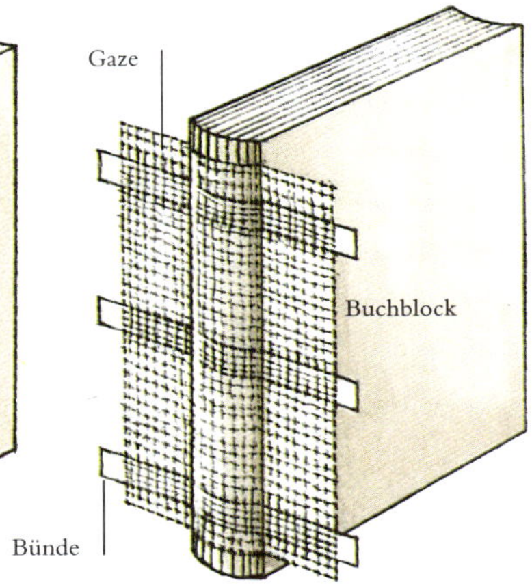

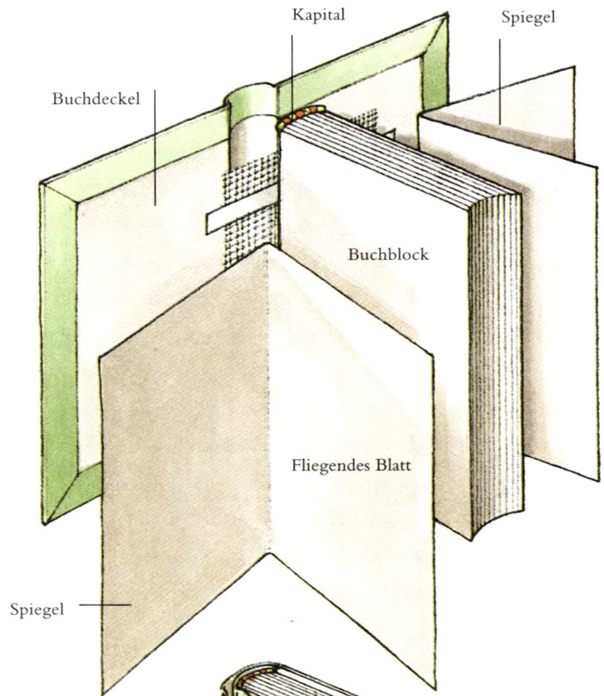

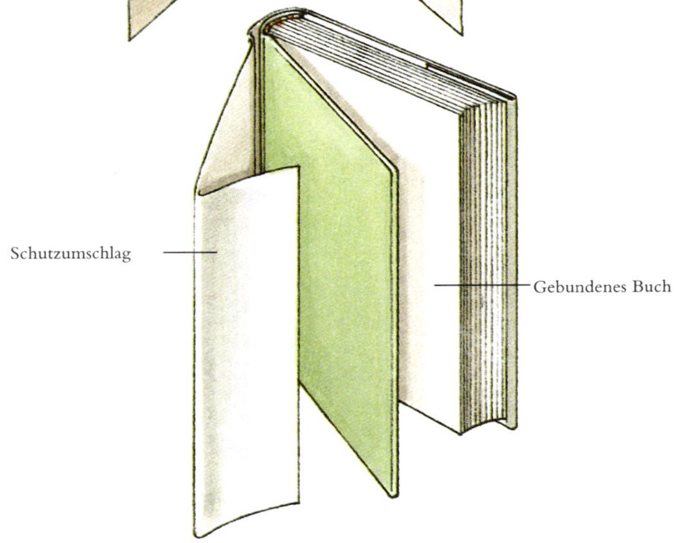

Reinigen von Büchern

Bücher müssen regelmäßig entstaubt werden. Damit wird nicht nur verhindert, dass Staubpartikel zwischen die Seiten gelangen, sondern es ergibt sich auch die Gelegenheit, nach Stockflecken und Insekten zu sehen. Damit keine Sporen und Insekteneier in die Bücherregale gelangen, staubt man auch Neuerwerbungen sorgfältig ab. Während der Behandlung sollten die Schutzumschläge entfernt werden.

Bücher abstauben
Das Buch wird fest geschlossen zwischen Daumen und Zeigefinger gehalten und dabei mit einem weichen Pinsel der obere Schnitt vom Rücken aus nach vorn abgebürstet. Bei sehr viel Staub sollte ein Atemschutz getragen werden.

Reinigen von Textileinbänden

Abstauben führt bei lockerem Schmutz auf der Oberfläche zum Ziel, keinesfalls aber bei unsauberen Einbänden ohne Schutzumschlag. Durch das Reinigen wird zwar der ursprüngliche Zustand des Buches nicht wiederhergestellt, zumindest aber die Farbe des Textilbezuges eines abgeschabten Exemplars wieder etwas aufgefrischt. Für Bucheinbände gibt es einen speziellen, gut wirkenden Textilreiniger. Wasser ist ungeeignet, es zerstört den Prägedruck.

1 Textil-Einbandreiniger auftragen
Etwas Reiniger auf einen Baumwollbausch geben und mit überlappenden Kreisbewegungen über den Einband verteilen. Den Baumwollbausch wechseln, wenn er schmutzig wird.

2 Schwabbeln
Den Einband einige Minuten trocknen lassen, dann den Textilbezug mit einer sauberen, weichen Schuhbürste schwabbeln. Dadurch erhält er eine schöne, gleichmäßige Farbe.

Behandlung von Schimmel

Entdeckt man Schimmelwuchs auf dem Einband eines Buches, ist die ganze Sammlung auf weitere befallene Exemplare zu prüfen. Bücher mit Schimmelbefall müssen getrocknet werden. Dazu werden sie in einem trockenen, gut belüfteten Raum aufrecht und fächerartig geöffnet hingestellt. Anschließend ist im Bücherregal nach der Feuchtigkeitsursache zu suchen.

Wenn das Buch völlig trocken ist, bürstet man die staubigen Rückstände ab. Bei verworfenen Deckeln oder fleckigen Textileinbänden kann nicht viel getan werden. Ist der Einband durch die Feuchtigkeit stumpf, aber sonst ohne Flecken, kann man sein Aussehen mit einem weißen, mikrokristallinen Wachs erneuern. Mit dieser Methode kann auch ein ausgeblichener Rücken farbig aufgefrischt werden.

Auftragen von mikrokristallinem Wachs
Einen Baumwollbausch in Wachs eintauchen und nach dem Abtupfen überschüssiger Masse auf Papier das Wachs auf den Einband auftragen. Durch kreisende Bewegungen das Wachs gut verteilen, dabei darf aber nichts auf die Buchseiten gelangen. Nach einigen Minuten den Einband mit einer weichen Schuhbürste oder einem fusselfreien Tuch schwabbeln.

Reinigen von Vorsatzpapieren

Oft findet man auf dem Fliegenden Blatt oder dem Titelblatt Inschriften mit den Namen der Vorbesitzer, Widmungen, Daten oder gelegentlich die Signatur des Autors oder Illustrators. Sind es unbekannte Namen, wird manchmal versucht, sie zu löschen. Doch eigentlich ist es schade um solche Kennzeichen der Vergangenheit eines Buches. Hässliches Gekritzel oder störende Flecken sollten dagegen tatsächlich entfernt werden.

Benutzen von Dokumentenreiniger

Die bekannteste Methode zum Reinigen unsauberer Vorsatzpapiere ist die unter Verwendung eines Dokumentenreinigers (s. Seite 207). Bei Bleistifteintragungen sowie bedruckten und lackierten Überzügen muss jedoch sehr vorsichtig gearbeitet werden.

Damit die Heftung nicht leidet, hält man das Buch fest und reibt von der Mitte des Fliegenden Blattes nach außen. So wird auch ein Zerknittern oder Zerreißen des Papiers vermieden. Zuletzt die Pulverreste vorsichtig abreiben.

Bücher mit Flecken

Durch feuchte Umgebung oder eine Durchnässung erhalten Bücher oft unansehnliche Wasser- oder Stockflecken. Beides kann bei einzelnen Papierseiten durch Waschen oder Bleichen entfernt werden (s. Seiten 21 bis 22). Diese Methoden sind jedoch bei gebundenen Büchern nicht praktikabel, weshalb man fleckige Bücher gar nicht erst kauft oder sich mit diesem Zustand abfinden muss.

Wegradieren von Unterstreichungen

Bleistiftnotizen oder -unterstreichungen auf Buchseiten sind relativ schwierig wegzuradieren, weil das Papier eingedrückt ist. Bücher, bei denen die Unterstreichungen aus Tinte oder Faserstift bestehen, sollte man gar nicht erst kaufen, da beim Entfernen solcher Markierungen immer Schäden entstehen.

Benutzen von Radiergummis

Am besten eignet sich ein Radiergummi aus weißem Vinyl. Neben den üblichen viereckigen Gummis gibt es auch solche, die man in Stiften festklemmen kann. Diese sind ideal, wenn es auf Genauigkeit ankommt. Auch eine kittähnliche Knetmasse, die in jede Form und bei Verschmutzung umgeknetet werden kann, ist gut geeignet.

Welchen Radiergummi man auch verwendet, das Buch muss fest gehalten und dann vorsichtig mit kurzen, geraden Bewegungen vom Rücken nach den Rändern der Blätter (keine Bewegungen in Kreisform oder entgegengesetzt) gerieben werden, ohne dabei die Druckschrift abzuheben. Durch das Betupfen mit Knetgummi lassen sich oft Flecken ohne Reiben entfernen.

Reinigen von Bildtafeln

Dokumentenreiniger entfernt Schmutz und Fett von der Oberfläche der Bildtafeln. (Radiermittel, welche Streifen auf lackiertem Papier hinterlassen, sind zu vermeiden.) Bildtafeln müssen besonders vorsichtig gereinigt werden. Sie sind oft nur punktuell oder an den Rändern angeklebt.

Reparieren defekter Bücher

Man sollte sich nicht scheuen, ein Buch zu kaufen, wenn die Bindung zerrissen ist oder das Vorsatzpapier fehlt. Diese Reparaturen können bei erschwinglichen Kosten von Buchbindern problemlos ausgeführt werden. Zum Umlegen von Eselsohren, Befestigen eines losen Titelbildes oder Kleben einer zerrissenen Seite werden dagegen keine Spezialkenntnisse benötigt, lediglich Sorgfalt und Geduld. Außerdem kann man an weniger wertvollen Büchern üben.

Zunächst ist zu entscheiden, ob das Papier vor seiner Ausbesserung gereinigt werden soll. Zwar möchte man keinen Schmutz unter einem aufgeklebten Seidenpapier- oder Klebestreifen haben, doch durch das Reinigen einer Schadstelle mit Dokumentenreiniger oder Radiergummi kann es auch zu Schäden kommen. Der beste Verfahrensweg wird vom Zustand eines jeden Buches selbst bestimmt. Im Allgemeinen sollte jedoch der Einband ganz zuletzt behandelt werden.

Einige Techniken zum Ausbessern von Büchern können auch zur Restaurierung von Zeitschriften oder Comic-Heften angewendet werden.

Glätten umgeknickter Ecken

Einige Leser haben die Gewohnheit, die Ecken einer Seite als Buchzeichen umzuschlagen. Bei Seiten aus dünnem Papier findet man häufig auch Eselsohren, bedingt durch sorglosen Umgang oder schlechte Lagerung.

Reiben mit dem Falzbein
Alle betroffenen Ecken mit der Spitze eines Falzbeines nach vorn biegen, dann ein Stück Karton unter das beschädigte Blatt und einen Streifen dünnes Papier darüber legen. An jeder Ecke mit dem Falzbein die Knicke einzeln glätten. Der Knick wird zwar sichtbar bleiben, aber das Blatt wenigstens glatt sein.

Einfügen einer losen Bildtafel

Ein gewissenhafter Händler hat meist schon notiert, wenn Bildtafeln fehlen. Ist das nicht der Fall, sollte man vor dem Kauf des Buches die Abbildungsliste durchsehen. Die Anzahl der Illustrationen wird häufig auf dem Titelblatt angegeben.

Lose Bildtafeln sind kein Problem. Sie können leicht wieder eingefügt werden. Dies sollte man möglichst beizeiten tun, bevor die Ränder abgestoßen und schmutzig sind. Bestehen Zweifel, an welche Stelle die Tafel gehört, ist nach der passenden Bildunterschrift zu suchen.

Einzelbildtafeln einschließlich des Titelbildes sind üblicherweise entlang des oberen Randes angeklebt, weshalb ein erneutes Ankleben einfach ist. Moderne Bücher haben oft Doppeltafeln, welche die broschierten Lagen umschließen. In diesem Fall klebt man wegen des besseren Haltes beide Tafeln wieder in das Buch. Es ist ein reversibler, konservierungsgerechter PVAC-Kleber zu verwenden, der in Fachgeschäften für Buchbinder angeboten wird.

1 Klebstoff auftragen
Die lose Tafel umgekehrt auf ein Blatt weißes Papier legen. Die Rückseite der Tafel mit einem anderen Blatt bedecken, nur einen schmalen Streifen am Innenrand der Tafel frei lassen. Darauf den Klebstoff vom Deckblatt nach außen streichen.

2 Tafel einfügen
Das Buch öffnen und mit dem Daumen und einem Finger die Ecke der Tafel anpassen. Dabei den geleimten Rand erst hochhalten und dann sorgfältig andrücken. Anschließend einen Streifen silikonbeschichtetes Abziehpapier in die Heftfalte legen und das Buch schließen. Das Abziehpapier nach dem Trocknen des Klebstoffes wieder herausnehmen.

Ausbessern zerrissener Seiten und Vorsatzpapiere

Es gibt verschiedene Möglichkeiten zum Reparieren zerrissener Bücher. Die Wahl der Methode ist davon abhängig, ob eine Stützung nötig ist und man zur Anschaffung von Spezialwerkzeug bereit wäre.

Ein Leim auf Wasserbasis ist billig, einfach zu handhaben und ermöglicht eine ausreichende Ausbesserung. Eine haltbare Reparatur ist auch mit konservierungsgerechten Selbstklebestreifen möglich. Selbst auf bedruckten Seiten kann man diese nicht sehen.

Heißaufziehfilm ist eine gute Alternative zum Selbstklebestreifen. Ersterer kann so zugearbeitet werden, dass er unregelmäßige Risse überdeckt. Zusätzlich wird jedoch ein spezieller Heizspachtel zum Erweichen des Klebers benötigt.

Kleben eines Risses im Papier

Ein Riss, dessen Ränder überlappen, kann mit Leim geschlossen werden (s. Seite 23). Die ausgebesserte Seite wird zwischen zwei Blätter silikonbeschichtetes Abziehpapier gelegt und das Buch zugeklappt. Nun muss der Leim trocknen.

Eine gute Reparatur benötigt keine Stützung. Wird das Buch jedoch häufig benutzt oder die Ausbesserung ist doch nicht so haltbar, kann die Stelle einseitig mit Dokumentenreparaturband (s. Seite 23) oder Heißaufziehfilm gefestigt werden.

Dokumentenreparaturband

Vor der Benutzung von Klebeband Hände waschen. Einen farblich zur Seite passenden Streifen zu einem schmalen Stück mit ausgefransten Rändern reißen. Das Stück auf die Seite kleben, mit dem Falzbein fest reiben und Luftblasen entfernen. Ein Stück Karton unter die betreffende Stelle legen und mit Stahllineal und Messer den Klebestreifen bündig zum Blattrand schneiden.

Festigen mit Heißaufziehfilm

Bei Papier, welches auf einer Seite mit Acrylklebstoff heiß beschichtet wurde, ist die Reparatur kaum sichtbar. Das Schutzpapier auf dem Klebstoff vor dem Ankleben abziehen. Das beschichtete Papier in Form der Schadstelle reißen und mit dem Trägerpapier nach oben auflegen, dann mit dem heißen Heizspachtel andrücken.

Soll eine Ausbesserung ohne vorheriges Kleben durchgeführt werden, zuerst ein Deckpapier über die Schadstelle legen und die Fasern des Risses mit dem Falzbein glätten. Unterlässt man dieses, erscheint unter dem Film ein leichter Grat. Der Film muss auf beiden Seiten des Blattes angeklebt werden.

Festigen von gefalteten Drucken

Manchmal haben illustrierte Bücher aufklappbare Karten und Diagramme, die besonderer Aufmerksamkeit bedürfen. Das ist besonders dann der Fall, wenn das Papier mit der Zeit brüchig geworden ist. Man festigt ein empfindliches Faltblatt durch Aufkleben von Dokumentenreparaturband (s. links) oder von einem Streifen Heißaufziehfilm (s. oben) auf die Rückseite des Bildes. Ist das Diagramm in einzelne Stücke zerrissen, wird es am besten auf handgeschöpftes Japanpapier aufgezogen (s. Seite 24) – jedoch nur, wenn man sicher ist, dass die bedruckte Oberfläche nicht durch Wasser geschädigt wird. Auch Heißaufziehfilm, der in einer heißen Presse aufkaschiert wird, kann verwendet werden.

Entfernen eines eingeklebten Diagramms

Gefaltete Diagramme sind in alten Büchern stets eingeklebt. Sie müssen aus dem Buch herausgelöst werden, wenn sie auf effektive Weise aufkaschiert werden sollen. Dazu hält man die Seite mit der Handfläche fest und zieht das Diagramm mit einem kräftigen Ruck ab. Nach dem Reparieren wird es wieder wie beim Einfügen einer losen Tafel (s. gegenüber) eingeklebt.

Ausbessern einer gerissenen Vorsatzpapierfalzung

Die Verbindung zwischen Buchdeckeln und Buchblock ist eine gewisse Schwachstelle. Deshalb zeigen sich Verschleißerscheinungen zuerst an der Falzlinie des Vorsatzes. Unter der Voraussetzung, dass Gaze und Klebestreifen noch in Ordnung sind, kann man neu verkleben. Eine rechtzeitige Behandlung schützt bedruckte oder illustrierte Vorsatzpapiere. Ihre Reparatur ist jedoch schwierig, wenn der gesamte Falz gerissen ist.

1 Auftragen von Leim in den Bruch
Die Rissränder zurückziehen, eventuell eingedrungenen Staub herauspinseln, dann konservierungsgerechten Leim sparsam und gleichmäßig mit einem spitzen Pinsel auf das Papier im Bruch streichen.

2 Bruch schließen
Mit einem stumpfen Messer die gebrochenen Falzränder genau aneinander pressen und herunterdrücken. Ein nicht zu feuchtes Tuch um den Finger wickeln und die geleimten Falzränder glatt drücken, dabei die Leimreste wegwischen.

3 Pressen des Buches
Einen gefalteten Streifen silikonbeschichtetes Abziehpapier in die Falte legen, das Buch schließen und die Falzung mit dem Finger zusammendrücken. Dann das Buch zwischen zwei harte Platten bündig mit der Falzung legen, damit die Heftung nicht zerdrückt wird.

Schutzumschläge vor Beschädigungen bewahren

Schutzumschläge sind besonders anfällig, weshalb viele alte Bücher ohne Umschlag angeboten werden. Sollte man das Glück haben, ein Exemplar mit einem gut erhaltenen Umschlag zu erwerben, lohnt es sich, ihn mit einer Hülle zu versehen. Dadurch bleibt er sauber und ist geschützt.

Für seltene Bücher gibt es fertige Buchhüllen, für weniger wertvolle genügen Plastikbeutel, die z. B. in Blumengeschäften zum Überdecken von Sträußen verwendet werden. Vor dem Einhüllen des Schutzumschlages sind alle Knicke und Abstoßungen zu glätten. Ist der Schutzumschlag nur leicht beschädigt, kann man ihn gleich einhüllen. Ist er stark beschädigt, muss er vorher mit Heißaufziehfilm (s. Seite 31) oder Dokumentenreparaturband gefestigt werden (s. Seite 23).

1 Herstellen einer Hülle
Den Beutel an den verschweißten Seiten auftrennen und etwa 25 mm größer als die Breite des Umschlages schneiden. An den Seiten muss er ungefähr gleich überstehen. Den Buchumschlag in die Hülle schieben, bis er an der einen gefalteten Seite anliegt und sich im gleichen Abstand von jeder anderen Seite befindet.

2 Einschlagen des Schutzumschlages
Hülle und Schutzumschlag mit dem Gesicht nach unten auf einen Tisch legen. Ein langes Lineal mit der Oberkante des Umschlages bündig legen, fest drücken und das überstehende Stück der Hülle über den Schutzumschlag falten, danach die Falte andrücken.

3 Buch einschlagen
Zuerst den Rücken einschlagen, dann das Buch flach auf den Tisch legen (mit dem Rücken zum Bearbeiter gewandt), das Buch öffnen und eine Innenklappe umschlagen. Danach das Buch schließen, umdrehen und die andere Klappe einschlagen.

Illustrierte und Zeitschriften

Seitdem die Titelseiten von Illustrierten und Zeitschriften nicht mehr aus dickerem Papier bestehen, sind diese Erzeugnisse sehr anfällig. Sie können jedoch gereinigt und gerissene oder geknickte Seiten mit ähnlichen Methoden wie bei Büchern ausgebessert werden. Während Bücher gebunden werden, sind Zeitschriften mit Metallklammern geheftet, die in feuchter Umgebung rosten. Dadurch entstehen Flecken im Papier. Wird das Papier brüchig, müssen nur die rostigen Klammern entfernt werden, dann kann die Zeitschrift mit Buchbinderzwirn aus Leinen neu geheftet werden.

Dreiloch-Heftung

Gegen Rostflecken kann man wenig tun. Ist das Papier um die Klammern gerissen, muss das Loch geschlossen und vor dem Nähen mit einem gerissenen Dokumentenreparaturstreifen verstärkt werden.

1 Beginn in der Mitte
Ein kleines Loch genau in die Mitte des Falzes, zwei weitere in gleichem Abstand davon durchstoßen. Nadel mit Faden zuerst von innen durch das Mittelloch führen.

2 Rückwärts durchziehen
Die Nadel zurück durch das obere Loch, dann über das mittlere hinweg durch das untere Loch führen.

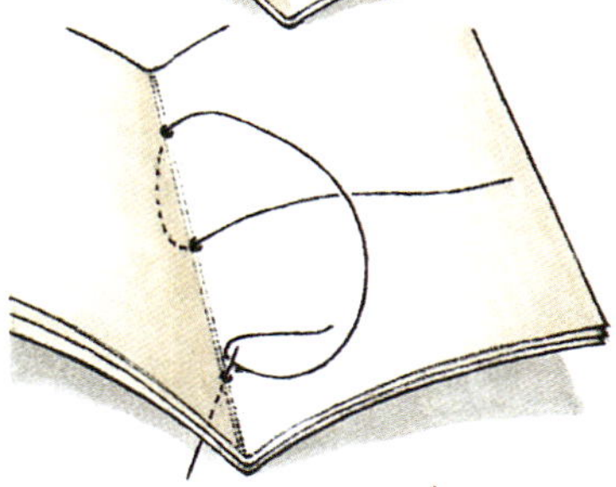

3 Verknoten
Die Nadel wieder durch das mittlere Loch nach oben führen. Den Faden so abschneiden, dass zwei längere Enden innen in der Zeitschrift verbleiben. Die Enden mit dem durchgehenden Faden verknoten, zuletzt die Enden abschneiden.

Aufbewahren von Zeitschriften und Comic-Heften
Einzelne Zeitschriften und Comic-Hefte sollten in transparente Hüllen aus Polyester oder Polyethylen gesteckt werden, die dann in säurefreien Kartons aufbewahrt werden.

Gold und Silber

Die Werkstoffe Gold und Silber werden vorwiegend mit kostbarem Schmuck in Verbindung gebracht, obwohl sie auch für vieles andere gebraucht werden. Die Eigenart und die Farben dieser Metalle – ob sie nun allein, zusammen oder kombiniert mit anderen edlen oder halbedlen Materialien verwendet werden – verleihen jedem Stück etwas Besonderes. Gold und Silber sind unlegiert sehr weich. Deshalb werden andere Metalle zulegiert. Stücke aus reinem Gold oder Silber sind wegen des Edelmetallanteils sehr teuer. Zur Reduzierung von Kosten und Gewicht sind deshalb manche Stücke hohl gearbeitet. Außerdem werden Gold und Silber häufig auf weniger wertvolle Metalle aufdubliert. Walzgold und Walzsilber, die auf ein Trägermetall aufgeschmolzen und in dünne Platten ausgerollt werden, kann man eigentlich dadurch identifizieren, dass sie weniger wiegen und keine Markierungen haben. Das Galvanisieren (s. Seite 38), bei dem ein dünner, chemisch gebundener Überzug aus Edelmetall entsteht, hat heute weitgehend gewalztes Gold und Silber ersetzt.

Feingoldgehalt und Marken

Für gewerbliche Zwecke ist Gold mit anderen Metallen (gewöhnlich mit Silber oder Kupfer) legiert, um den Härtegrad zu erhöhen oder die Farbe zu ändern. Der Goldgehalt wird in Karat ausgedrückt, was das Verhältnis des Gewichtes des reinen Goldes zum beigefügten Material bedeutet. Reines Gold hat 24 Karat. Die derzeit geltenden Wertstufen sind 22, 18, 14 und 9 Karat, in der Vergangenheit gab es noch 15 und 12 Karat. Britische Stücke sind mit der Karatnummer, den Meister- und den Beschau-(Stadt-)zeichen, deutsche mit Meister- und Beschauzeichen, seit 1888 auch mit der Feingehaltsangabe in Tausendstel versehen.

Metalle

Die praktischen und ästhetischen Eigenschaften von Metallwaren sind äußerst vielseitig. Erfordert ihr Zustand jedoch mehr als nur leichtes Reinigen, wird Metall als ein schwieriger und unangenehmer Werkstoff eingeschätzt, den nur Fachleute bearbeiten können. Unabhängig davon, sind selbst in einem sehr schlechten Zustand befindliche Gegenstände mit einigen handwerklichen Fähigkeiten restaurierbar.

Metall und seine Legierungen wurden aus erzhaltigen Gesteinen oder Mineralien gewonnen und entweder in verschiedene Grundmetalle oder kombiniert mit anderen Metallen zu Legierungen mit unterschiedlichen Eigenschaften umgewandelt.

Es ist häufig nicht einfach, Metalle genau zu identifizieren. An Farbe, Gewicht und Härte kann man jedoch den Grundtyp erkennen. Einen Anhaltspunkt gibt auch der Gegenstand selbst, weil Eigenschaften und Wertigkeit der verschiedenen Metalle zu bestimmten Verwendungszwecken führten.

Gold- und Silberschmuck

Das Reinigen und Pflegen von wertvollem Edelmetallschmuck sollte einem Juwelier überlassen werden. Gold läuft nicht an, sodass flache Stücke nur mit einem weichen Tuch oder Leder poliert werden müssen, damit sie glänzen. Leichte Verfärbungen auf Silber sind mit einem Silberputztuch zu entfernen.

Verschmutzungen durch Seifen- oder Make-up-Reste an einem reich verzierten oder mit Edelsteinen besetzten Stück beeinträchtigen seine Erscheinung erheblich, sodass diese Verunreinigung beseitigt werden sollte.

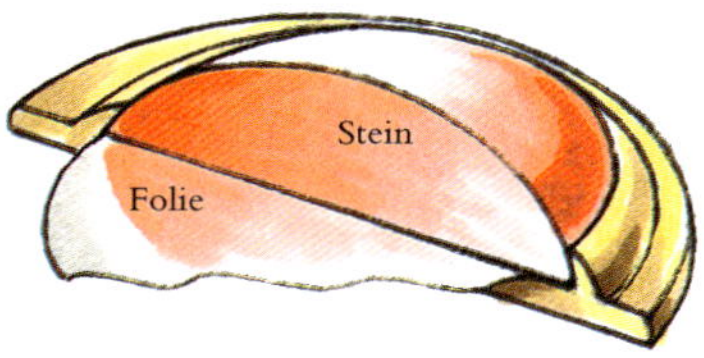

Geschlossene Fassung

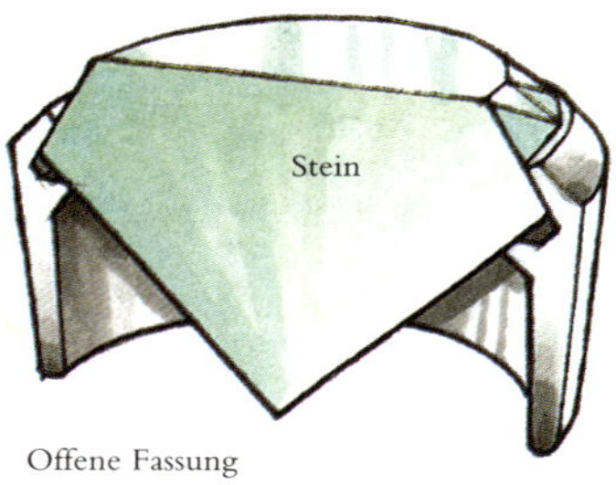

Offene Fassung

Prüfen der Fassung

Schmuckstücke mit Steinen sind zunächst genau zu prüfen. Edelsteine können geschlossen oder offen gefasst sein. Bei der geschlossenen Fassung sitzt der Stein in einer Vertiefung der Halterung. Manchmal findet man unter dem Stein eine Folie zur Verstärkung von Farbe und Glanz. Dieser Fassungstyp sowie der mit Emaillierungen dürfen nicht feucht werden.

Bei einer offenen Fassung besteht Zugang zur Unterseite des Steins, wodurch eine Reinigung einfacher ist. Wenn er nicht porös ist, kann er mit warmem Seifenwasser gewaschen werden. Dabei Fingerringe abnehmen oder Gummihandschuhe tragen.

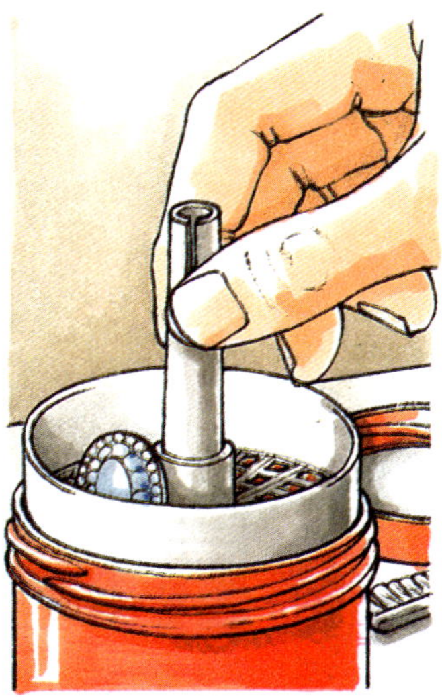

Tauchreinigen

Zum Reinigen von kleinen oder kompliziert gestalteten Schmucksachen, welche Nässe vertragen, sollte ein gewerbliches Tauchgerät benutzt werden. Solche Geräte sind bei Juwelieren zum Reinigen von Gold, Silber und Edelsteinen erhältlich.

Die Gebrauchsanweisungen sind zu befolgen. Es ist jedesmal ein Stück in der vorgegebenen Zeit in das Bad zu tauchen (meist nicht mehr als eine Minute). Das Stück herausnehmen und die Oberfläche mit der mitgelieferten Bürste bearbeiten, dann unter klarem Wasser abspülen und mit einem weichen Baumwolltuch oder Putzleder trocknen.

Offene Fassungen

Große Stücke in offener Fassung (z. B. Broschen) mit einem milden Spülmittel und Wasser reinigen. Für besseren Schmuck 1 Teil Flüssigseife zur Konservierung und 10 Teile warmes Wasser mit ein paar Tropfen Salmiakgeist in eine Plastikschüssel geben und diese über das Abflusssieb stellen. Nicht direkt über dem Abfluss arbeiten, weil Stücke hineinrutschen können. Anschließend den Schmutz mit einer Zahnbürste entfernen. In sauberem, warmem Wasser spülen und mit einem weichen Baumwolltuch oder einem Küchentuch trocken tupfen.

Geschlossene Fassungen

Da eingeschlossene Feuchtigkeit die Fassung beschädigen kann, ist Spiritus oder Isopropylalkohol anstelle von Seife und Wasser zum Lösen von Fett und Schmutz zu verwenden. Den Spiritus sorgfältig mit einem Wattebausch auftragen; anschließend mit sauberer Watte die Reste abwischen. Bei leichten Verschmutzungen kann mit dem Baumwollbausch ein Reinigungsbad aufgetragen werden. Nach dem Trocknen ist mit einem Chamoisleder vorsichtig zu polieren.

Ketten

Trägt man Ketten aus Gold oder Silber regelmäßig, bleiben sie glänzend. Trotzdem sind manchmal Fett und Schmutz zu entfernen. Ketten aus massivem Gold taucht man in ein Bad oder wäscht sie in warmem Wasser mit Flüssigseife oder mildem Spülwasser. Hohle Ketten dürfen keinesfalls in Flüssigkeit gelegt werden. Bestehen sie aus dubliertem Metall, kann die eingeschlossene Feuchtigkeit Korrosion hervorrufen. Zur Reinigung werden beide Enden auf einer mit Baumwolle bezogenen Pappe festgesteckt. Dann kann der Schmutz mit einem weichen Pinsel und Reinigungsbad oder mildem Seifenwasser entfernt werden. Flüssigkeit oder lockerer Schmutz wird mit Saugpapier abgetupft und dann mit einem weichen Tuch poliert.

Einfache Reparaturen

Reparaturen an Edelmetallschmuck sind in der Regel Sache des Juweliers. Es ist nicht ratsam, sich selbst zu versuchen. Es gibt jedoch einige einfache Reparaturen, die man an gering beschädigten Stücken selbst ausführen kann (s. auch Seiten 54 bis 57).

Aufbewahren von Schmucksachen

Regelmäßig getragener Schmuck wird in einer Kassette mit Fächern, welche mit Tuch ausgeschlagen sind, in samtgepolsterten Etuis oder in Stoffbeuteln aufbewahrt. Dadurch vermeidet man Kratzer oder Verformungen auf weichem Metall sowie das Verfilzen von Halsketten und Armbändern. Bei einer Langzeitdeponierung ist jedes Stück in säurefreies Seidenpapier einzuwickeln. Ketten in Seidenpapier sind außerdem besser zu handhaben. Schmuck ist in einem gleichmäßigen Klima und ohne Hitzeeinwirkung aufzubewahren.

Verschlussringe an Ketten

Einhängeringe bilden an einem Ende der Kette eine Öse. Sie werden in einen Haken oder Federring am anderen Ende eingehängt. Ersatzverschlüsse aus Gold oder Silber sind in verschiedenen Größen im Handel erhältlich.

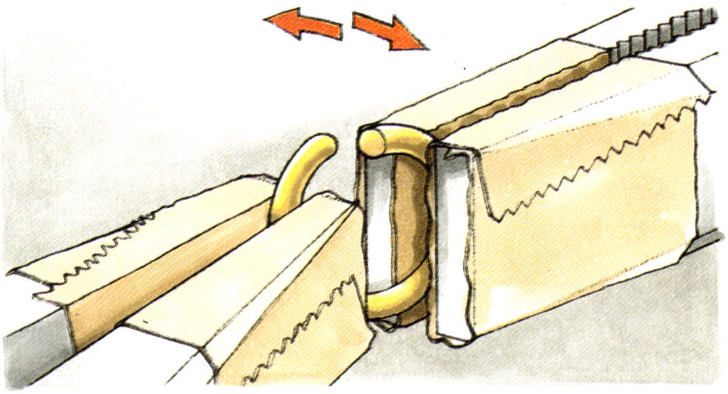

Befestigen einer Öse

Die Öse wird immer durch Seitwärtsdrehen der Enden mit zwei kleinen Zangen geöffnet. Die Backen der Zangen werden dazu mit Klebeband umwickelt, damit sie keine Eindrücke im Metall hinterlassen. Die Öse sollte nicht mehr als nötig geöffnet werden, um sie einhängen zu können, danach werden die Enden wieder zusammengedrückt.

Ersetzen eines Federringes

Federringe werden wie Ösen eingehängt. Sie werden in vielen Größen angeboten. An den Federringen sind Ösen zur Befestigung an der Kette angebracht.

Zu große Fingerringe

Fingerringe, die zu groß sind, können leicht verloren gehen. Wer den Ring nicht von einem Juwelier verkleinern lassen will, kann sich zur Verringerung des Durchmessers mit einer Ringklemme behelfen.

Dazu ist eine Klemme entsprechend der Schienenbreite zu kaufen, die dann leicht eingeklemmt werden kann.

Silberwaren

Silber ist ein wichtiges, in großen Mengen erzeugtes Metall, welches in der Vergangenheit für viele Haushaltsgegenstände benutzt wurde. Auch heute ist es noch möglich, Arbeiten aus Silber zu entdecken, von denen man nicht weiß, wozu sie früher dienten. Wird Silber nicht poliert, läuft es in einer schwefeligen Atmosphäre an, zuerst gelb, dann dunkelblau oder schwarz. Um festzustellen, ob ein Stück aus Silber besteht, muss man nach einer eingestempelten Marke suchen.

Englische Silberwaren sind relativ leicht zu identifizieren. Bereits seit dem 13. Jahrhundert existiert ein Kontrollsystem mit Marken, welche Einzelheiten über das Beschauamt, die Qualität, die Zeit und den Hersteller angeben. Diese Marken können von Nummern begleitet werden, die den Anteil an Silber in Tausendstel ausdrücken (in Frankreich und Deutschland seit dem 19. Jahrhundert in Ziffern per Tausendstel, vorher gab es in Kontinentaleuropa und Nordamerika nur Stadt- und Meistermarken). Allerdings sind diese Marken vielfach undeutlich oder wurden nachträglich eingeschlagen, sodass unter Zuhilfenahme einschlägiger Literatur kritisch damit umgegangen werden muss.

Dublierte Sheffield-Ware

Im Jahr 1742 erfunden, ist Sheffield-Dublee ein dünnes ausgewalztes Plattenmaterial, bei dem Silber auf eine Kupferunterlage aufgebracht wird. Es können eine oder beide Seiten dubliert sein. Die Ränder bestehen häufig aus Massivsilber oder aus Silberdraht, wodurch eine Identifikation erschwert wird. Die Ware wurde wie massives Silber gearbeitet. Aus ihm fertigte man viele Haushaltsgegenstände, die eigentlich keine Marken tragen. Es gibt jedoch auf Stücken des 19. Jahrhunderts auch falsche Stempel.

Silber-Elektrolyse

Die im Jahr 1820 eingeführte Elektrolyse ermöglicht das Herstellen billiger Silberwaren durch das Auftragen einer dünnen Schicht aus Silber auf ein vorgeformtes Grundmetall. Elektrolytisch aufgelegte Nickel-Silberlegierungen wurden häufig für Essbestecke sowie Geschirr verwendet. Eine Legierung aus Nickel, Kupfer und Zink ergibt das Neusilber (Alpaka). Außerdem benutzt man noch Britanniametall – eine Legierung aus Antimon, Kupfer und Zinn.

Vergoldetes Silber

Es gibt auch Silber, welches elektrolytisch vergoldet ist. Das Gold wird dabei auf Hohlgefäße, Schmuck und dekorative Stücke aufgetragen. Man behandelt diese Arbeiten wie elektrolytisches Silber.

Reinigen von Silberwaren

Silber sollte möglichst wenig poliert werden. Hohlgefäße, wie Kannen und Krüge, sowie große schlanke Stücke, wie Leuchter, können beispielsweise durch groben Umgang beschädigt werden oder zerbrechen. Durch dauerndes Polieren von mit Silber dublierten Gegenständen reibt man die Oberfläche bis auf den Grund ab.

Silberwaren behandeln
Für Flachgefäße, wie Teller und Tabletts, wird der Tisch mit einem weichen Tuch abgepolstert. Hohlgefäße müssen beim Polieren gut abgestützt werden. Leichte Stücke dürfen nicht gedrückt oder an Henkeln und Ausgüssen gehalten werden. Das Tragen einer Schürze und von Baumwollhandschuhen (zum Vermeiden des Anlaufens durch die Finger) wird empfohlen. Letztere werden im Handel speziell zur Reinigung und zum Polieren von Silber angeboten.

Waschen von Silberwaren
Bei häufiger Benutzung muss das Silber nur ab und zu gewaschen werden, um seinen Glanz zu bewahren. Angelaufenes Silber muss vor dem Polieren gewaschen werden, um Staubkörnchen zu entfernen, die Kratzer verursachen können. Vor dem Reinigen sollten möglichst alle Montierungen aus anderem Material, wie Knäufe, abgenommen werden. Mit einem weichen Tuch wird immer nur ein Stück in einer Plastikschüssel mit warmem Wasser und Flüssigseife oder Spülmittel gewaschen. Für den Schmutz in den Vertiefungen sollte man eine Bürste verwenden, dann mit warmem Wasser abspülen und sofort abtrocknen oder trocken föhnen. Zuletzt wird das Metall mit einem Silberputztuch geschwabbelt.

Reinigen von angelaufenem Silber

Es gibt verschiedene Poliermittel für Silber, z. B. getränkte Tücher und Watte, Silberschaum, Silbercreme und Flüssigpolituren. Man sollte ein Mittel auswählen, welches durch seine Zusammensetzung eine lange Wirkung hat – bei jedem Polieren wird Silber abgetragen und mit einer Langzeitpolitur vermeidet man häufiges Reinigen. Die Politur wird unter Beachtung der Gebrauchsanleitung mit einem weichen Tuch aufgetragen. Man arbeitet vorsichtig sowie kreisförmig und wechselt das Tuch, wenn es schmutzig ist. Zuletzt wird die Oberfläche mit einem sauberen Tuch geschwabbelt. Zum Reinigen von Stücken mit viel Dekor verwendet man eine weiche Bürste oder Watte und wäscht die Reste des Mittels anschließend gut ab. Danach wird das Stück gut getrocknet und zuletzt nachpoliert.

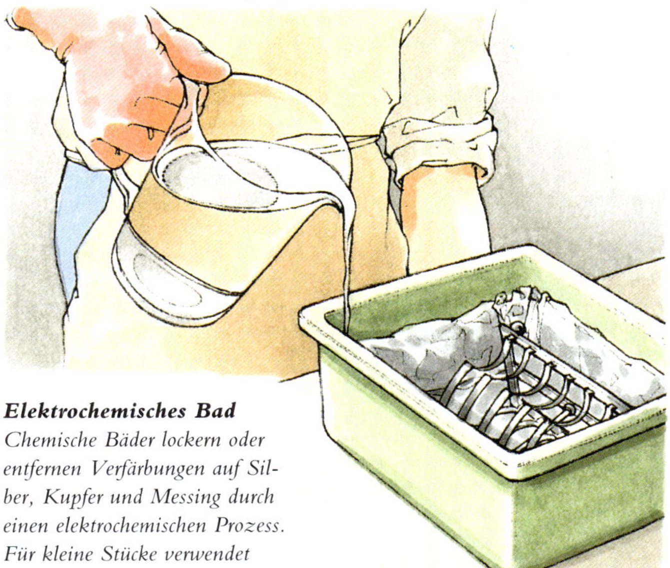

Elektrochemisches Bad

Chemische Bäder lockern oder entfernen Verfärbungen auf Silber, Kupfer und Messing durch einen elektrochemischen Prozess. Für kleine Stücke verwendet man ein handelsübliches Silberbad oder tupft das Stück damit ab. Für ein Bad mit großen Objekten dient eine Schüssel aus Plastik, die mit Aluminiumfolie ausgelegt wird, oder eine Aluminiumpfanne. Bei der Arbeit sind Vinylhandschuhe zu tragen. Am Stück wird ein Bindfaden befestigt und dieses so in den Behälter gelegt, dass es Kontakt zur Folie oder Pfanne hat. Es wird eine Lösung bestehend aus einer Tasse Soda auf zwei Liter sehr heißem Wasser hergestellt und vorsichtig in die Schüssel gegossen. Das zu reinigende Stück muss vollkommen von der Reinigungslösung bedeckt sein. Zur Kontrolle wird das Stück häufig herausgehoben. Ist es blank, kann es aus dem Bad genommen, sofort gewaschen und getrocknet und anschließend poliert werden. Bei starkem Anlaufen ist der Prozess zu wiederholen.

Eine Alternative stellt eine Reinigungsplatte dar. Mit ihr kann man die gleiche elektrochemische Reaktion erreichen. Zusätzlich wird der Flüssigkeit Kochsalz beigefügt. Es gibt außerdem ein Produkt zum Entfernen von Verfärbungen auf Silber in Säckchenform, hier ist nur noch Wasser nötig.

Es darf jedoch nie ein Bad für Stücke verwendet werden, die aus mehreren Materialien bestehen – einschließlich solcher mit beschwerten Sockeln, wie Kerzenleuchter. Auch Objekte aus unterschiedlichen Materialien dürfen nicht in dem gleichen Bad behandelt werden. Alte Lackierungen sind vorher abzubeizen (s. Seite 41). Künstlich patinierte Waren dürfen nicht in das Bad gegeben werden.

Reinigen von Niello-Silberwaren

Bei Niello wird ein in Silber vertieftes Ornament mit einer schwarzen Metallpaste ausgefüllt. Bei der Reinigung ist besondere Vorsicht nötig, da das Stück beschädigt wird, wenn sich die Paste herauslöst. Deshalb dürfen diese Objekte niemals in ein Bad getaucht werden, sondern die Oberfläche wird nur leicht mit einer Langzeitpolitur gereinigt.

Aufbewahren von Silberwaren

Zum Schutz vor Abschürfungen und Luftverschmutzungen sind die Stücke in säurefreies Seidenpapier zu wickeln. Um Kondensationsprobleme zu vermeiden, werden sie dann in belüfteten Polyethylen-Beuteln an einem kühlen Ort aufbewahrt. Es gibt für Silberwaren auch spezielle Tücher und Beutel mit Korrosionsschutzmitteln.

Kupfer und Messing

Blanke Töpfe, Pfannen, Kessel und Puddingformen aus Kupfer gehören eigentlich an Wände und Vertäfelungen von Küchen, denn Kupfer und Messing verkörpern die Gemütlichkeit alter Bauernküchen.

Obwohl Kupfer Nahrungsmittel vergiften kann, wurde es in der Vergangenheit für Kochtöpfe verwendet. Als Gegenmaßnahme hat man die Gefäße innen verzinnt. Diese Kupfergefäße sind gute Wärmeleiter, weshalb auch heute noch von Küchenchefs Kupferpfannen bevorzugt werden.

Im Gegensatz zum reinen Kupfermetall stellt Messing eine Legierung aus Kupfer und Zink dar und scheint hellgelb wie Gold. Es gibt jedoch sehr unterschiedliche Messingarten. Einige haben einen höheren Anteil an Zink oder an anderen Metallen, wie Zinn, Blei und Nickel. Messing kann gut gegossen und verarbeitet werden und ist ziemlich stabil. Man verwendete es für viele Haushaltsgegenstände, wie Lampen, Vasen, Kohlenkästen, und für Beschläge, wie Türgriffe, Handhaben, Scharniere und Schlösser.

Reinigen von Kupfer und Messing

Kupfer und Messing oxidieren durch Luftverschmutzung. Altes poliertes Kupfer zeigt eine attraktive tiefrote Patina, die man nicht entfernt. Unbehandeltes Kupfer oxidiert zu einem stumpfen Braun. Wird es der Feuchtigkeit ausgesetzt, entsteht Grünspan. Diese Korrosion ist manchmal für Objekte im Freien erwünscht, weil die entstandene Oxidschicht abdichtet und zudem antik aussieht. Messing verfärbt sich zu einem stumpfen grünlichen Braun. Man poliert gewöhnlich seine Oberfläche ganz hell. Am besten sieht es jedoch aus, wenn es eine tiefe goldgelbe Tönung hat.

Waschen der Metalle

Vor dem Polieren von Kupfer und Messing müssen beide mit warmem Wasser und Flüssigseife (s. Seite 36) oder mildem Spülmittel gewaschen werden. Für Vertiefungen wird eine weiche Bürste benutzt und anschließend mit klarem Wasser gut gespült. Zuletzt wird das Stück mit einem weichen Tuch gut abgetrocknet.

Polieren

Schutzhandschuhe tragen und leicht angelaufenes Kupfer oder Messing mit einem getränkten Tuch leicht polieren. Für jedes Metall ein anderes Tuch verwenden. Stärkere Oxidation mit Buntmetallreiniger für Gewerbezwecke behandeln. Er wird mit einem weichen Tuch kreisförmig aufgetragen, dann abgewischt. Zuletzt die Oberfläche mit einem sauberen, weichen Tuch polieren.

Behandeln der Korrosion

Hartnäckige Verfärbungen werden mit einem chemischen Bad behandelt (s. Seite 39). Auf einzelne Flecken wird mit einem Künstlerpinsel eine Paste aus Kochsalz und weißem Essig aufgetragen. Das Herunterlaufen der Paste ist zu vermeiden, da die Stellen sonst hellrot werden. Nach 10 Minuten wird alles abgespült. Die Behandlung ist bei Bedarf zu wiederholen. Zuletzt wird das Stück gut gewaschen und getrocknet, dann wird poliert.

Wachsen von Kupfer und Messing

Um ein erneutes Anlaufen und ständiges Polieren zu vermeiden, trägt man in Abständen mit einem weichen Tuch eine dünne Schicht aus mikrokristallinem Wachs auf.

Lackieren von Metall

Durch das Auftragen von Klarlack auf verzierte Kupfer-, Messing- und Silberwaren kann man auf das schädigende Polieren verzichten. Es werden Metalllacke zum Aufstreichen und Aufsprühen angeboten. In normalen Innenräumen können diese Lacke die Oberfläche jahrelang schützen. Beim Aufbringen ist in warmen, gut belüfteten Räumen zu arbeiten.

1 Vorbereiten der Oberfläche
Das Metall polieren, aber keinen Langzeitreiniger verwenden, weil dadurch die Haftung des Lackes beeinträchtigt wird. Alle Politurreste abwaschen und das Metall abtrocknen. Baumwollhandschuhe tragen und die Oberfläche mit Spiritus abwischen.

2 Auftragen des Lackes
Den Lack mit einem feinen Pinsel schnell und gleichmäßig in zwei dünnen Schichten auftragen, zwischendurch trocknen lassen. Bei zu dickem Auftrag läuft er in die Vertiefungen. Das Stück beim Auftragen ständig drehen und so arbeiten, dass die gesamte Oberfläche bei der ersten Schicht bedeckt wird.

Aufsprühen von Lack
Mit einer Spritzpistole kann verdünnter Lack auf verzierte Stücke aufgetragen werden. Es werden auch Sprühdosen zum Überziehen von Kupfer und Messing angeboten. Man arbeitet damit schnell, vermeidet Pinselabdrücke und kann dick auftragen. Die Gebrauchsanweisung ist zu befolgen.

Entfernen von Lack
Abgeschabter oder abgeplatzter Lack führt zu fleckigen Oberflächen. Bevor das Metall poliert werden kann, muss der alte Lack entfernt werden. Schellack wird mit Spiritus abgetupft, Nitrolack mit Aceton. Wirkt das nicht, muss abgebeizt werden, ebenso bei anderen Lackarten. Beim Reinigen von Stücken aus verschiedenen Materialien dürfen Lösungsmittel nur auf die geeigneten Oberflächen aufgebracht werden. Es sollten immer nur kleine Flächen gereinigt werden.

Vergoldete Bronze

Verzierte vergoldete und gegossene Stücke, wie Kandelaber, Uhrgehäuse oder Beschläge an den Ecken der Möbel, bestehen meist aus Messing oder Bronze. Die Metalle haben einen dünnen Überzug aus Gold. Es gibt aber auch Exemplare aus fein poliertem und lackiertem Messing oder aus vergoldetem Zink (s. Seite 44).

Vergoldete Metalle sollten nicht poliert werden, weil sich der Überzug leicht ablöst. Abschürfungen an erhöhten Stellen gehören zum Bild und werden nicht retuschiert. Wertvolle oder korrodierte vergoldete Metalle sollte man zum Restaurieren einem Fachmann übergeben.

Reinigung von vergoldeter Bronze
Vergoldete Bronze ist mit Sorgfalt zu reinigen. Vorhandene Montierungen sollte man möglichst entfernen, dabei jedoch ihre Lage und Befestigungsart notieren. Ist das Gold in gutem Zustand, kann die Oberfläche gereinigt werden. Bei leichter Verschmutzung wird abgestaubt, dann die Oberfläche gereinigt und mit mikrokristallinem Wachs geschützt. Ist Schmutz aus altem Möbelwachs vorhanden, muss dieser vorsichtig mit Terpentinersatz und Watte abgelöst werden. Danach wird das Stück mit einer warmen Lösung mit Konservierungs-Flüssigseife (1 Teil Seife in 10 Teilen Wasser) und einigen Tropfen Salmiakgeist gewaschen. Die Lösung ist mit Baumwolltupfern aufzutragen, mit neuen feuchten Tupfern abzuwischen. Dann wird das Stück getrocknet, geschwabbelt und mit mikrokristallinem Wachs überzogen.

Befestigen eines lockeren Henkels

Bei alten Kupfer- und Messinggefäßen sind die Henkel häufig mit Kupfer- und Messingnieten befestigt. Diese können sich durch den Gebrauch lockern. Fehlt eine Niete, besorgt man einen passenden Ersatz für das entstandene Loch. Vollnieten bestehen aus Kupfer, Messing, Aluminium und Flussstahl. Man verwendet Rund- oder Flachkopfnieten, die in Eisenwarenhandlungen angeboten werden. Werden nur eine oder zwei Nieten benötigt, sind sie vielleicht auch bei einem Schmied zu haben.

Lockere Nieten
Sind die Nieten noch vorhanden und nicht zu locker, versucht man, den Henkel durch Eintreiben der Nieten zu befestigen. Je nach Gefäßform ist jede Niete mit einem im Schraubstock festgeklemmten Amboss oder Hammer abzustützen. Der Henkel muss fest am Gefäß anliegen. Mit einem Kugelbahnhammer wird die Niete in das Loch gestaucht und der Kopf rund geschmiedet.

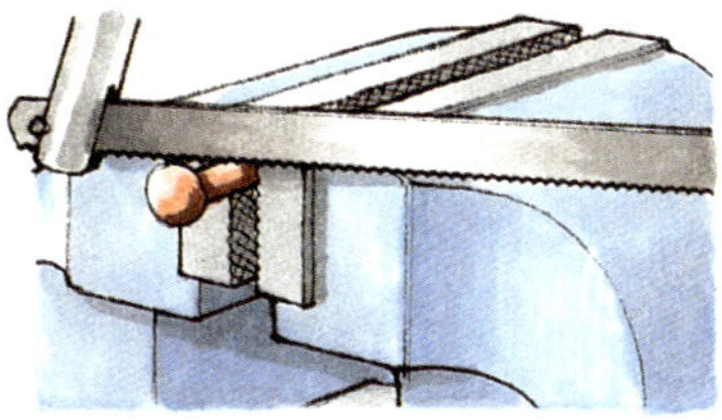

1 Ersetzen von Nieten
Flachkopfnieten kürzt man so, dass sie um das Eineinhalbfache des Schaftdurchmessers aus dem Loch herausstehen. Das Nietende in einen Schraubstock klemmen und mit einer Bügelsäge abschneiden. Um einen Flachrundkopf zu formen, werden ein Nietzieher, zwei Setzeisen und ein Kugelbahnhammer benötigt.

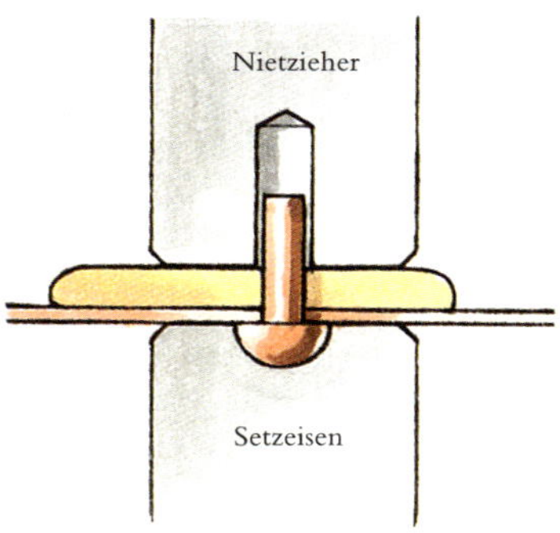

2 Festnieten
Die Niete von innen durch das Loch stecken. Den Nietkopf mit einem Setzeisen im Schraubstock festhalten, dann den Nietzieher über den Nietdorn legen und beide Teile zusammentreiben. Den Nietzieher abnehmen und das Nietende breitschlagen.

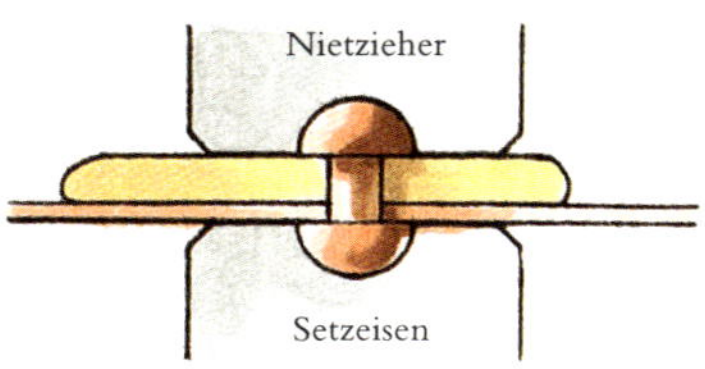

3 Formen der Niete
Den Rundkopf mit der Kugelbahn grob vorformen. Dann das zweite Setzeisen über den Kopf stülpen und ihn mit dem Hammer fertig formen.

Entfernen von Vertiefungen aus Kupfer und Messing

Kleine Beulen in Kupfer- und Messinggefäßen, die durch den normalen Gebrauch entstanden sind, gehören zu deren originalen Kennzeichen. Eine große Vertiefung an einer auffälligen Stelle kann jedoch die Form stark verunstalten.

1 Verwenden von Sandsack und Holzhammer
Bei einfachen Formen, wie flachen Schalen, einen Ledersandsack und einen hölzernen Treibhammer verwenden. Man kann sich auch einen Sandsack aus Leinwand selbst nähen und mit Sand füllen. In den Sandsack eine Vertiefung für die Schale drücken und die Beule von innen mit dem Hammer heraustreiben.

2 Verwenden eines Pflocks
Man schneidet einen Pflock aus kleinzelligem Hartholz, z. B. Buche, und feilt das Ende etwas runder als die Innenseite des Gefäßes oder eines anderer Stückes mit Unebenheiten. Der Pflock muss oben ganz glatt sein. Wenn das Gefäß über den Pflock gelegt wurde, können alle Unebenheiten auf der Außenseite mit einem Holzhammer herausgetrieben werden.

Löten von Kupfer und Messing

Löten ist eine Methode zum Verbinden von Metallen mithilfe von flüssigen Legierungen, deren Schmelzpunkt niedriger ist als der Schmelzpunkt derjenigen Metalle, die verbunden werden sollen. Nach dem Abkühlen ergibt sich ein dauerhafter Zusammenschluss. Man unterscheidet Weichlöten und Hartlöten. Beim Weichlöten verwendet man eine Blei-Zinnlegierung mit niedrigem Schmelzpunkt sowie einen Lötkolben oder eine Lötlampe. Die Handhabung ist einfach, allerdings wird die Stelle nicht völlig fest. Man erkennt die Lötstelle beispielsweise an alten Kupfer- und Weißblechwaren durch ihre silbergraue Farbe.

Beim Hartlöten muss das Lötgerät eine höhere Temperatur erzeugen. Es dient zum Verbinden von Messing und Silber. Das auf einem Schamottestein liegende Metall wird durch ein Gaslötgerät kräftig erwärmt. Durch den Stein erhitzt sich das Metall schneller und bleibt länger warm. Silberlot wird mit unterschiedlichen Schmelzpunkten für die Verbindung vieler Einzelteile angeboten. Für Reparaturen dieser Art sollte ein Fachmann beauftragt werden.

Flussmittel zum Weichlöten

Metall, das gelötet werden soll, muss sauber sein. Damit die Lötstelle nicht oxidiert, trägt man ein Flussmittel auf. Das Lot hält sonst nicht und die Stelle bricht. Allgemein werden zwei Arten von Flussmitteln benutzt: aktive und passive Mittel. Aktive auf Säurebasis wirken korrodierend und müssen abgewaschen werden. Sie sind für Kupfer, Messing, Weißblech und Stahl geeignet. Nicht korrodierend sind Passivflussmittel (Harzpaste oder Lötdraht mit Harzseele).

Löten einer Fuge
Zum Löten einer Verbindung an einem Gefäß aus Kupfer mit relativ dünner Wandung verwendet man einen Lötkolben mit breiter Spitze. Je größer diese ist, desto mehr Wärme wird gespeichert. Die richtige Temperatur liegt vor, wenn das Lot leicht schmilzt. Zur Reinigung wird die Spitze in das Flussmittel getaucht und dann mit Lot verzinnt. Die Teile werden zusammengespannt. Nun wird Flussmittel auf die Fuge gegeben und mit dem Lötkolben erhitzt. Die Spitze und das Lot sind an der Kante zu halten. Beide werden nun nacheinander an der Fuge entlang geführt. Bei richtiger Hitze fließt das Lot in die Fuge. Zu viel Lot ist zu vermeiden, weil es kaum ohne Schaden entfernt werden kann.

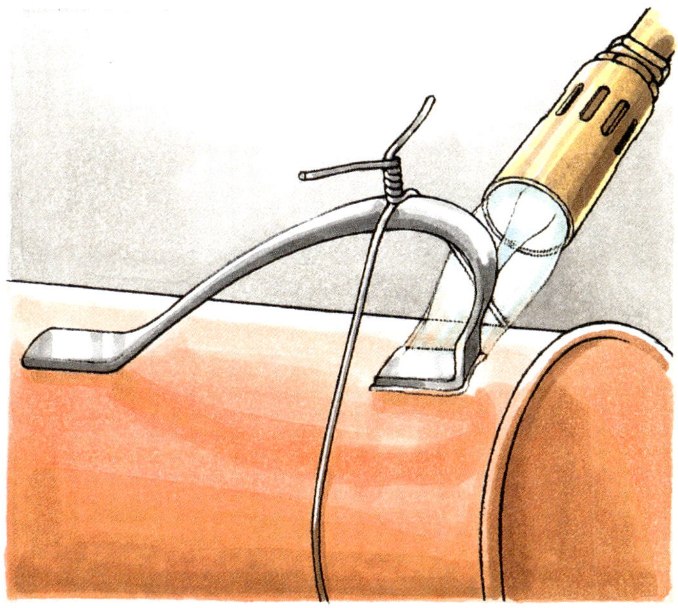

Anlöten von Teilen
Wenn ein Teil, z. B. ein Henkel, beginnt sich zu lösen, ist es möglich, ihn mit einer Notlötung wieder zu befestigen. Dabei sind beide Teile mit Lot zu überziehen. Schlecht passende Flächen sind zu reinigen. Anschließend wird Flussmittel aufgetragen und mit dünnen Lotschichten „verzinnt“. Nach dem Abkühlen ist weiteres Flussmittel hinzuzugeben, anzupassen und zusammenzuspannen. Dann wird das Lot mit dem Lötkolben erhitzt, bis es in die Fuge fließt, danach abwaschen und polieren.

Bronze

Bronze eignet sich besonders gut zum Gießen. Deshalb wird sie häufig für Figuren und reliefierte Ornamente sowohl im Außen- als auch Innenbereich verwendet. Bronze ist eine Legierung aus Kupfer und Zinn. Durch Zugabe von Blei oder Zink erhält sie andere Eigenschaften und Farben. Alte Bronze besitzt eine tiefbraune Patina, die geschätzt und deshalb erhalten wird. Es gibt sogar Beispiele, bei denen dieser Effekt künstlich mittels Farbe hervorgerufen wurde. Im Freien entwickelt Bronze eine grünblaue Patina.

Pflege von Bronzen

Bronzen sollten nicht zu stark gereinigt werden, sonst geht die Farbschicht ab. Die Oberflächen werden nur abgestaubt, Vertiefungen mit einem Pinsel behandelt. Bronzen dürfen nur gewaschen werden, wenn feststeht, dass es sich nicht um eine Legierung von Zink und Blei handelt (s. unten). Ein ausschließlich aus Bronze bestehendes Stück wird mit Baumwolltupfern und einer Flüssigseifenlösung (s. Seite 36) oder mit einem milden Spülmittel gereinigt. Nach dem Waschen ist es sorgfältig zu trocknen. Stumpfe Bronzen sind mit mikrokristallinem Wachs zu reinigen und aufzupolieren. Zur Vermeidung von Korrosion sind Bronzen in trockenen Räumen aufzustellen.

Bronzen im Freien

Im Freien entsteht auf Bronze eine feste, grünliche Patina, die nur bei starker Luftverschmutzung der Aufmerksamkeit bedarf. Zum Schutz des Metalls wird die Oberfläche mit Flüssigseife und warmem Wasser gewaschen (s.oben). Nach dem Trocknen wird sie mithilfe eines weichen Pinsels mit einer dünnen Schicht von mikrokristallinem Wachs überzogen. Von Zeit zu Zeit ist erneut zu wachsen.

Korrosion bei Bronze

Hellgrüne, pulvrige Flecken können Anzeichen des Zerfalls der Bronze durch Reaktion von Kupfersalzen im Metall sein. Das Stück ist mit einem Entroster zu reinigen, in klarem Wasser zu spülen, durch den Föhn zu trocknen und mit mikrokristallinem Wachs zu überziehen. Zeigt sich die Korrosion erneut, sollte ein Fachmann konsultiert werden.

Zink-Bleilegierung (Spelter)

Spelter wurde in der Mitte des 19. Jahrhunderts als ein billiger Ersatz für Figuren und Ornamente aus gegossener Bronze verwendet. Die Legierung aus Zink und Blei lässt sich gut gießen und wurde sowohl patiniert, damit sie wie Bronze aussieht, als auch bemalt oder vergoldet. Wenn ein leichter Kratzer, der auf der Unterseite angebracht wird, silbrig ist, handelt es sich um Spelter. Diese Legierung wird wie Bronze gereinigt und gepflegt.

Zinn

Der Begriff Zinn steht in enger Verbindung mit Flachgeschirren, Krügen und Leuchtern aus verschiedenen Stilepochen und Erzeugnissen des Jugendstils zu Beginn des 20. Jahrhunderts. Das alte Zinn war eine Legierung aus Zinn und Blei, an dessen Stelle gelegentlich Antimon, Kupfer oder Wismut trat. Durch den eingestempelten Schriftzug „Englisch Zinn" oder „London" wurde bei Speisegeschirren reines Zinn ohne Bleizusatz gekennzeichnet. An diesen Stücken sind auch die Marken der Hersteller angebracht. Britanniametall, das am Ende des 19. Jahrhunderts entwickelt wurde, ist ein sehr gutes Material, welches man versilberte. Modernes Zinn ist zusätzlich mit Antimon legiert. Seine Oberfläche läuft nicht an. Es sieht wie stumpfes Silber aus.

Pflege von Zinn

Im Allgemeinen hat Zinn eine feste dunkelgraue Patina, die wenig Aufmerksamkeit bedarf. Je mehr Blei im Zinn enthalten ist, desto dunkler erscheint es. Zinn sollte behutsam behandelt werden. Es ist weich und kann schnell Beulen und Kratzer erhalten. Grobe Schleifmittel dürfen nicht auf altem Zinn angewendet werden, sie zerstören die Patina. Es gibt aber auch Sammler, die hell glänzendes Zinn bevorzugen. Die Patina wird durch Abstauben und gelegentliches Abreiben mit einem weichen Tuch gepflegt. Schmutzige Stücke werden in warmem Wasser und Flüssigseife gewaschen (s. Seite 36), sorgfältig gespült und mit einem weichen Tuch getrocknet. Zinn darf nicht in einer Atmosphäre mit organischen Säuren, z. B. in einem Eichenschrank oder in Kästen aus Spanplatten, aufbewahrt werden. Besondere Stücke sind in säurefreies Seidenpapier einzuwickeln. Durch Korrosion können weißliche Ausblühungen entstehen (Zinnpest). In solchen Fällen ist ein Fachmann zu konsultieren.

Ausbeulen von Zinn

Infolge seiner weichen Konsistenz kann Zinn mit der Hand ausgebeult werden. Einen leicht deformierten Krug drückt man beispielsweise mit beiden Händen vorsichtig in die ursprüngliche Gestalt zurück.

Restaurieren von Flachgeschirren

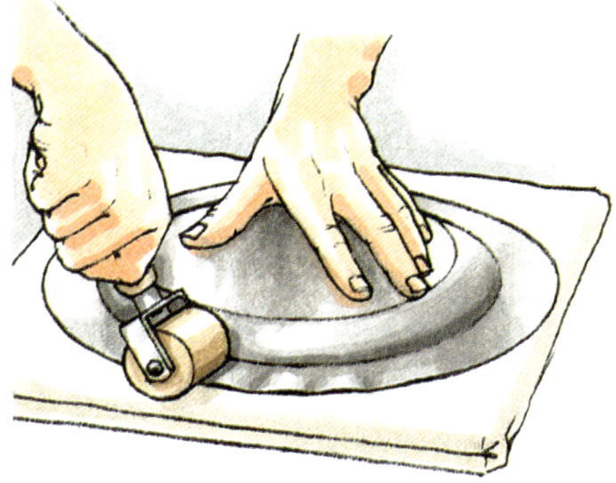

Flache Gefäße mit verbeulten Rändern werden mit Daumen und Fingern gerade gebogen. Ist das Material dafür zu hart, legt man den Rand auf eine dicke Lage Zeitungspapier und drückt ihn mit einem Nahtroller aus Holz vorsichtig glatt.

Bleifiguren und Metallspielzeug

Bis zur Mitte des 19. Jahrhunderts waren die meisten Kinderspielzeuge sehr einfache, am Ort hergestellte Sachen. Durch die industrielle Revolution und Entwicklung der mechanisierten Produktion wurde es möglich, Metallspielzeug massenhaft zu einem erschwinglichen Preis zu produzieren. Sehr schnell gingen Fabrikanten auf das große Interesse an repräsentativem Spielzeug, wie Soldaten, Tieren, Schiffen, Zügen und Autos, ein.

Altes Spielzeug aus Blei und Weißblech oder später Zinkspritzguss wurde in der Vergangenheit zu begehrten Sammelobjekten. Stücke in gutem Zustand können hohe Preise erzielen, doch altes Spielzeug ist selten in tadellosem Zustand zu finden. Spielsachen mit den Zeichen einer Benutzung sind jedoch solchen vorzuziehen, die abgebeizt und neu bemalt wurden.

Bleiguss

Blei ist ein sehr weiches und schweres Metall, das sich gut gießen lässt. Abgesehen von Spielzeug wurde es auch für größere Arbeiten, wie Gartenstatuen und Bauteile, verwendet. Nach dem Guss ist es silbrig hell. Bald danach entsteht eine feste hellgraue Patina, die sich nicht ablöst und wenig Aufmerksamkeit benötigt. Da Blei im Körper giftig wirkt, sind die Hände nach der Berührung von Blei zu waschen.

Bleisoldaten

Die ersten Bleisoldaten waren flach gestaltet. Vollplastische Figuren, die lebensechter wirken, setzten sich durch, als Fabrikanten billigere hohle Modelle produzierten. Aufgrund der weichen Konsistenz von Blei bleibt das Spielzeug kaum in seiner Form, Teile werden verbogen oder brechen ab. Obgleich Blei dehnbar ist, sollte man nicht versuchen, verbogene Stücke zu strecken, weil das geschwächte Metall brechen kann. Auch die originale Bemalung alter Bleisoldaten darf nicht ausgebessert werden, da ihr Wert sofort sinkt.

Abgebrochene Teile

Ein abgebrochenes Teil einer hohl gegossenen Figur kann man mittels in die Hohlräume eingesetzter Dübel oder Lötdrähte wieder ankleben. Bei Bedarf sind die Hohlräume mit einem Bohrer symmetrisch auszubohren. Die Teile werden angepasst, dann wird ein klarer Mehrzweckkleber in den Hohlraum eingebracht und der Dübel eingesteckt. Nun können die Teile zusammengedrückt werden.

Nachgießen verloren gegangener Teile

Vollplastische Soldaten wurden manchmal mit separat aufgesteckten Köpfen hergestellt. Ist der Kopf eines Soldaten verloren gegangen, kann man einen Abguss von einem anderen Kopf machen. Dieser Abguss kann dann festgeklebt und mit Emailfarben bemalt werden. Zum Gießen benötigt man kalt aushärtendes Silikon für die Form und eine Legierung mit niedrigem Schmelzpunkt für den Kopf. Zur Herstellung der Hohlform werden in Spezialgeschäften Gießsilikone angeboten. Es ist ein Silikon zu wählen, das fest wird und sich für die Legierung eignet.

1 Herstellen einer zweiteiligen Form

Zuerst fertigt man einen Holzkasten für die Silikonform an. Er muss so groß sein, dass die Wände der Form relativ dick werden. Dann wird Paraffinöl als Trennmittel aufgetragen. Der Kasten wird zur Hälfte mit Ton gefüllt und der Kopf des Soldaten halb eingedrückt. Zusätzlich wird an einem Ende ein Holzkegel halb in den Ton gedrückt. Durch den Kegel entsteht an einer Seite ein Einguss für das geschmolzene Metall. Außerdem sind konische Einkerbungen für die Passzapfen um den Kopf herzustellen. Silikon und Härter sind entsprechend der Gebrauchsanleitung gut zu mischen.

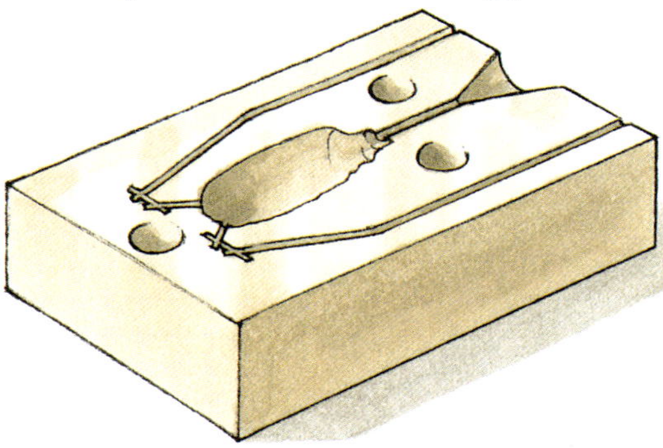

2 Herstellen der anderen Hälfte

Der Ton wird aus dem umgedrehten Formkasten herausgenommen. Der Modellkopf und der hölzerne Kegel sind zu säubern, überstehendes Silikon ist zu entfernen. Dann wird Trennmittel aufgetragen und die andere Hälfte mit Silikon gefüllt. Nach dem Setzen des Silikons wird der Kasten abgehoben, die Form auseinander genommen und Kopf sowie Kegel entnommen. Mit einem Skalpell wird ein Kanal vom Einguss zum Kopf sowie zu den Luftpfeifen geschnitten.

3 Gießen des Metalls

Die zwei Formhälften mit Talkum einpudern und zusammenspannen. In Spezialgeschäften werden Gussmetalle für diesen Zweck angeboten. Am besten eignet sich eine Legierung mit extra niedrigem Schmelzpunkt für Handguss. Ein flaches Tablett benutzen und das Metall auf dem Herd schmelzen. Dann die Legierung in die Form gießen und abkühlen lassen.

4 Befestigen des Kopfes

Wenn sich der Guss gesetzt hat, wird er entnommen. Der Einguss wird mit einem Messer entfernt, der Kopf probeweise angehalten und der Bolzen angepasst. Letzterer wird dann mit einem klaren Mehrzweckkleber eingeleimt. Zuletzt wird der Kopf originalgetreu bemalt.

Sicherheit beim Metallgießen

- **Die Gebrauchsanweisungen des Herstellers beachten.**
- **Die Form auf ein Metalltablett stellen.**
- **Lederhandschuhe und Schutzkleidung tragen.**
- **Schutzbrille aufsetzen.**
- **Gesichtsschutz anlegen.**
- **Kinder und Tiere fern halten.**
- **Heißes Metall nicht mit Wasser kühlen.**
- **Nach dem Umgang mit Blei Hände waschen.**

Weißblech

Weißblech besteht aus dünn gewalztem Eisenblech, das auf beiden Seiten gegen Verrostung verzinnt ist. Zinn ist ein weiches, ungiftiges, haltbares Metall, das kaum korrodiert, sondern ein festes hellgraues Oxid bildet. Es wird hauptsächlich als Überzugsmaterial für Konservendosen, als Isolierschicht für Kupferwaren und bei Weißblech, das zu vielen Pressartikeln verarbeitet wird, benutzt. Außerdem verwendet man Zinn für Flach- und Hohlgeschirre, ebenso zur Legierung mit anderen Metallen.

Spielzeug aus Weißblech
Bis in das 19. Jahrhundert wurde Spielzeug meist aus Holz gefertigt. Durch die Verwendung von verzinntem Eisen begannen Fabrikanten seit 1850 massenhaft leichte Spielwaren aus gepresstem Weißblech herzustellen. Besonders in Deutschland, Amerika und Großbritannien fertigten viele Betriebe zahlreiche solcher Spielwaren zum Aufziehen an, wie Pferdewagen, Schiffe, Züge und später Autos.

Die ersten Exemplare wurden zusammengelötet und handbemalt. Eine Vereinfachung wurde erreicht, indem die Teile mithilfe von durch Schlitze gesteckten und umgebogenen Laschen verbunden wurden. Auf diese Weise konnte auch ihre Oberfläche bereits vor dem Zusammenbau gestaltet werden. Am Ende des 19. Jahrhunderts ermöglichte es die Offset-Lithografie, das Weißblech vor dem Pressen mit detaillierten Motiven zu bedrucken.

Reinigen von Spielzeug aus Weißblech
Spielzeug aus Weißblech sollte möglichst wenig gereinigt werden, weil die deckende Farbschicht sehr dünn ist. Es wird periodisch mit einem weichen Tuch abgestaubt. Für Teile, die mit einem Tuch nicht erreichbar sind, einen Pinsel verwenden. Sind Verzinnung und Farbschicht in Ordnung, kann Schmutz mit einem weichen Spülmittel oder einer warmen Seifenlösung (s. Seite 36) und einem weichen Tuch entfernt werden. Es darf kein Wasser in das Spielzeug eindringen. Die Oberfläche ist gut zu trocknen. Fettflecken wischt man mit Terpentinersatz ab, dann wird mikrokristallines Wachs dünn aufgetragen.

Behandlung von Rost
Da das Eisen nur mit einer dünnen Schicht Zinn überzogen ist, ruft eine über lange Zeit einwirkende Luftverschmutzung eine Korrosion des Trägermetalls hervor. Finden sich nur leichte Roststellen auf weniger kostbaren Stücken, kann man eine Behandlung selbst versuchen (sonst einen Fachmann befragen).

1 Lockeren Rost entfernen
Lockeren Rost mit einer mit Messingdrahtbürste bestückten Kleinbohrmaschine entfernen, ohne die Bemalung zu berühren. Die Oberfläche mit Terpentinersatz entfetten, dann abtrocknen.

2 Rostumwandler auftragen
Zur Entfernung und zum Stoppen der Korrosion eine Schicht Rostumwandler auftragen. Die Oberfläche ständig prüfen. Ist sie sauber, den Rostumwandler mit einem Tuch und klarem Wasser abwischen. Zur Aufhellung des Metalls die Oberfläche mit einer milden Chrompolitur einreiben, dann abwischen, gut trocknen und mit mikrokristallinem Wachs versiegeln. Eine Ausbesserung der Bemalung führt zur Wertminderung.

Anlöten einer Lasche
Metall bricht eventuell ganz, wenn es mehrfach gebogen wird. Ist eine der Laschen, welche die Teile zusammenhalten, abgeknickt, kann sie ersetzt werden. Man schneidet aus einer Konservendose einen Streifen in den entsprechenden Maßen, reinigt die Oberflächen der Lasche sowie die Innenseite des Spielzeuges, an die man in dieser Phase gelangt. Dann wird die Lasche mit einem passiven Flussmittel und Weichlot angelötet (s. Seite 43). Wenn die Hitze die Farbschicht beschädigen könnte, befestigt man die Lasche mit Epoxidharzkleber.

Zinkspritzguss

Zink ist ein hellgraues Metall mit niedrigem Schmelzpunkt. In Verbindung mit Kupfer ergibt es das Messing. In Legierung mit etwas Aluminium und Magnesium bildet es den Hauptbestandteil von Spritzgussspielzeug. Zinkspritzguss ist zwar in dünnen Partien leicht und brüchig, er ermöglicht aber feinste Details und wird besonders zur Herstellung von Modellautos benutzt.

Pflegen von Spritzgussspielzeug
Da die stumpfe graue Tönung der Zinklegierung nicht besonders schön aussieht, erhält sie einen Farbüberzug. Modelle haben meist abgeplatzte Stellen. Sie sollten nicht ausgebessert werden. Für Sammler wird dadurch der Wert gemindert. Spritzgussmodelle stellt man in eine Vitrine, wo sie sich nicht berühren. Bei einer längeren Aufbewahrung steckt man sie (sofern vorhanden) in ihre Schachteln. Gut erhaltene Modelle in ihrer Originalverpackung sind sehr gesucht.

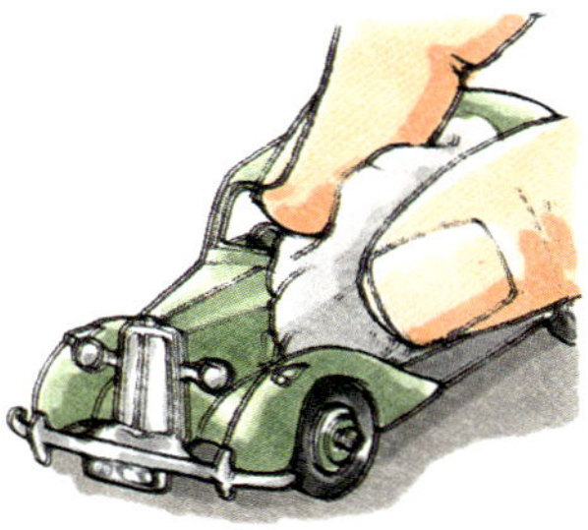

Entfernen von Schmutz
Die Oberflächen sind gelegentlich mit einem feinen Pinsel abzustauben. Schmutz auf Farbüberzügen wird mit Seifenwasser und Baumwolltupfern abgewischt (s. Seite 36). Vorsicht an vorstehenden Teilen, die verbogen oder abgebrochen werden können. Dann wird mit klarem Wasser gespült und die Oberfläche mit einem weichen Tuch oder Papiersaugtuch abgetrocknet.

Reparieren
Kleinformatige Teile, wie vorstehende Scheinwerfer an Modellen alter Autotypen, können leicht beschädigt werden. Sollte ein Detail abbrechen, befestigt man es mit Epoxidharz- oder Zyancrylatsekundenkleber. Bei Epoxidharzkleber ist das Teil zu arretieren, während der Klebstoff sich setzt. Mit einem Skalpell wird überschüssiger Klebstoff entfernt, bevor er völlig hart ist.

Verchromtes Metall

Chrom kann an seinem silbrig-hellen Glanz leicht erkannt werden. Es wird elektrolytisch auf verschiedene Metalle, z. B. Messing- und Zinkguss, aufgebracht. In den 20er Jahren des 20. Jahrhunderts war es beispielsweise für Möbel, Lampen, Autoteile und Kunstgegenstände sehr beliebt.

Chrom ergibt besonders auf Messing einen strapazierfähigen Überzug. Schlecht verchromte Legierungen mit Eisen oder Zink zeigen häufig Korrosion in Form von Blasen. Hier kann man lediglich die Oberfläche mit einer Chrompolitur behandeln. Es ist aber auch möglich, verchromte Stücke, die unbedingt einen hellen Glanz haben müssen, in einem Fachbetrieb chemisch abbeizen und neu verchromen zu lassen.

Eisen und Stahl

Legierungen aus Eisen und Kohlenstoff ergeben viele wichtige Metalle zur Herstellung von Gebrauchsgütern. Aus ihnen können ganze Gebäude, Maschinen für Industrie und Haushalt, Kunsterzeugnisse oder Gebrauchsgegenstände in allen Größen hergestellt werden. Diese Metalllegierungen werden in die Gruppen Schmiedeeisen, Gusseisen und Stahl eingeteilt.

Schmiedeeisen enthält wenig Kohlenstoff, ist verformbar und relativ korrosionsbeständig. Früher wurden viele kunsthandwerkliche Arbeiten für Gebäude, wie Geländer, Tore, Schlösser oder Beschläge, aus Schmiedeeisen geschaffen. Heute wird es, bedingt durch die Entwicklung des Gusseisens, weniger verwendet.

Gusseisen enthält viel Kohlenstoff und lässt sich gut gießen. Seine Bedeutung stieg im 19. Jahrhundert, als massenhaft Bauteile und Haushaltsartikel aus Gusseisen hergestellt wurden.

Stahl ist ein Sammelbegriff für schmied- und walzbares Eisen mit einem Kohlenstoffgehalt bis etwa 1,8 %. Er existiert in vielen Varianten mit anderen Metallen. Reiner Kohlenstoffstahl – auch als Flussstahl bezeichnet – ist die bekannteste Form, die traditionell wie Schmiedeeisen mit der Hand bearbeitet werden kann.

Erkennen von Eisen und Stahl

Korrodieren Eisen und Stahl, entsteht Eisenoxid – allgemein als Rost bekannt. Man schützt sie vor der Korrosion mit Farbe, Öl, Wachs oder einem anderen Metall. Welche Art von Metall unter einem Überzug liegt, kann mittels eines Magneten festgestellt werden. Bleibt er haften, handelt es sich um eine Eisenlegierung. Um diese genauer zu identifizieren, muss das Stück hinsichtlich Stil und Konstruktion geprüft werden. Schmiedearbeiten werden meist aus Flach- oder Rundeisen hergestellt, die man zur Form bog und schmiedete sowie vernietete oder verschweißte. Gusseisen kann in Abhängigkeit von Größe und Gestalt massiv oder hohl sein. Seitdem es in Formen gegossen wurde, sind die Nähte, die durch die Fugen der Form entstehen, ein guter Anhaltspunkt dafür, dass es sich um Gusseisen handelt. Außerdem ist es an der körnigen Oberfläche zu erkennen.

Behandeln von Korrosion

Eisen und Stahl rosten unter feuchten Bedingungen schnell. In Abhängigkeit von der Legierung entsteht mit der Zeit Lochfraß oder ganze Partikel lösen sich. Deshalb sind Eisenwaren in einer trockenen Umgebung aufzubewahren. Die Oberfläche kann auch mit mikrokristallinem Wachs vor Feuchtigkeit geschützt werden.

Leichter Rost

Zur Entfernung von leichtem Rost das Metall zwei Stunden mit Paraffin behandeln (entweder aufsaugen lassen oder aufstreichen). Den Rost mit Stahlwolle abreiben. Dann das Stück abwischen und mit Terpentinersatz abspülen. Nach dem Trocknen Lack oder mikrokristallines Wachs auftragen.

Dicker Rost

Ist der Farbüberzug teilweise abgegangen, entfernt man vor der Rostbehandlung Farbreste mit einem Abbeizmittel. Um die Farbe zu erhalten, muss man versuchen, nur die Roststellen zu behandeln. Da der Rost sich unter Umständen etwas unter den Farbecken ausgebreitet haben kann, entfernt man diese. Der Rost wird mit einem Skalpell abgeschabt. Bei großen abgebeizten Flächen wird mit einer Drahtbürste gearbeitet. Dann wird ein Rostumwandler aufgetragen, der ein Rostschutzmittel enthält, wobei die Gebrauchsanweisung zu befolgen ist. Damit die Oberfläche chemisch nicht weiter wirken kann, muss der Rostumwandler abgewaschen werden. Dann muss das Eisen gut trocknen. Zuletzt wird es mit zwei Schichten Metallprimer und zwei dafür geeigneten Farbüberzügen geschützt.

Sandstrahlen von Eisen

Sandstrahlen ist eine effiziente Methode zum Entfernen von alter Farbe oder Rost. Das Eisen wird dadurch ganz blank. Für die meisten Haushaltsgegenstände aus Eisen ist dieser Schleifprozess nicht geeignet, dagegen aber für alte Gusseisengitter, die mit schwarzer Ofenfarbe, Grafitwachs oder Klarlack überzogen werden.

Blanke Metallteile schützen und erhalten

Blanke Metallteile werden mit Spiritus, Terpentinersatz oder Alkohol gesäubert, dann kann man eventuell eine milde Schleifpolitur für Chrom auftragen. Stahl ist manchmal „gebläut" – mit einem dünnen farbigen Film, der dekorativ aussieht und Rost verhindert, weshalb man ihn nicht abträgt. Je nach Verwendung wird die gereinigte Oberfläche mit Klarlack oder mikrokristallinem Wachs überzogen.

Reparieren von geschmiedetem Eisen oder Stahl

Schmiedeeisen und Flussstahl sind formbare Metalle, die sich biegen, aber kaum brechen. Verbogenes Eisen kalt in einem Schraubstock mit einem Hebel oder mit einem Hammer strecken. Dicke Teile vorher mit einer Lötlampe erwärmen. Mit Hitze ist sehr sorgsam umzugehen. Im Zweifelsfall einen Fachmann konsultieren. Verbindungen sind meist genietet oder geschweißt. Schweißarbeiten lässt man in einer Werkstatt ausführen.

Reparieren von Gusseisen

Gusseisen ist spröde und kann durch einen harten Schlag oder durch Fall zerbrechen. Notfalls ist ein Fachmann in der Lage, es zu schweißen. Bei einem Bruch eines nicht konstruktiven Teiles hilft Epoxidharzkleber. Der Bruch ist zu reparieren, solange die Stellen noch sauber sind. Später mit Lösungsmitteln Fett entfernen und Rost abbürsten. Die Teile probeweise anhalten, dann den Kleber mischen und sparsam auf die Bruchflächen auftragen. Die Teile zusammendrücken und mit Zwingen, Klebeband oder Gewicht aneinander pressen. Nach dem Setzen überflüssigen Klebstoff mit einem Skalpell entfernen.

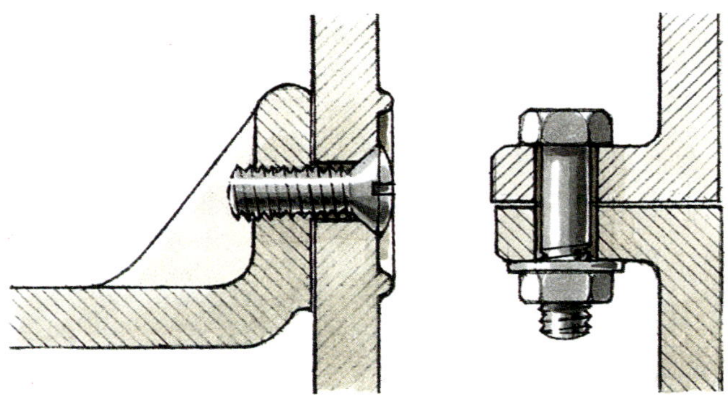

Reparieren mechanischer Befestigungen

Einzelteile von Gusseisenprodukten sind manchmal durch Maschinenschrauben oder Sechskantschrauben und Mutter verbunden. Eine fehlende Schraube kann durch eine neue Schraube mit gleichem Gewinde ersetzt werden, bei Bedarf ist sie zu kürzen. Das Abfallende einspannen, die Schraube absägen und glatt feilen. Sind die Originale verrostet oder fehlen sie völlig, eine neue Schraube durch Löcher ohne Gewinde führen.

Identifizierung des Materials

Edelsteine und organische Materialien, die bei der Herstellung von Schmuck und anderen Kunstwerken verwendet werden, sind meist schwer zu identifizieren, weil die Naturstoffe sich häufig ähnlich sind. Durch das Aufkommen von Imitationen und synthetischen Materialien wird die Identifizierung weiter erschwert. Deshalb sollte in jedem Fall das gesamte Stück beurteilt werden. Wenn ein Schmuckstück in guter Qualität aus Edelmetall gearbeitet ist, sind auch die Steine meist echt. Alten Schmuck lässt man bei einem Juwelier schätzen.

Lichtdurchlässige Edelsteine sind meist in Facetten geschliffen und poliert, damit Farbe und Brillanz hervorgehoben werden. Im Gegensatz dazu werden opake Halbedelsteine mit einer Wölbung zu Cabochons gestaltet. Die meisten hier besprochenen halbedlen Materialien sind organischen Ursprungs und im Gegensatz zu Edelsteinen relativ weich. Sie zeigen eine große Farbenvielfalt, sind meist größer und bei Verwendung für Schmuck als Cabochons geschnitten. Einige, wie Elfenbein, Muscheln oder Gagat, weisen Dekore auf.

Aufbewahren von halbedlen Materialien

Schmuck aus halbedlen Materialien wird wie echter Schmuck behandelt und verwahrt. Da er relativ weich ist, muss er so aufbewahrt werden, dass er nicht durch andere, vielleicht härtere Stücke leidet. Halsketten werden in säurefreies Seidenpapier gewickelt. Broschen und Ringe sind in Etuis oder in flache Tabletts mit Fächern zu legen.

Kunstgegenstände aus solchen zerbrechlichen Materialien sollten vorsichtig behandelt werden. Haben sie ihren Platz in offenen Regalen, staubt man sie gelegentlich mit einem weichen Tuch oder Pinsel ab. Am günstigsten ist eine Aufbewahrung in einem staubfreien Vitrinenschrank, weil sich das Risiko einer Beschädigung aufgrund des geringeren Reinigungsaufwandes vermindert. Weitere Details sind bei den einzelnen Materialien erläutert.

Halbedle Materialien

Es ist wahrscheinlich ein inneres Bedürfnis des Menschen, sich mit dekorativen Elementen und Materialien zu schmücken, als wollte er seine Nacktheit im Vergleich zu anderen Lebewesen kompensieren.

Es ist deshalb vielleicht auch keine Überraschung, dass einige dieser Materialien sowohl von Tieren und Pflanzen als auch aus mineralischen Lagerstätten stammen. Schildpatt, Elfenbein, Knochen, Seemuscheln, Korallen, Perlen, Bernstein und Gagat sind einige der so genannten „halbedlen" Materialien, die für dekorative Zwecke genutzt werden. Obwohl ihr materieller Wert nicht so hoch wie der eines Edelsteines ist, stellen sie eine Fülle reizvoller Materialien dar, aus denen eine Vielzahl wunderbarer Schmucksachen und anderer dekorativer Stücke hergestellt werden kann. Seltene und fein gearbeitete Werke sind bei Sammlern sehr gesucht. Sie erzielen hohe Preise.

Es lohnt sich, auf Antikmärkten die Auslagen mit Modeschmuck durchzusehen, da dort häufig unbeachtete Schätze zu finden sind, die man reparieren oder als Ersatz in anderen Stücken verwenden kann.

Gagat

Gagat ist eine harte, tiefschwarze Modifikation von Lignit – einer Braunkohlenart. Er kann in der Oberfläche fein poliert werden. Im 19. Jahrhundert wurde er häufig als Trauerschmuck, aber auch für dekorative Schmuckgegenstände verwendet.

Es ist manchmal schwierig, Gagat von schwarzem Glas zu unterscheiden. Gagat ist jedoch etwas leichter und fühlt sich wärmer an. Teilweise wurde auch Vulkanit – eine Hartgummisorte – als Ersatz für Gagat verwendet. Vulkanit ist an seiner Farbe, ein ziemlich stumpfes Braunschwarz, zu erkennen. Gagat bricht so leicht wie Glas, allerdings erscheinen die Bruchflächen matter als die glänzenden von Glas.

Reinigen von Gagatschmuck
Leichten Staub abpinseln und den Gagat mit in warmem Wasser und Spülmittel angefeuchteter Baumwollwatte, Baumwolltupfern oder einem weichen Pinsel waschen. Anschließend den Gagat in gleicher Weise mit sauberem Wasser abspülen und mit einem weichen Tuch trocknen. Keine Lösungen, wie Terpentinersatz, Spiritus oder Aceton, benutzen. Eine stumpfe Oberfläche kann durch Chrompolitur wieder zum Glänzen gebracht werden. Der Gagat ist zu polieren und zu waschen.

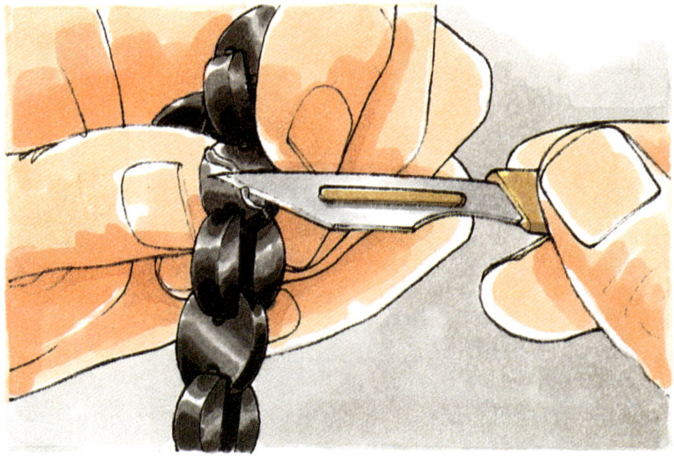

Reparieren
Gagat ist relativ spröde und kann bei unsanfter Behandlung brechen. Ein sauberer Bruch ist mit einem flüssigen Zyanacrylatkleber zu reparieren. Dabei den Kleber sparsam auf die Bruchflächen auftragen. Erst die Teile probeweise anpassen, weil der Kleber sofort bindet. Bei Brüchen mit abgeplatzten Rändern einen Zweikomponenten-Epoxidharzkleber gemischt mit schwarzem Farbpulver verwenden. Er dient auch als Füller. Mit einem Skalpell Klebstoffreste entfernen und die gefüllten Stellen mit Chromputzmittel polieren. Bei kleinen Löchern in einem Teil ohne konstruktive Bedeutung kann als Füller auch ein schwarzes Hartwachs verwendet werden.

Auffädeln einer Perlenkette

Der Faden einer Kette ist regelmäßig zu kontrollieren. Ist er abgenutzt, ersetzt man ihn, bevor er zufällig reißt. Perlen werden auf Seidenfäden aufgefädelt. Diese gibt es in vielen Stärken und Farben, sodass man das Original ersetzen kann. Einige Typen werden mit Nadel geliefert. Man kann jedoch den Faden auch ohne Nadel durchziehen, indem das Ende mit einem schnell härtenden Kleber versteift wird.

1 Anordnen der Perlen
Den alten Faden entfernen und die Perlen in der Reihenfolge ablegen. Sind sie bereits lose, müssen die Perlen nach Größe und Farbe sortiert und in einen v-förmig geknickten Pappstreifen gelegt werden.

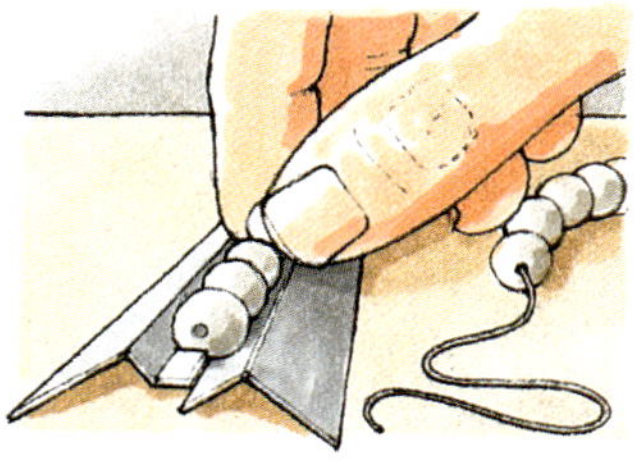

2 Verknoten des Fadens
100 mm vom Fadenende einen halben Seemannsknoten machen. Die erste Perle auffädeln und einen anderen Knoten dagegen knüpfen. Auf diese Weise wird jede Perle einzeln festgehalten und verhindert, dass alle Perlen zugleich herunterfallen. Sie scheuern auch nicht aneinander. Zum Festhalten der Schlinge des Knotens eine Nadel verwenden. Die anderen Perlen ebenso verknoten. Diese Methode sollte bei allen Perlenketten von guter Qualität angewendet werden.

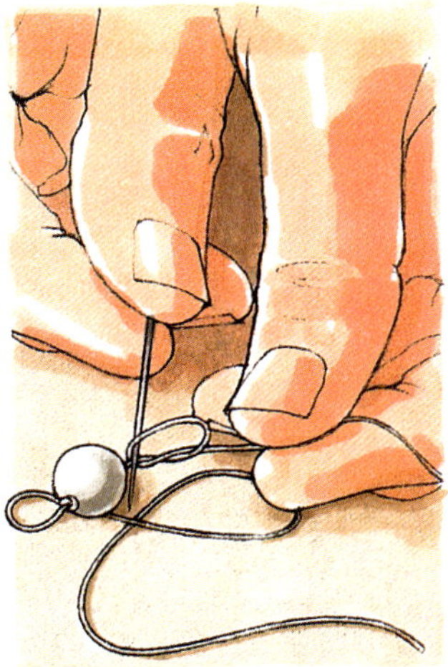

3 Verschluss befestigen
Die letzte Perle abbinden, dann den Faden durch die Verschlussöse und zurück durch die Perle ziehen. Das Ende um den Faden legen und mit einem doppelten Seemannsknoten festbinden.

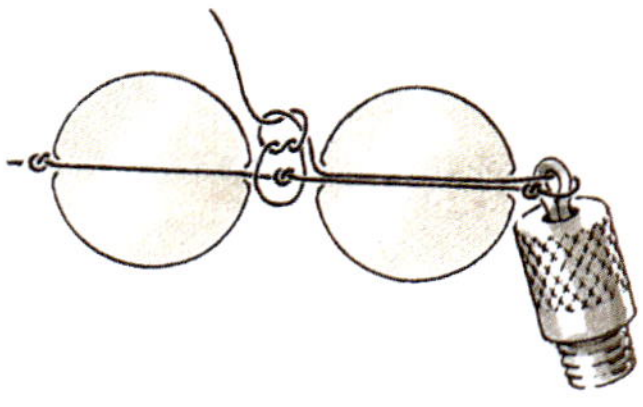

4 Festhalten des Endes
Den Faden durch die nächste Perle stecken, dann den Faden straff ziehen und das Ende bündig mit der Perle abschneiden. Den gestrafften Faden durch die Perle zurückziehen. Das andere Teil des Verschlusses in gleicher Weise befestigen.

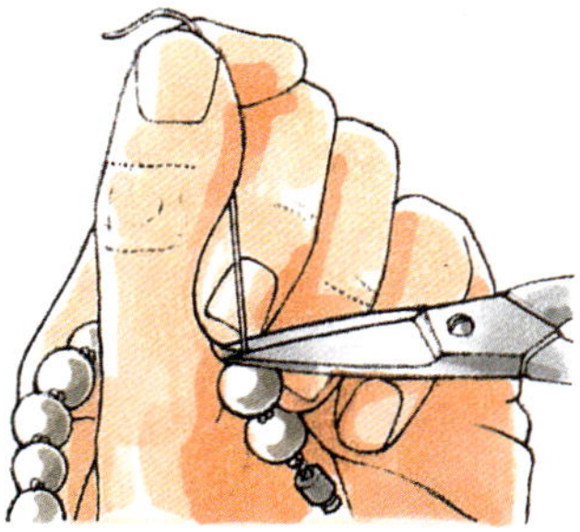

Perlen

Durch die irisierende weißliche Farbe und ihre natürlichen Formen sind Perlen als Schmuck prädestiniert. Sie werden durchbohrt und auf Seidenfäden gezogen, um Ketten anzufertigen, oder mit Metall zu Ringen, Anstecknadeln und Ohrringen verarbeitet.

Eine Naturperle besteht aus Perlmutt und wächst auf der Grundlage einiger Sandkörnchen über lange Zeit in einer Auster. Die Perlen sind meist unregelmäßig geformt. Gezüchtete Perlen werden durch Einführen einer Perlmuttkugel in eine Auster geschaffen. In der Auster wächst die Kugel weiter, hierbei entstehen gleichmäßige Perlen. Künstlich hergestellte Perlen werden dann wie ihre Naturvorbilder geformt, sodass kaum Unterschiede zu erkennen sind.

Reinigen von Perlen
Perlen erhält man in einem guten Zustand, indem sie getragen werden. Sie dürfen nicht mit Seife und Wasser gereinigt werden, da sie keine Feuchtigkeit vertragen. Besser eignet sich leichtes Magnesiumkarbonatpulver aus Apotheken. Die Perlen in einen dichten, fast vollständig mit Pulver gefüllten Behälter legen, dann den Behälter einige Minuten schütteln und 24 Stunden stehen lassen. Die Perlen entnehmen und das Pulver mit einem weichen Pinsel oder Tuch entfernen.

Es kann auch eine spezielle Perlen-Reinigungslösung verwendet werden. Entsprechend den Anweisungen des Herstellers den Schmuck in den mitgelieferten Behälter tauchen und nicht länger als eine Minute schütteln. Dann die Perlen herausholen und mit einem weichen Tuch abtrocknen.

Bernsteinschmuck

Bernstein ist ein fossiles Harz von Nadelbäumen des Tertiärs, das wie Kunststoff aussieht und in der Natur in vielen Farben, vom fahlen Gelb bis zum dunklen Rot, vorkommt. Seine schöne Tönung und seine gute Bearbeitungsmöglichkeit sind seit langem bekannt. So wurde er schon in alten Zeiten als dekoratives Element für Schmuck und kleine Kunstwerke benutzt. In Bernsteinstücken sind manchmal Samen und Insekten eingeschlossen. Sie sind für Sammler besonders wertvoll.

Echter Bernstein ist leicht zu polieren und zeigt eine differenzierte und durchscheinende Färbung. Er wurde jedoch auch mit Erfolg in Glas und Kunststoff imitiert. Eine einfache Echtheitskontrolle wird durch Reiben des Bernsteins mit einem Wolltuch durchgeführt. Dabei erwärmt er sich und es entwickelt sich ein typischer Harzgeruch. Echter Bernstein fühlt sich außen wärmer an als Glas.

Ambroid ist ein aus kleinen Stücken unter Wärme gepresster Bernstein. Sein Wert liegt unter dem besonders ausgewählter Stücke aus der Natur.

Pflegen des Bernsteins

Bernstein ist relativ weich und zerbrechlich. Kunstwerke sollten in einen Vitrinenschrank gestellt und gelegentlich mit einem weichen Tuch abgestaubt werden. Schmuck ist in ein gefüttertes Etui zu legen und bei längerer Aufbewahrung in säurefreies Seidenpapier zu wickeln. Bernstein darf nicht dem Sonnenlicht ausgesetzt werden. Das Besprühen mit Haarspray oder Parfüm ist zu vermeiden, weil dadurch eine stumpfe Oberfläche entsteht.

Reinigen von Bernstein

Bei längerer Einwirkung von Feuchtigkeit kann Bernstein seine Durchscheinbarkeit verlieren und wird opak. Obwohl sehr schmutzige Stücke mit warmem Seifenwasser gereinigt werden können, sollte dies nur sparsam mit Baumwolltupfern erfolgen. Danach sofort spülen und trocknen sowie die Oberfläche mit einem weichen Baumwolltuch oder Polierleder schwabbeln. Damit der Glanz wieder hervorkommt, etwas Mandelöl auftragen. Nicht mit Alkohol- oder Spirituslösungen reinigen. Eine dadurch matt gewordene Oberfläche kann eventuell mit einer Chrompolitur und einem um den Finger gewickelten Baumwolltuch wieder zum Glänzen gebracht werden. Zuletzt nachpolieren.

Reparaturen

Gute Bernsteinarbeiten sollten vom Fachmann repariert werden. Einen einfachen Bruch in weniger kostbaren Stücken kann man mit klarem Zyanacrylatkleber selbst schließen. Der Kleber ist ganz dünn auf die Bruchflächen aufzutragen, dann werden die Teile zusammengepresst. Obwohl er nicht entfernt werden kann, fällt er weniger auf als Epoxidharzkleber, der durch den Bernstein zu sehen ist. Ein klarer Allzweckkleber hat zwar den Vorteil, unsichtbar zu sein, durch ihn erweicht jedoch der Bernstein und es muss ein Lösungsmittel zum Trennen der Klebestelle verwendet werden.

Reparieren von Anstecknadeln

Anstecknadeln sind häufig mit großen Halbedelsteinen, wie Bernstein-Cabochons, besetzt. Sie werden meist mithilfe von Metall montiert, an dem auch die Nadeln sitzen. Infolge Abnutzung oder falscher Handhabung fehlen diese jedoch häufig.

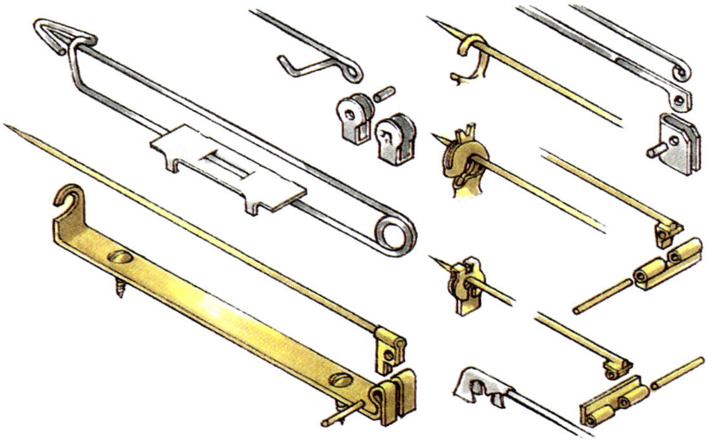

Nadeln gerade biegen
Stücke von geringerer Qualität haben meist auch einfache Verschlüsse, bei denen die Nadeln unter einen Haltehaken gespannt werden. Bei einigen gibt es eine zusätzliche Sicherheitsarretierung. Ist die Nadel verbogen und wackelt im Haken, muss sie mit einer Zange gerade gebogen werden.

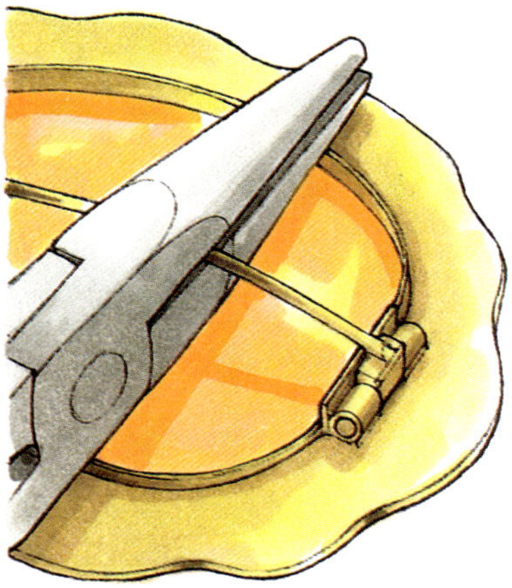

Erhöhen der Federwirkung
Eine Nadel ist am Scharnier durch einen Anschlag abgefedert. Man reguliert ihn oder die Nadel mit einer schmalen Flachzange, bis genügend Federung erreicht ist.

Eine gebrochene Nadel ist durch eine neue zu ersetzen.

Reparieren eines Haltehakens
Haltehaken können leicht verbogen werden oder brechen. Verbiegungen sind mit einer schmalen Flachzange zu begradigen, wobei der Haken nicht zu sehr bewegt werden darf, weil das Metall sonst brechen kann. Ist er abgeknickt, befestigt man mit einer flachen Platte einen neuen Haken. Die Platten sind in Schmuckgeschäften erhältlich.

Die Reste des abgebrochenen Hakens mit einer Kleinbohrmaschine abschleifen.

Den Haken auf der Rückseite der Montierung mit Zweikomponenten-Epoxidharzkleber befestigen.

Anbringen eines Sicherheitskettchens

Um ein Schmuckstück vor dem Verlieren zu bewahren, bringt man ein Sicherheitskettchen an. Gold- und Silberkettchen erhält man in Schmuckgeschäften. Kettchen für Broschen haben an einem Ende einen Ring zum Anhängen an der Brosche und am anderen eine Sicherheitsnadel für die Kleidung. Bei Halsketten werden an den Verschlussteilen zwei Ringe angebracht, in der Mitte ist ein zweiter Verschluss. Dadurch kann man die Halskette abnehmen. An Kettchen für Armreifen sind an jedem Ende Ringe für den Verschluss zu finden. Beim Montieren eines Kettchens sind schmale Flachzangen zum Öffnen der Ösen zu benutzen.

Elfenbein und Bein

Elfenbein ist ein hartes, cremig-weißes organisches Material, das sehr vielseitig und attraktiv ist. Elfenbein von den Stoßzähnen des Elefanten kommt am häufigsten vor, es gibt aber auch welches vom Flusspferd und vom Walross. Elfenbein wurde inzwischen unter Schutz gestellt und in den meisten Ländern besteht Importverbot. Es kann gut bearbeitet werden und wurde früher für figürliche Schnitzereien, Haushaltsgegenstände, Schmuck sowie dekorative Auf- und Einlagen genutzt. Bein ist dem Elfenbein ähnlich und wurde in der gleichen Weise behandelt, allerdings sind vollplastische Stücke meist kleiner.

Elfenbein und Bein unterscheiden sich durch Gewicht und Struktur. Elfenbein ist schwerer als Bein und hat ein dichtes, feinzelliges Gefüge, das gut poliert werden kann. Wird es quer geschnitten, kann man konzentrische Ringe entdecken. Außerdem ziehen sich fein gefärbte Linien oder Streifen über die Oberfläche.

Elfenbein verfärbt sich mit dem Alter zu einem warmen Gelb. Geschnitzte Stücke wurden zur Akzentuierung des Reliefs manchmal künstlich getönt. Bein wird im Laufe der Zeit heller.

In der Regel wird Elfenbein zur Verzierung anderer Materialien benutzt. Man hat es aber auch selbst graviert, bemalt, gebeizt, vergoldet oder mit anderen edlen oder halbedlen Materialien belegt.

Pflegen von Elfenbein und Bein

Elfenbein und Bein sind unter gleichbleibenden und normalen Bedingungen aufzubewahren, da sich beide durch einen Wechsel von Temperatur und Feuchte ausdehnen bzw. zusammenziehen können, wodurch sie sich wie Holz verziehen oder reißen. Sie dürfen nicht am Fenster stehen, wo sie durch Sonnenlicht, Kälte oder Feuchtigkeit Schaden erleiden können, und sollten nicht der Wärme von Heizkörpern oder Feuer ausgesetzt werden.

Reinigen

Zuerst den Staub mit einem weichen Pinsel entfernen. Bei Einlegearbeiten kein Tuch benutzen, lockere Stücke können hängen bleiben. Ungetönte Oberflächen mit Baumwolltupfern und einer milden Lösung aus warmem Wasser und Flüssigseife für Restaurierungen (1 Teil Seife zu 10 Teilen Wasser) reinigen, dann mit klarem Wasser abwischen und mit einem weichen Tuch schnell abtrocknen. Nicht versuchen, die Farbe zu bleichen, weil dadurch die antike Patina zerstört wird. Anschließend eine dünne Wachsschicht als Schutz und Glanz auftragen.

Einlagen in Holz können durch alte Wachspolituren stumpf wirken. Wenn es die Größe der Einlagen erlaubt, ist das alte Wachs zu entfernen und mikrokristallines Wachs darüber zu legen. Sind die Einlagen zu fein für das Reinigen mit einem Lösungsmittel, muss die ganze Oberfläche mit diesem Wachs poliert werden.

Pflegen von Einlagen

Elfenbein schwindet bei schlechten Bedingungen wie Holz. Deshalb ist bei eingelegten Möbeln und Kästen besondere Vorsicht angeraten.

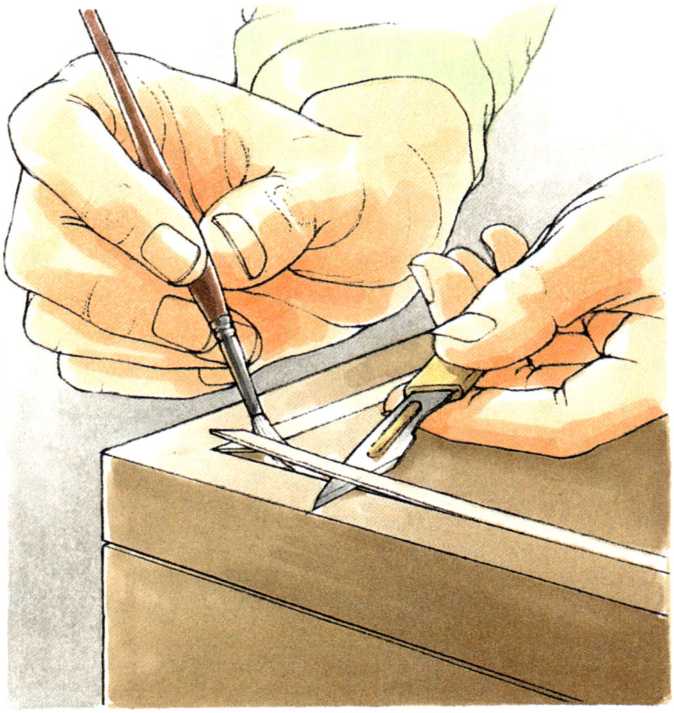

Wiedereinleimen von Einlagen

Lose Einlagen mit PVAC-Kleber befestigen. Den Kleber unter das Elfenbein streichen. Die Einlage eindrücken und Reste vom Klebstoff sorgfältig mit einem feuchten Tuch entfernen. Die Stelle mit PVC-Folie abdecken und beschweren. Ist die Einlage herausgefallen, den alten Leim herauskratzen, die Rückseite des Elfenbeins reinigen und das Ganze einleimen.

Reparieren von Besteck

Elfenbein und Bein waren um 1900 als Griffe für Bestecke sehr beliebt. Heute werden sie häufig in Kunststoff nachgeahmt. Bestecke mit Elfenbein oder Bein sollten weder in einem Geschirrspüler gewaschen noch in heißem Wasser eingeweicht werden, weil sich die Griffe verziehen oder ablösen.

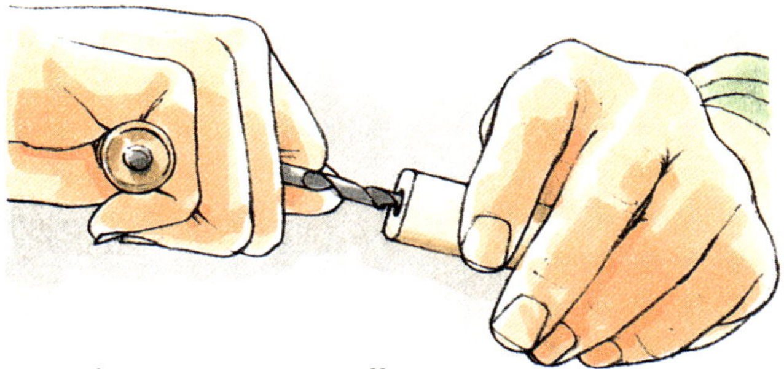

1 Wiedereinsetzen eines Griffes

Die Klinge eines Tafelmessers hat einen Zapfen, der in ein Loch des Griffes eingeleimt ist. Er lockert sich leicht. Den wackelnden Griff abziehen und den alten Leim von Zapfen und Loch entfernen. Zum Reinigen des Loches eventuell eine Drahtschlinge, eine Rundfeile, einen Plattbohrer oder eine Bohrwinde verwenden.

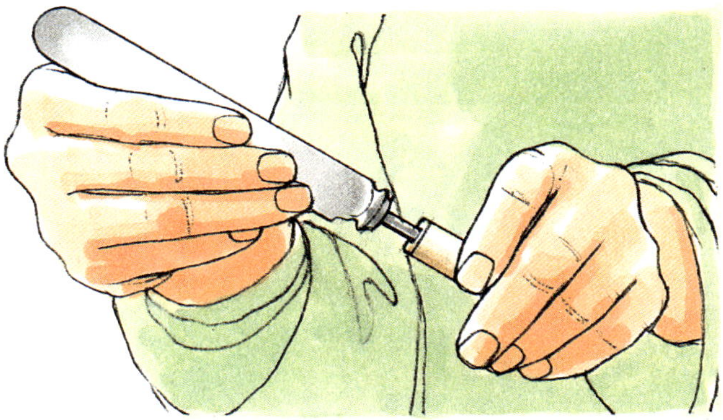

2 Befestigen der Griffe

Die Griffe probeweise anpassen und Zweikomponenten-Epoxidharzkleber auf den Zapfen und in das Griffloch geben. Das Loch nicht übermäßig füllen, sonst kann eine Luftblase das Eindrücken der Klinge bis zur Schulter verhindern. Klebstoffreste mit Spiritus abwischen, dann trocknen lassen.

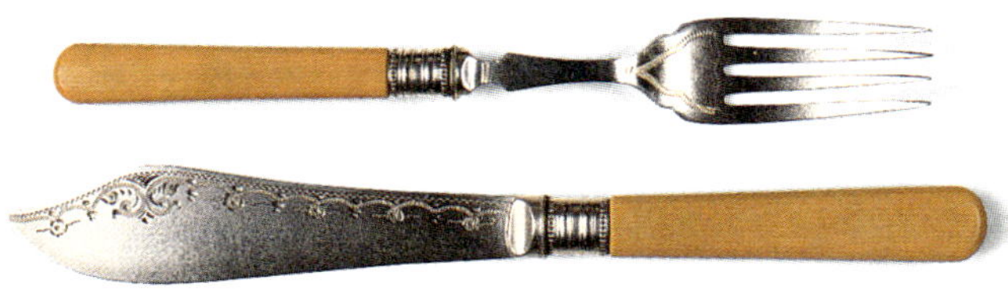

Schildpatt

Schildpatt ist ein durchscheinendes organisches Material, das vom Rückenschild einer Seeschildkröte – meistens der Karettschildkröte – stammt. Es wirkt wie Kunststoff und besteht aus den polygonalen Platten, die den gewölbten Panzer bilden. Durch Erwärmen werden sie weich und können flach gepresst, in andere Formen gegossen oder zu größeren Platten verbunden werden.

Schildpatt ist recht attraktiv und kann gelb, rot und schwarz gesprenkelt sein. Infolge seiner Durchscheinbarkeit kann es durch Unterlegen farbiger Folien zu besonderer Wirkung gebracht werden. Es wurde häufig als Furnier für Möbel und Kästen benutzt. Die aufwendigsten Gestaltungen stammen von André-Charles Boulle (1642 bis 1732), der eine Marketerie-Technik aus Messing und Zinnblech, Schildpatt und anderen Materialien entwickelte und diese zu floralen und geometrischen Mustern zuschnitt. Durch Aussägen übereinander gelegter Platten entstehen zwei gleiche Muster aus jeweils dem anderen Material.

Schildpatt wurde außerdem als Furnier bzw. in massiver Form für kleine Kästen, Handspiegel, Kämme, für die Rücken von Bürsten und für Knöpfe benutzt.

Identifizieren des Materials
Originalschildpatt ist heute nicht mehr neu zu beschaffen. Deshalb behandelt man Stücke aus Schildpatt mit besonderer Sorgfalt. Heute wird künstliches Schildpatt vor allem für Brillengestelle verwendet. Ältere Arbeiten aus imitiertem Schildpatt bestehen aus Zelluloid oder gefärbtem Horn. Die Unterscheidung zwischen den verschiedenen Materialien ist nicht leicht. Um ein Gefühl für das echte Schildpatt zu erhalten, sollte man sich in Antiquitätengeschäften umsehen.

Reinigen von Schildpatt
Ist Schildpatt eingelegt, wird das Stück mit einem weichen Pinsel (nicht Tuch) abgestaubt. Dabei ist darauf zu achten, dass man nicht an den Kanten von hochstehendem Schildpatt hängen bleibt. Schildpatt ist wie Elfenbein mit ganz wenig warmem Seifenwasser zu reinigen und nach dem Trocknen mit Mandelöl zu polieren, falls es matt erscheint. Das Öl ist sparsam mit einem um den Finger gewickelten weichen Baumwolltuch aufzutragen und der Vorgang zu wiederholen, wenn die Oberfläche nicht gleichmäßig glänzt. Die Reste sind abzuwischen. Man kann auch mikrokristallines Wachs dünn aufpolieren. Die Reinigung echter Boulle-Arbeiten sollte Restauratoren überlassen werden.

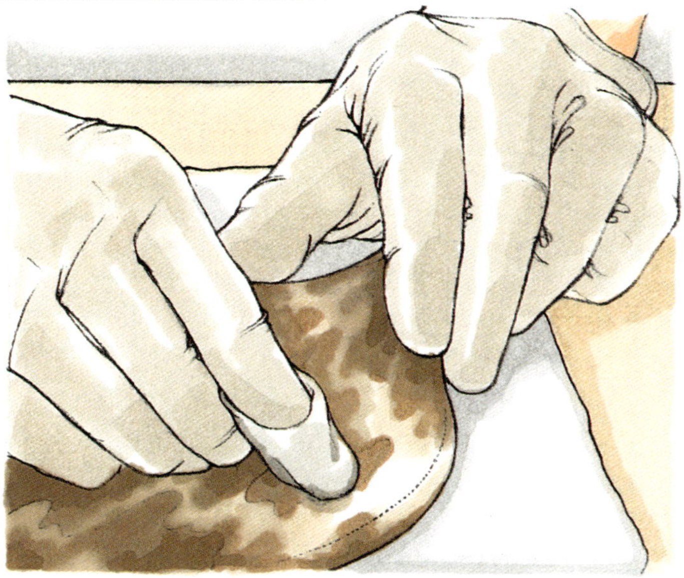

Aufpolieren einer matten Oberfläche
Infolge von Abschürfungen oder zu viel Sonneneinstrahlung wird die Oberfläche matt. Es kann versucht werden, die Stellen mit einer milden Chrompolitur zu entfernen. Mit einem um den Finger gewickelten weichen Baumwolltuch die Politur kreisförmig auftragen. Alle Politurreste abwischen und mit einem weichen Tuch schwabbeln, dann, wie oben beschrieben, mit Wachs abschließen.

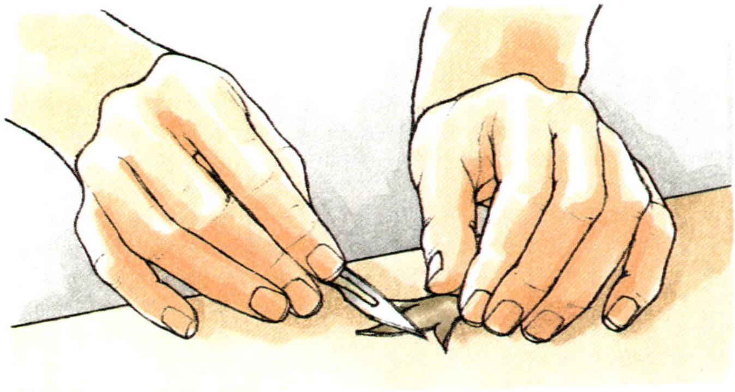

Ausführen von Reparaturen

Lockere Stücke aus Schildpatt kommen häufig vor, weil der Knochenleim mit der Zeit durch einwirkende Feuchtigkeit oder Temperaturschwankungen brüchig wird. Die lockeren Stücke mit einem feinen Messer abheben. Die alten Leimreste entfernen, danach neu verleimen (am einfachsten mit einem Leim auf PVAC-Basis). Das Inlay an seiner entsprechenden Stelle positionieren, überflüssigen Leim abwischen, die Stelle mit PVC-Folie abdecken und einspannen oder beschweren.

Brüche in Haarspangen, Schnallen oder Knöpfen mit sparsam aufgetragenem Zyanacrylatkleber reparieren.

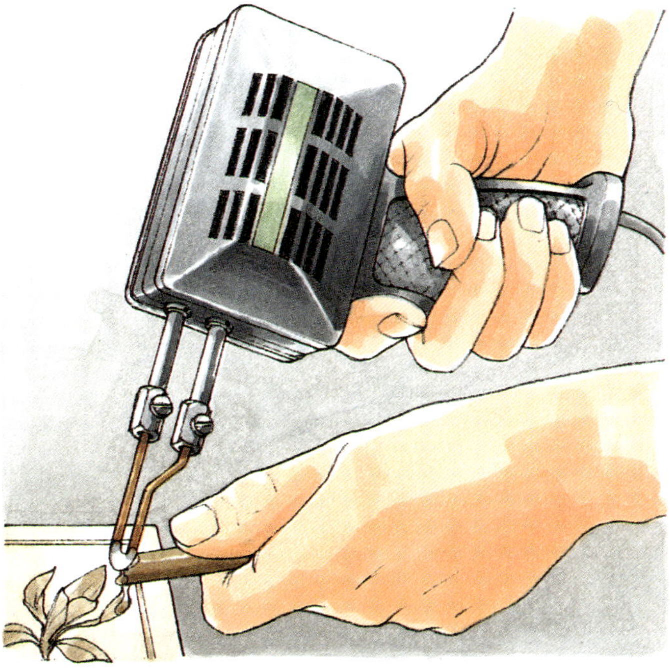

Verloren gegangene Einlagen

Kleine Stellen, bei denen die Einlagen fehlen, mit einer farbigen Schellackstange – wie sie auch für Möbelausbesserungen verwendet wird – füllen. Man wählt eine Farbe, welche der des Schildpatts möglichst ähnlich ist. Den Schellack mit einer Lötpistole schmelzen und in die Fehlstelle tropfen. Nach dem Aushärten den Schellack mit einem scharfen Messer oder Stechbeitel glätten.

Horn

Horn besitzt ähnliche Eigenschaften wie Schildpatt. Wenn es in dünne durchscheinende Plättchen geschnitten wird, kann es wie Schildpatt verwendet werden. Horn erweicht wie Schildpatt beim Erwärmen und kann in Formen gegossen werden. Früher wurde aus Horn Pulver für Vorderlader hergestellt, es wurde außerdem für die Herstellung von Kämmen und Griffen für Spazierstöcke und Schirme benutzt. Das meiste Horn stammt vom Rind, es wird jedoch auch Horn von anderen Tieren verwendet. Hirschhorn wird besonders für Besteckgriffe benutzt. Horn ist so zu behandeln, wie bereits beim Schildpatt beschrieben .

Perlmutt

Perlmutt besteht aus Kalziumkarbonat. Es irisiert und bildet die innere Schicht der Schalen von Muscheln und Schnecken. Obwohl es relativ hart, aber spröde ist, kann es gut geschnitten werden, beispielsweise zu dünnen Plättchen für Einlegearbeiten, Federmesser, Fächerstäbe und Furniere. Perlmutt wird geschnitzt, durchbrochen und graviert. Manchmal beizt man es, um seine Farbe zu ändern und verwendet es für Schmuck und andere dekorative Stücke, wie Kleider- und Hemdenknöpfe.

Reinigen von Perlmutt
Muschelschalen sollten wie Perlen nicht mit Seife und Wasser gewaschen werden. Für kleine Objekte kann ein Perlen-Tauchbad benutzt werden (erhältlich in Schmuckgeschäften). Größere Stücke reinigt man mittels einer Tauchbad-Lösung, die mit Baumwolltupfern sparsam aufgetragen werden muss. Anschließend das Perlmutt mit neuen Tupfern und warmem Wasser abwischen und mit einem Saugtuch abtrocknen. Wenn sich in den Gravuren altes Wachs abgelagert hat, dieses mit Cocktailspießen auskratzen, den Rest mit Baumwolltupfern und Terpentinersatz auswischen. Keinesfalls das anstoßende Material benetzen.

Reparieren von Einlagen
Wie Elfenbein oder Schildpatt kann sich auch Perlmutt lösen, weil der Leim austrocknet oder sich infolge von Schwankungen der Luftfeuchtigkeit das Grundmaterial bewegt. Da Perlmutt sehr spröde ist, sollte man nicht versuchen, ein abgehobenes Stück, das teilweise noch festklebt, wieder einzuleimen. Lose Stücke vom Leim befreien, ebenso die vertiefte Stelle. Die Einlage mit PVAC-Leim oder einem klaren Allzweckkleber erneut befestigen.

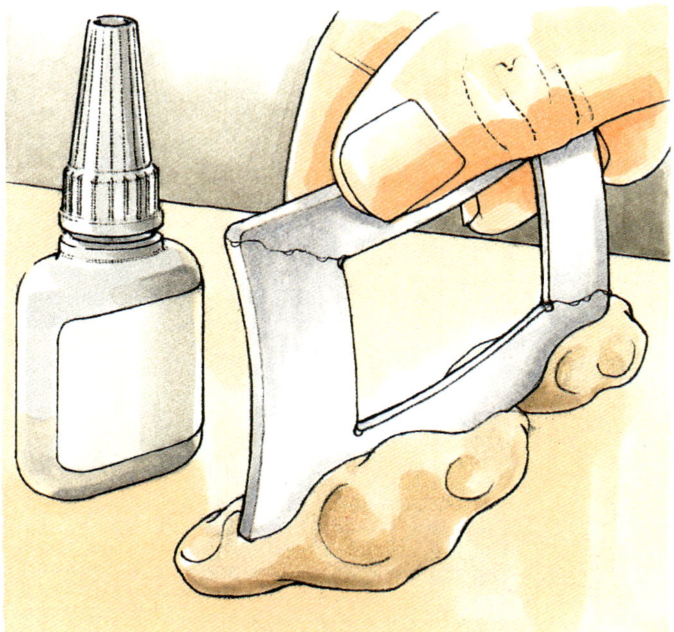

Allgemeine Reparaturen
Sind Stücke, wie Schmuck oder Haarspangen, in zwei Teile zerbrochen, können sie mit Zyanacrylatkleber wieder zusammengefügt werden, sofern der Bruch schmal ist. Bei einer breiteren Bruchstelle, die nichts auszuhalten hat, kann ein klarer Mehrzweckkleber verwendet werden. Besteckgriffe sind, wie bei Elfenbein und Bein beschrieben, neu zu befestigen *(s. Seite 39).*

Korallenschmuck

Korallen sind mit Stein vergleichbar. Sie bestehen aus den Kalkskeletten winziger Meerestiere und bilden fächer- sowie astartige Formen, aus denen Schmuck und kleine Schnitzereien gearbeitet werden. Im Allgemeinen sind Korallen rot bis violett, andere Farben sind aber auch möglich.

Korallen sind ein hartes und dichtes Material, das gut polierbar ist. Schmale Abschnitte von Astkorallen werden gewöhnlich durchbohrt und zu Ketten und Armbändern aufgefädelt oder zu Broschen verarbeitet und mit Draht montiert. Aus speziellen Korallenarten können auch Perlen oder Cabochons für Ohrringe bzw. Anstecknadeln gefertigt werden.

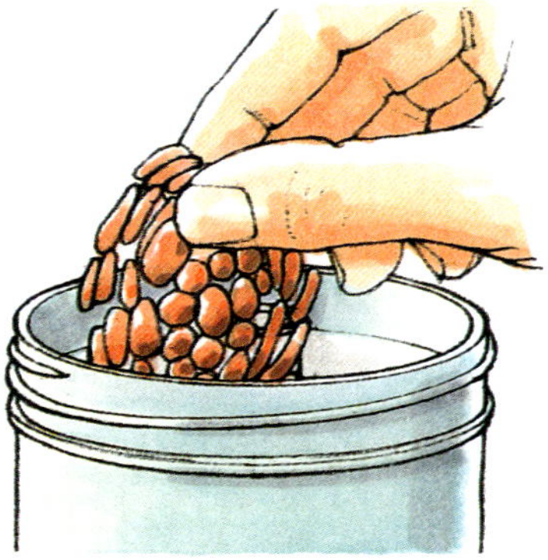

Reinigen von Korallen
Zum Reinigen Baumwolltupfer und mildes Spülmittel oder warmes Wasser und Restaurierungs-Flüssigseife (s. Seite 58) verwenden. Anschließend die Objekte mit klarem Wasser abspülen, dann sofort mit einem saugenden oder weichen Tuch abtrocknen. Es kann auch ein normales Perlen-Reinigungsmittel verwendet werden.

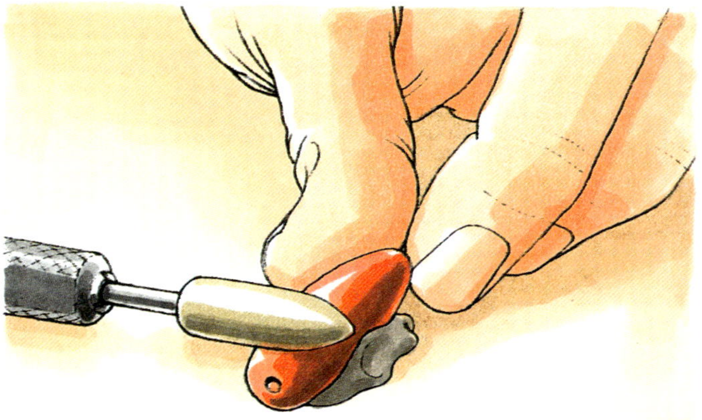

Polieren von Korallen
Die zerkratzte, stumpfe Oberfläche von Korallen kann mit einer milden Chrompolitur behandelt werden. Die Politur kreisförmig mit einem weichen Tuch oder Baumwolltupfern auftragen. Die Oberfläche feiner Stücke mittels einer Bohrmaschine und eines Poliervorsatzes aus Gummi sowie eines Poliermittels putzen. Politurreste abwischen und mit einem sauberen weichen Tuch schwabbeln.

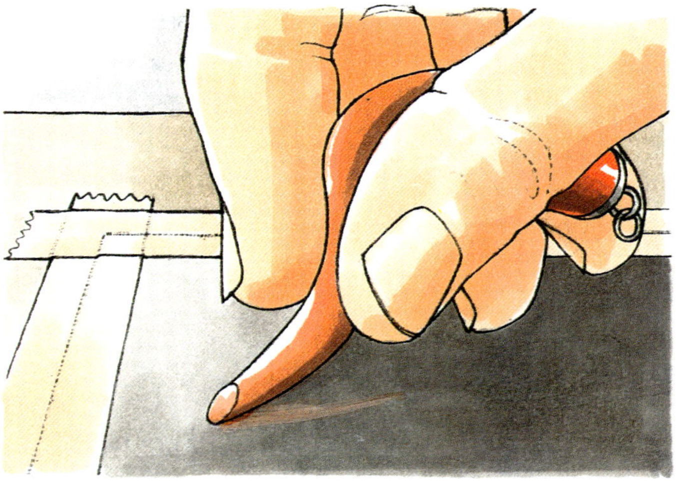

Verschleifen von Korallen
Rote Astkorallen werden häufig zu Ohrringen verarbeitet, die zu einer Halskette gehören. Sie werden meist aus größeren Stücken hergestellt und ergeben bei Verwendung von Astkorallen zwei ungleiche Formen.

Sollte ein Stück des Paares an der Spitze leicht beschädigt sein, so kann dieser Mangel durch Glattschleifen mit Sandpapier behoben werden. Feines Nass- und Trockensandpapier an einer Platte ankleben und mit Wasser benetzen. Die Koralle quer darüber schleifen, bis sie der Form des Pendants angeglichen ist. Milde Chrompolitur auftragen und schwabbeln. Das Pendant auf die gleiche Länge abschleifen.

Schmucksteine

Marmor, Onyx und Alabaster sind feinporige Steine, die nach dem Schneiden und Polieren einen edlen Charakter erhalten. Marmor, ein metamorpher Kalkstein, ist am bekanntesten und zeigt viele gesprenkelte und geäderte farbige Strukturen. Er wird für Statuen, Vasen, Uhrgehäuse, Sockel, dekorative Elemente, Tischplatten sowie für architektonische Ausstattungen, wie Fußböden und Wandverkleidungen, verwendet. Onyx ist eine kryptokristalline Quarzart mit schwarz-weißen Streifen. Er wird als Schmuckstein und für Haushaltsgegenstände verwendet, auch Figurinen im Art-Déco-Stil haben häufig Sockel aus Onyx. Alabaster ist eine opake oder durchscheinende, meist weiße Gipsart. Wegen seiner feinen Struktur wurde er lange Zeit von Bildhauern für kirchliche figürliche Arbeiten verwendet; häufig wurde er jedoch auch für Haushaltsgegenstände, wie Uhrgehäuse, Sockel oder Vasen, benutzt.

Diese Steine sind relativ porös, brüchig und empfindlich. Deshalb müssen sie vorsichtig behandelt werden. Feingliedrige oder bedeutende Werke sollten von ausgebildeten Restauratoren bearbeitet werden; an den meisten Haushaltsgegenständen kann man dagegen selbst etwas tun.

Pflegen von Schmucksteinen

Schmucksteine sind durch Feuchtigkeit sehr gefährdet. Sie zerfrisst in Verbindung mit Salzen, Frost, Schimmel und Säuren in verschmutzter Luft die Oberfläche. Deshalb sollten diese Steine in gut belüftete, trockene Innenräume gestellt werden. Fehlt ein Wachsüberzug, absorbieren sie auch Schmutz und Farben. Saure Substanzen, einschließlich Getränke und Speisen, ätzen die polierte Oberfläche. Deshalb sind derartige Verschmutzungen sofort zu entfernen.

Reinigen von Marmor und Onyx

Marmor wurde häufiger als Onyx in Innenräumen für Kaminfassungen, Tischplatten, Urnen und Plastiken benutzt. Die hier genannten Beispiele für die Behandlung von Marmor beziehen sich jedoch auch auf Onyx.

Die Oberflächen regelmäßig mit einem Schweineborstenpinsel abstauben. Dabei darauf achten, dass der Stein nicht mit der Metallmuffe, welche die Borsten hält, zerkratzt wird. Als Vorsichtsmaßnahme Klebeband um die Muffe wickeln.

Eine leicht verschmutzte Oberfläche mit Restaurierungs-Flüssigseife und warmem Wasser sowie Baumwolltupfern abwaschen (s. Seite 58). Immer nur ein Stück reinigen. Es ist vorteilhaft, von unten nach oben zu arbeiten, um Streifen zu vermeiden. Dann mit klarem Wasser abtupfen und mit einem weichen weißen Baumwolltuch abtrocknen.

Entfernen von Fettflecken

Dicke oder fettige Schmutzstellen sind mit einer Lösung aus Restaurierungs-Flüssigseife und Terpentinersatz im Verhältnis 1 : 15 zu reinigen. Da es sich um einen aggressiven Entferner handelt, sind Gummihandschuhe und Schutzbrille zu tragen. Die Lösung wird, wie oben beschrieben, aufgetragen.

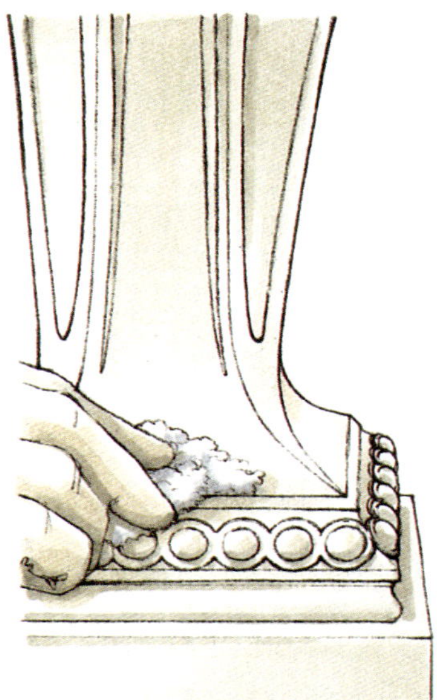

Entfernen leichter wasserlöslicher Verfärbungen

Wenn bei weißem Marmor trotz der Reinigung eine Verfärbung bestehen bleibt, sollte sie mittels einer Packung, die aus einem zerrissenen weißen Saugtuch gefertigt wird, oder einem saugenden Pulver, wie Kreide, die mit destilliertem Wasser zu einer Paste vermischt wird, behandelt werden. Die Packung dick über der Verfärbung auflegen und das Wasser einwirken lassen. Während des Trocknens saugt die Packung die gelöste Verfärbung auf. Ist sie fast trocken, die Packung abnehmen und die Marmoroberfläche mit sauberem Wasser abspülen und zuletzt abtrocknen.

Entfernen von Ölflecken

Mittels einer Lösung, wie Waschbenzin, Aceton oder reinem Alkohol, anstelle von Wasser eine Packung zubereiten (s. Seite 64). Eine dicke Schicht auf den Fleck auflegen, mit Polyethylenfolie abdecken und mit Klebeband befestigen, damit die Lösung nicht zu schnell verdunstet. Den Vorgang bei Bedarf wiederholen. Zuletzt die Oberfläche mit einer Flüssigseifenlösung abwaschen (s. gegenüber).

Marmor bleichen

Hässliche resistente Flecken in Arbeits- oder Tischplatten aus Marmor können mit 20%igem Wasserstoffperoxid entfernt werden. Wasserstoffperoxid aufpinseln und die Wirkung beobachten, dann sorgfältig abwaschen und abtrocknen, um das Resultat zu beurteilen. Bei Bedarf den Vorgang wiederholen.

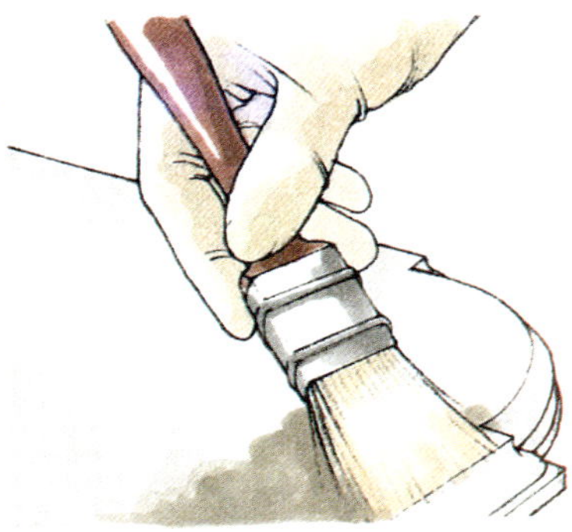

Reparieren eines Schadens

Die Oberfläche vollständig reinigen. Einen Füller aus Zweikomponenten-Epoxidharzkleber und Pulver aus weißem Marmor oder synthetischem Onyx anrühren. Bei farbigem Marmor etwas Pigment hinzufügen, dabei ständig den Farbton testen. Die Fehlstelle überhöht verfüllen und den Füller trocknen lassen. Entweder den Füller bündig glätten oder mit befeuchtetem Nass- und Trockensandpapier schleifen. Bei Bedarf das Sandpapier um einen geformten Holzblock legen. Anschließend mit mikrokristallinem Wachs polieren.

Entfernen von Kratzern

Ist eine normalerweise glatte Fläche leicht aufgeraunt, kann sie in Handarbeit wieder in Ordnung gebracht werden, vorausgesetzt, das Stück wird nicht übermäßig bearbeitet. Die Stelle mit ganz feinem, befeuchtetem Nass- und Trockensandpapier schleifen. Die Umgebung möglichst mit einbeziehen, damit keine Vertiefung entsteht. Die Schleifreste entfernen und den Stein mit mikrokristallinem Wachs polieren.

Ankleben von Bruchstücken

Die Stücke müssen gut zusammenpassen und sauber sein. Ist das der Fall, dünn Zweikomponenten-Epoxidharzkleber auf die Bruchflächen bringen und die Stücke mit Gummibändern, Klebeband oder Zwingen anpressen. Die Teile müssen völlig bündig sein. Nach dem Trocknen wird überschüssiger Klebstoff mit einem scharfen Messer entfernt. Zuletzt das Stück waschen und mit mikrokristallinem Wachs überziehen.

Pflegen von Alabaster

Alabaster ist weicher als Marmor und Onyx und kann leicht zerkratzt werden. Da er leicht zerbricht, muss er besonders sorgfältig behandelt werden. Alabaster kann sich durch Wasser auflösen, deshalb darf er unter keinen Umständen Feuchtigkeit ausgesetzt werden. Er muss sogar von Pflanzen fern gehalten werden, die regelmäßig besprüht werden. Es darf keine Reinigung auf Wasserbasis durchgeführt werden. Allgemeine Reparaturen sind wie bei Marmor durchzuführen.

Reinigen von Alabaster

Staub mit einem weichen Pinsel entfernen und mit einer Lösung aus Flüssigseifenkonzentrat und Terpentinersatz im Verhältnis 1 : 20 reinigen. Die Lösung mit Baumwolltupfern abschnittsweise auftragen, dann mit Terpentinersatz und neuen Tupfern abspülen und mit einem weichen weißen Baumwolltuch abtrocknen. Zuletzt mit mikrokristallinem Wachs polieren.

Überlegungen zu einer angemessenen Restaurierung

Porzellan und Töpferwaren sind relativ zerbrechlich. Deshalb zeigen viele alte Stücke Abnutzungen und Beschädigungen. Man sollte aus diesem Grund auch nicht jede Absplitterung und alle Schäden an der Bemalung reparieren. Obwohl die meisten Sammler Stücke ohne Defekte bevorzugen, werden kleinere Mängel häufig akzeptiert.

Bevor man sich für eine Behandlung entscheidet, sollte die Frage gestellt werden, ob das Stück durch die Restaurierung wirklich gewinnt. Die meisten Keramiken sehen bereits nach einer Reinigung besser aus. Es ist auch sinnvoll, verfärbten Restaurierungen an Sprüngen eine neue Fassung zu geben und misslungene Verklammerungen von früher zu erneuern.

Bei manchen Stücken sind die Scherben schlecht angeklebt. Doch wer keine Erfahrung beim Zusammensetzen solcher Keramik hat, sollte zuvor an billigen Objekten üben. Ähnlich verhält es sich mit der Bemalung. Die reparierte Keramik wird u. U. mit ordentlich gearbeiteten Füllstellen besser aussehen, als mit einer laienhaften Malerei. Wertvolle Stücke sollten zu einem Restaurator gebracht werden.

Keramik

Alte Porzellan- und Töpferwaren sind von Sammlern sehr gesucht, ebenso von Personen, die sich daran erfreuen, hübsche alte Stücke zu benutzen oder zu besitzen, die wenig Geld und Zeit kosten.

Keramik ist relativ zerbrechlich und deshalb leicht zu beschädigen. In der Realität findet man auch nur selten alte Porzellane oder Töpferwaren, die in Ordnung sind. Deshalb überrascht es nicht, dass sehr viele gesprungene, abgestoßene und fleckige Stücke angeboten werden. Mit etwas Vorsicht kann man solche Gegenstände notfalls zum Gebrauch oder als Sammlerstücke selbst restaurieren. Natürlich hat ein restauriertes Porzellan nicht den gleichen Preis wie ein perfektes.

Reinigen von Keramik

Sammlungsstücke sollten regelmäßig abgestaubt und gewaschen werden. Das gilt besonders für solche Stücke, die in offenen Regalen stehen. Je öfter man jedoch ein Stück in die Hand nimmt, desto größer ist das Risiko einer Beschädigung. Deshalb muss man sich Zeit lassen und methodisch vorgehen.

Es ist immer nur ein Stück zu tragen. Lose Teile, wie Deckel, sind vorher abzunehmen. Jedes Objekt muss fest angefasst und möglichst von unten abgestützt werden. Auf die Stabilität der Henkel oder Ausgüsse sollte man sich nicht verlassen. Es ist immer im Regal von vorn nach hinten zu arbeiten.

Besitzt man eine große Keramiksammlung, sollte immer nur ein Teil gereinigt werden. Man kann sich besser konzentrieren und muss nicht zu viele Stücke gleichzeitig behandeln. Bei der Arbeit sollte man vorsichtshalber keine Kleidung mit langen weiten Ärmeln und keine langen Ketten tragen.

Abstauben der Sammlung
Die Sammlung besser mit einem weichen Pinsel abstauben als mit einem Staubtuch, mit dem vorstehende Teile abgerissen werden können. Das Abstauben sollte vor dem Waschen erfolgen, damit kein Schmutz in Sprünge und Krakelierungen eindringen kann.

Waschen von Keramik
Durch Waschen erhält Keramik wieder einen frischen Glanz. Die Stücke sollten jedoch nicht zu lange eingeweicht werden, wenn nicht bekannt ist, woraus das Reparaturmaterial besteht. Auch bei sehr alten und feinen Stücken ist es besser, einen Experten zu befragen. Solche Exemplare staubt man nur ab. Schmutzstellen sind mit einem Baumwollbausch und warmem Wasser zu entfernen.

1 Waschen mit der Hand
Alte Keramik – unabhängig von ihrem Zustand – niemals im Geschirrspülautomaten waschen, sondern in einer Plastikschüssel mit warmem Wasser und etwas Spülmittel. Immer nur ein Stück bearbeiten und den Schmutz von fein modellierten Teilen mit einem Künstlerpinsel entfernen.

2 Spülen und trocknen
Jedes Stück gesondert in sauberem Wasser spülen, dann auf ein Geschirrtuch oder ein Trockengestell legen. Die Stücke niemals übereinander stapeln. Manche Teile können mit einem sauberen Tuch, fleckige Dekore und Figuren jedoch mit dicken Papier-Küchentüchern getrocknet werden. Zuletzt bei niedriger Stufe föhnen.

Entfernen von Flecken

Hartnäckige Flecken auf Keramik können durch bloßes Waschen nicht gelöst werden. Schmutz oder Fett, die durch Risse oder Krakeluren in den Scherben eingedrungen sein können, müssen durch Einweichen in handwarmem Wasser mit etwas biologischem Waschmittel herausgezogen werden. In gleicher Weise ist vor dem Zusammensetzen von Bruchstücken vorzugehen, damit die Klebeflächen absolut sauber sind.

Oberflächliche Verschmutzungen verschwinden nach kurzer Zeit. Bei resistenten Flecken muss man das Stück bis zu zwei Wochen einweichen und die warme Waschmittellösung von Zeit zu Zeit wechseln. Da ein längeres Einweichen alte Reparaturstellen mit größter Wahrscheinlichkeit auflöst, ist jedes Stück sorgfältig auf Retuschen und Klebefugen zu untersuchen.

1 Einweichen

In eine Plastikschüssel etwas Waschpulver und heißes Wasser geben. Das Stück einlegen und mindestens 20 Minuten einweichen, umrühren und Sprünge sowie Bruchkanten mit einer alten Zahnbürste reinigen.

2 Spülen in sauberem Wasser

Sobald sich ein positives Resultat zeigt, jedes Stück in sauberem kaltem Wasser nachspülen. Dazu die Schüssel 5 Minuten lang überlaufen lassen.

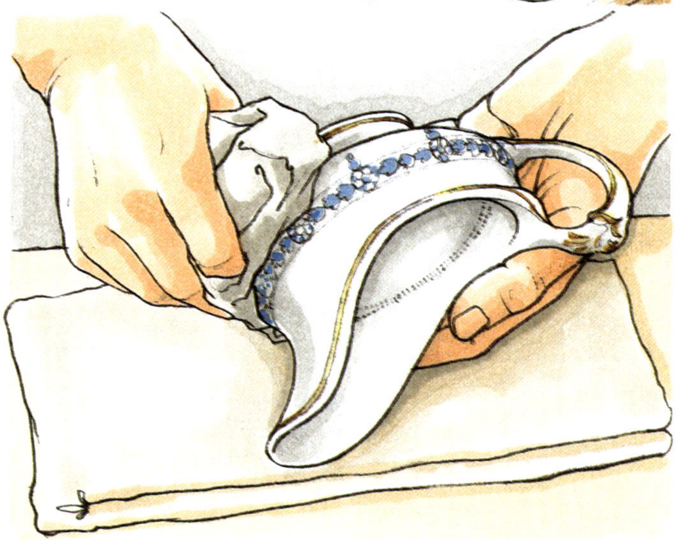

3 Trocknen des Stückes

Das Stück mit der Hand und einem weichen Tuch abtrocknen, dann eine halbe Stunde bei 100 °C in den Herd stellen. Dadurch können weitere Fettreste heraustreten. In diesem Fall das Einweichen und Abtrocknen wiederholen.

Bleichen von Flecken

Aus zeitlichen Gründen bleichen Restauratoren fleckige Keramik lieber, als dass sie diese einweichen. Das Bleichen kann jedoch einen Fleck auf einem nicht dichten Scherben vergrößern. Wenn das Bleichmittel nicht restlos abgespült wurde, kann dies u. U. zu Problemen mit malerischen Ausbesserungen führen. Ist jedoch keine Retusche der Malerei oder Glasur erforderlich, bildet das Bleichen eine optimale Lösung für das Reinigen von Sprüngen in Porzellan oder für Steinzeug vor dem Kleben. Bevor Keramik aus dem 18. Jahrhundert oder früher gebleicht wird, sollte der Rat eines Fachmannes eingeholt werden. Bei vergoldeten Stücken ist besonders vorsichtig vorzugehen.

1 Zubereiten des Bleichmittels

Es sind Vinyl-Schutzhandschuhe zu tragen. Ein wenig 100%iges Wasserstoffperoxid in eine Untertasse gießen und Wasser im Verhältnis 1 : 3 sowie einige Tropfen Salmiakgeist hinzufügen. Wegen der auftretenden Gase gut lüften.

2 Auftragen des Bleichmittels

Das Stück in sauberes Wasser legen. Mit einer Pinzette Baumwollbäusche in das Bleichmittel tauchen und diese auf den Sprung bringen.

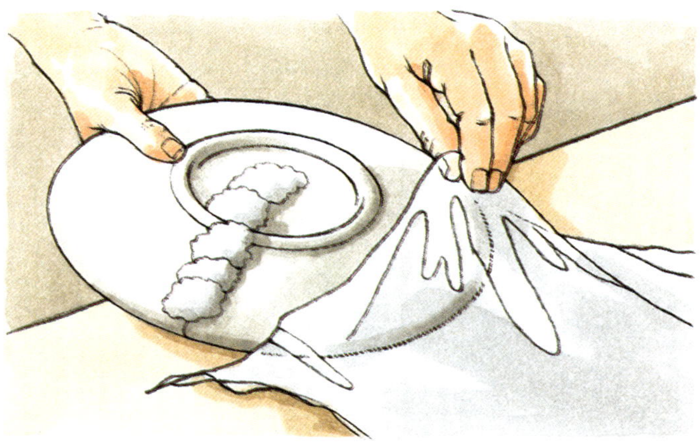

3 Das Bleichmittel einwirken lassen

Das Stück in eine Plastiktüte stecken, damit die Bäusche feucht bleiben. Nach 2 Stunden kontrollieren. Bei Bedarf frische Bäusche auflegen und eine neue Tüte verwenden. Ist der Sprung sauber, das Stück in klarem Wasser gut abspülen.

Entfernen alter Reparaturen

Restauratoren stehen häufig vor dem Problem, frühere Restaurierungen entfernen zu müssen – entweder um alten verfärbten Leim durch einen stärkeren modernen Klebstoff zu ersetzen, oder einfach um eine unbefriedigende Reparatur zu verbessern.

Einweichen in heißem Wasser

Meistens kann der alte Leim durch Einweichen in heißem Wasser und biologischem Waschpulver gelöst werden (s. Seite 69). Gleichzeitig wird das Stück umfassend gereinigt.

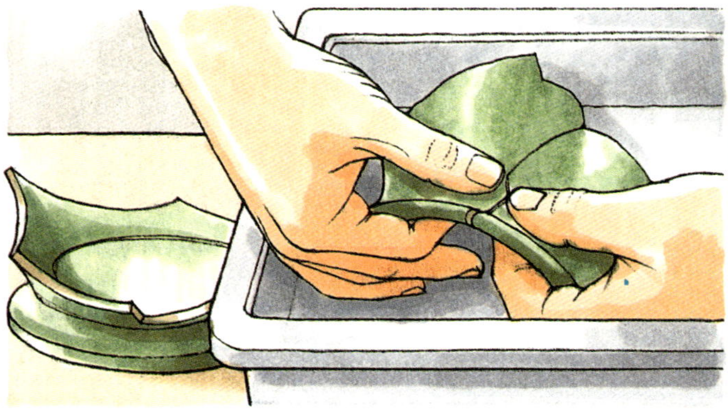

1 Trennen der Fugen

Nach etwa 20 Minuten löst sich der Leim durch das Wasser langsam auf. Dann kann versucht werden, die Teile zu trennen; dabei aber nicht hebeln, sonst brechen die Kanten ab. Es ist zu beachten, dass Seifenwasser die Glasur schlüpfrig macht und man sich an den scharfen Kanten schneiden kann.

2 Benutzen der Messerspitze

Wird die Fuge locker, können die zwei Teile mit einer Messerspitze auseinander gedrückt werden. Leimreste mit dem Messer von den Bruchkanten entfernen. Die Scherben im Herd trocknen (s. Seite 69).

Benutzen von Abbeizmitteln

Kein noch so intensives Einweichen wird moderne Klebstoffe aufweichen, sodass nur ein normales Farbabbeizmittel helfen kann. Zuerst das Stück nach Dekorationen, die eventuell vom Abbeizmittel angegriffen werden können, prüfen. Ist das der Fall, Abbeizer nur auf die undekorierte Seite aufbringen. Schutzhandschuhe tragen und die Gebrauchsanweisung des Herstellers befolgen. Vor dem Auftragen des Abbeizmittels versuchen, das Problem durch Einweichen zu lösen. Führt das nicht zum Erfolg, das Stück in kaltem Wasser abspülen und den Abbeizer auftragen. Das Stück trocknen lassen, wieder in sauberem Wasser einweichen und erneut abbeizen.

1 Auftragen von Abbeizmittel

Auf jede Fuge ein Mehrzweck-Abbeizmittel in gelierter Form aufstreichen. Man kann auch Bäusche in flüssigen Abbeizer tauchen und diese auf beiden Seiten entlang der Fugen auflegen. Nach 20 Minuten den Abbeizer abschaben und prüfen, ob sich etwas lockert, ansonsten frischen Abbeizer auftragen.

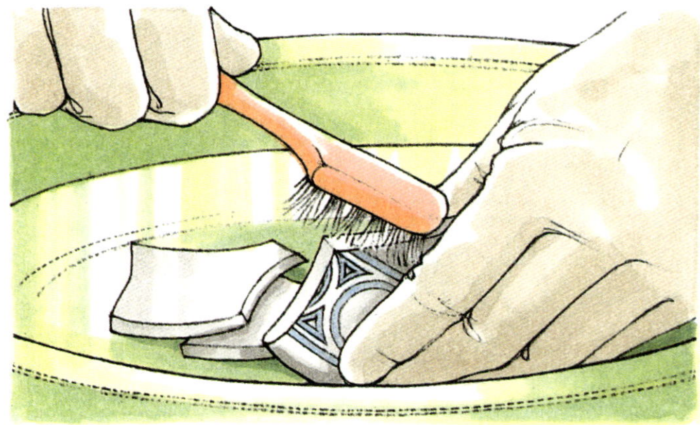

2 Abwaschen des Abbeizmittels

Die Teile, wie links beschrieben, trennen, dann die Scherben in eine Schüssel mit heißem Wasser und etwas biologischem Waschmittel legen. Beim nachfolgenden Abbürsten und Spülen werden der erweichte Leim und der Abbeizer abgewaschen. Dabei ist eine Schutzbrille zu tragen (s. Seite 69).

Entfernen von Klammern

Vor der Entwicklung von haltbaren Klebstoffen wurden zerbrochene Stücke manchmal mit Draht geklammert. Wenn diese Klammern noch in Ordnung sind, sollten sie auch nicht entfernt werden, es sei denn, sie wirken störend. Weist das Stück neue Beschädigungen auf oder sind die Klammern locker, dann ist es besser, sie herauszuziehen und die Teile mit Epoxidharzkleber zu verbinden.

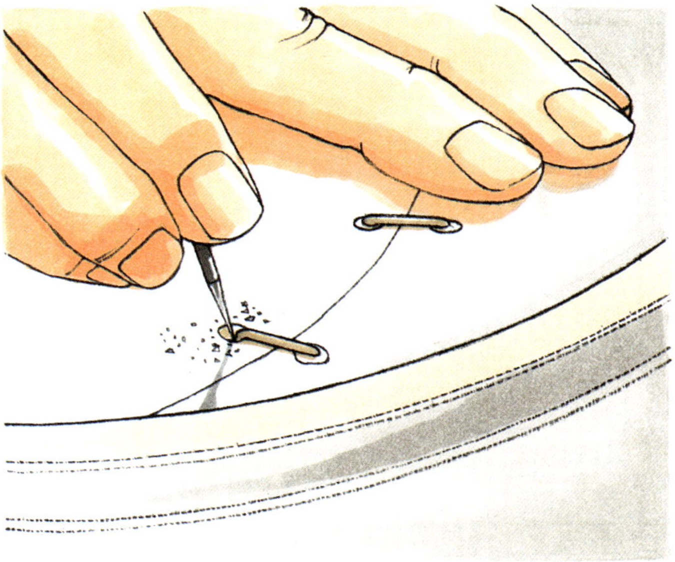

1 Auskratzen des Gipses

Die gebogenen Enden einer Klammer stecken in einem in den Scherben gebohrten Loch und sind in Gips eingelassen. Den Gips in lauwarmem Wasser aufweichen und mit einem Spitzeisen herauskratzen, dann die Klammern mit einer Zange herausziehen.

2 Entfernen zu fester Klammern

Gelegentlich sind die Klammern so fest, dass sie mit einer Kleinbohrmaschine und einer Trennscheibe durchschnitten werden müssen. Manchmal sind sie auch in Blei eingelassen. Dann das Blei mit einer Lötpistole erweichen und die Klammern sofort herausziehen.

Die Beispiele früherer Restaurierungen zeigen Klammern und verfärbte Leimfugen.

Behandeln von Flecken an den Klammern

Metallklammern können korrodieren und den Keramikscherben mit Oxiden verfärben, wenn sie Dampf oder Feuchtigkeit ausgesetzt werden.

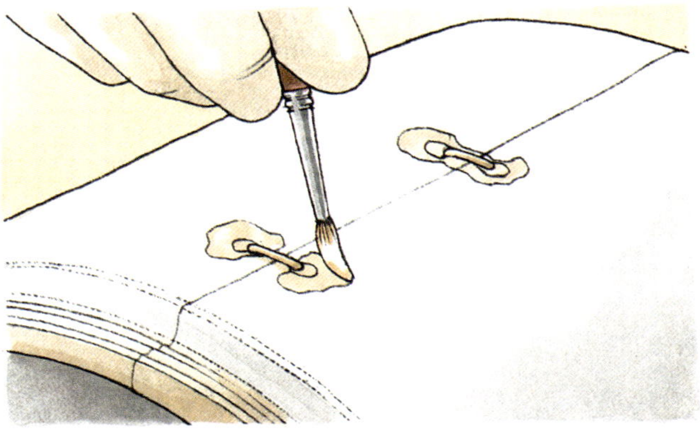

Neutralisation rostiger Klammern

Zum Entfernen von Roststellen im Umfeld alter Klammern ist Phosphorsäure zu verwenden. Diese ist u. a. als Gel für Autokarosserien erhältlich. Bei der Arbeit Schutzhandschuhe tragen. Das Gel auf die Flecke aufbringen und 15 bis 20 Minuten einwirken lassen. Anschließend das Gel abwischen und bei Bedarf den Vorgang wiederholen, bis ein akzeptables Aussehen erreicht ist. Zuletzt das Stück mit Wasser abwaschen und einem Föhn trocknen.
Kupferflecken können mit Baumwolltupfern und Aceton oder Nitroverdünnung behandelt werden.

Kleben zerbrochener Keramik

Jeder Keramikrestaurator muss mit der Zeit die Fähigkeit entwickeln, die Stücke genau aneinander zu passen, denn Unebenheiten lassen sich nicht ausgleichen. Die Klebeflächen müssen völlig sauber sein, sonst ist es unmöglich, die Teile exakt zusammenzufügen.

Klebstoffe für die Keramikrestaurierung

Es gibt zahlreiche Klebstoffe, die von Restauratoren verwendet werden. Für Amateure eignet sich Zweikomponenten-Epoxidharzkleber am besten. Er wird in Fachgeschäften und Heimwerkermärkten angeboten. Mischt man die beiden Komponenten zu gleichen Teilen, erhärtet der Leim durch eine chemische Reaktion und es entsteht eine extrem feste, wasserdichte Verbindung. Epoxidharzkleber ist transparent. Bestehen geringste Befürchtungen, dass sich die Klebelinie vom weißen Scherben abhebt, muss ein wenig Titanoxid hinzugefügt werden (erhältlich in Fachgeschäften). Normaler Epoxidharzkleber wird in wenigen Stunden hart. Mit der Zeit wird er immer fester, was durch Wärmezufuhr noch verstärkt werden kann.

Epoxidharzkleber eignet sich für alle Sorten von Keramik. Einige Restauratoren bevorzugen jedoch zum Restaurieren von poröser irdener Keramik PVAC-Holzkaltleim auf Wasserbasis. Um eine gute Verbindung zu erhalten, müssen die Bruchkanten vor dem Leimen mit Wasser befeuchtet werden.

Ein PVAC-Kaltleim ist notfalls durch Einweichen in Wasser reversibel. Epoxidharzkleber kann nicht gelöst werden, nur in dringenden Fällen können Farbabbeizer helfen (s. Seite 70).

Zyanacrylate (Superklebstoffe) werden als Allzweckkleber angeboten. Obwohl Fachleute sie selten zum Restaurieren von Antiquitäten verwenden, haben sie ihre Berechtigung – besonders dann, wenn das Stück in viele Teile zerbrochen ist.

Reparieren eines Sprunges

Ein Sprung sollte geklebt werden, nicht nur um das Aussehen eines Stückes zu verbessern, sondern auch um zu verhindern, dass er sich vergrößert. Der Sprung ist vor dem Kleben mit biologischem Waschmittel und Wasser zu reinigen (s. Seite 69) oder mit Wasserstoffperoxid zu bleichen.

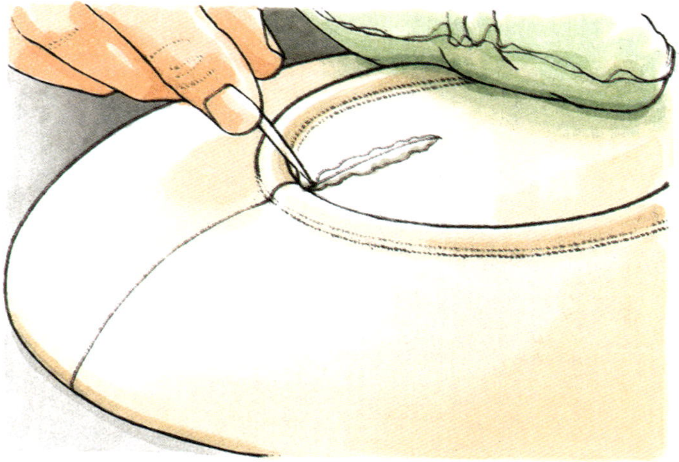

1 Einbringen von Klebstoff

Das beschädigte Stück in der Backröhre 5 Minuten bei 100 °C erwärmen. Anschließend das Stück auf den Arbeitstisch legen (dabei Handschuhe oder Topflappen benutzen) und mit einem Cocktailspieß Epoxidharzkleber sparsam auf den Sprung auftragen. Durch die Wärme wird der Klebstoff flüssig und fließt in den Spalt. Ist der Scherben etwas dick, den Sprung mit einer Rasierklinge auseinander drücken.

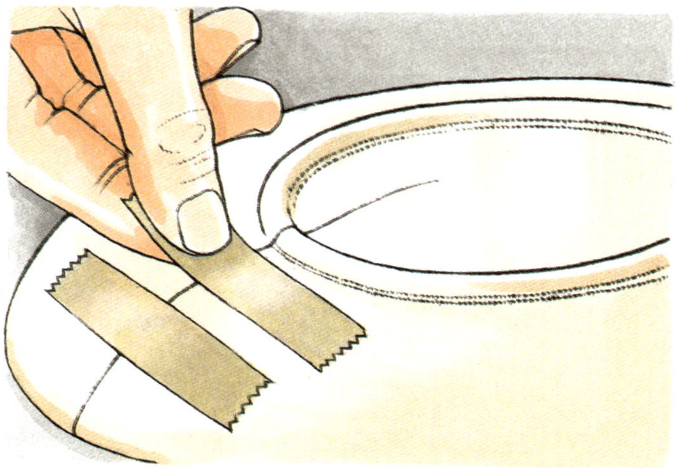

2 Überkleben des Sprunges mit Klebestreifen

Die Rasierklinge herausziehen und mittels eines mit Terpentinersatz befeuchteten Tuches überschüssigen Kleber abwischen. Dann zwei bis drei Klebestreifen quer über dem Sprung befestigen und das Stück 10 Minuten in die Backröhre stellen, damit der Klebstoff aushärtet. Das Stück auskühlen lassen. Anschließend die Streifen entfernen und die Klebstoffreste abschaben.

Zusammenfügen von zerbrochenen Porzellan- und Töpferwaren

Alle Fragmente des zerbrochenen Stückes müssen gut gewaschen werden und anschließend in einer Backröhre 30 Minuten trocknen (s. Seite 69).

Bevor man den Kleber mischt, sollte das Stück probeweise zusammmengesetzt werden. Die Teile sind mit Klebestreifen aneinander zu befestigen. Dabei lässt sich feststellen, ob alle Fragmente vorhanden sind und eingepasst werden können.

1 Mit einem größeren Fragment beginnen

Zuerst auf einem der größeren Scherbenstücke beidseitig Klebestreifen so anbringen, dass sie zur Hälfte über die Bruchkante hinausragen.

2 Auftragen von Klebstoff

Mit einem Cocktailspieß sparsam Epoxidharzkleber auf die Kante des anstoßenden Fragmentes auftragen. Beide Teile zusammenpressen und leicht bewegen, damit der Klebstoff gut verteilt wird und die Kanten genau passen. Die Streifen umknicken, damit sie nicht im Wege sind.

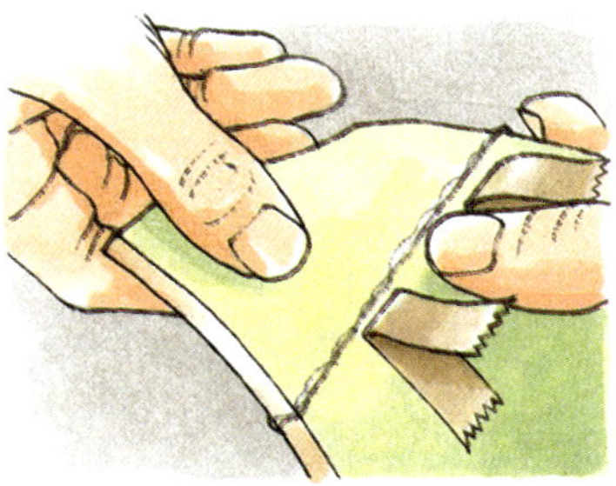

3 Verbinden der Fuge

Die Teile fest andrücken und die Klebestreifen über der Fuge befestigen. Klebstoffreste abwischen und die genaue Passung durch Streichen mit dem Daumennagel über die Fuge prüfen. Fühlt man die geringste Unebenheit, einen oder mehrere Klebestreifen lösen, die Teile korrekt anpassen und den Streifen wieder befestigen.

4 Fortführen der Arbeiten

Entsprechend der Reihenfolge der Probe ist ein Fragment nach dem anderen anzukleben. Ist die Arbeit komplett, das Stück 10 Minuten in die Backröhre stellen. Wenn es wieder angefasst werden kann, die Streifen abziehen und Klebstoffreste abschaben.

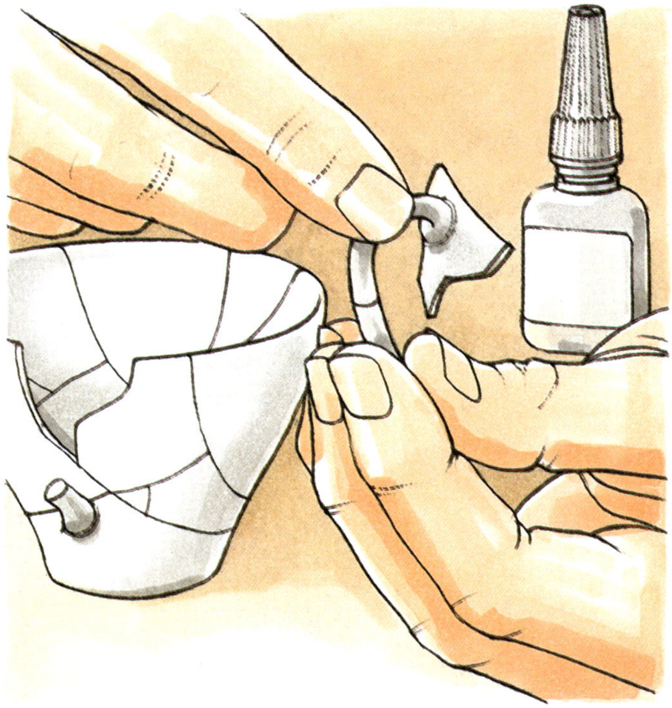

Kleben eines in viele Teile zerbrochenen Stückes

In diesem Fall führt das Befestigen eines jeden Scherbenstückes mit Klebestreifen nicht zum Erfolg. Kleine Scherben werden mit winzigen Tropfen Zyanacrylatkleber, der in Sekunden hart wird, zusammengeklebt. Es muss äußerst genau gearbeitet werden, weil die Kanten absolut passen müssen. Ist trotzdem zu korrigieren, kann der Klebstoff mit Aceton oder Nitroverdünnung gelöst werden. Das zusammengesetzte Stück ist zwar leicht zerbrechlich, aber fest genug, um es für 5 Minuten bei 100 °C in die Backröhre zu stellen. Nach dem Herausnehmen muss sofort, wie bei der Reparatur von Sprüngen (s. gegenüber), Epoxidharzkleber in die Fugen gestrichen werden. In diesem Zustand sieht das Ganze nicht besonders schön aus. Deshalb wird das Stück nochmals 10 Minuten in die Backröhre gestellt. Jetzt ist der Kleber hart genug, um nach dem Abkühlen die Oberfläche sauber zu schaben.

Behandlung von verzogenen Stücken

Beim Zerbrechen von Porzellan und Töpferware werden Spannungen frei, die zum Verziehen der Scherben führen können. In diesem Fall ist es unmöglich, sie in der üblichen Weise zu kleben. Dieses Problem kann gelöst werden, indem auf die beiden anstoßenden Kanten in halber Länge Epoxidharzkleber aufgetragen wird und diese Stellen danach fest mit Klebestreifen verbunden werden. Anschließend werden die nicht beleimten Kanten ebenfalls mit Klebestreifen verbunden.

Wenn der Klebstoff erhärtet ist, können die Streifen von den unbeleimten Stellen abgezogen werden. Die noch vorhandene Fuge wird mit Klebstoff gefüllt, anschließend werden die Teile wieder mit Klebestreifen fest verbunden.

Ausfüllen von Fugen

Eine Keramik zerbricht nur selten ganz glatt. Beim genauen Untersuchen des Scherbens wird man entdecken, dass die Ecken der Kanten abgeplatzt sind. Durch Ausfüllen dieser Stellen nach dem Kleben ist von den Reparaturen fast nichts mehr zu sehen.

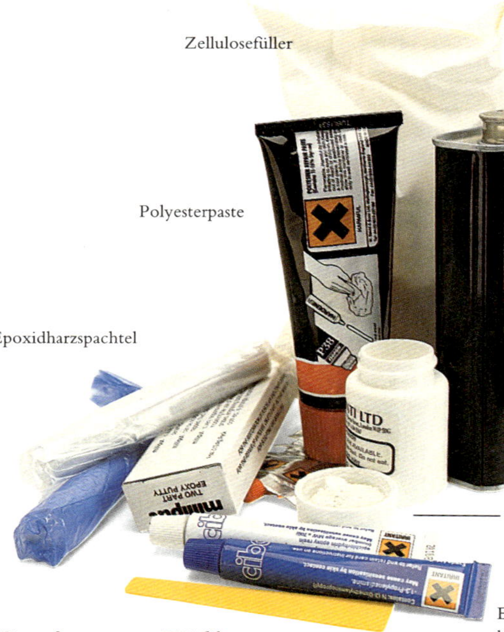

Geeignete Füller

Im Fachhandel werden sehr feine Fertigfüller für Oberflächen sowie Spachtelmasse, die ideal für Keramikreparaturen geeignet ist, angeboten. Es ist aber auch möglich, Epoxidharzfüller selbst herzustellen. Weißer Zweikomponenten-Epoxidharzspachtel, der in Heimwerkermärkten und Modellbaugeschäften erhältlich ist, beginnt hart zu werden, sobald die beiden Bestandteile vermischt sind. Aus Titanoxid und Talkumpulver sowie Zweikomponenten-Epoxidharzkleber kann man auch selbst Spachtel herstellen.

Auch Polyesterpaste, die zum Ausbessern von Autokarosserien angeboten wird, eignet sich gut als Keramikfüller. Der rote, in die graue Paste gemischte Härter ergibt eine pinkfarbene Masse. Durch Zugabe geringer Mengen Titanoxid kann diese Farbe verändert werden.

Die Füller können für viele Keramiksorten verwendet werden – vom Hartporzellan bis zur Irdenware. Bei poröser Irdenware bevorzugen viele Restauratoren Zellulosefüller für Dekorationszwecke (entweder in Tuben als Fertigmasse oder als Pulver, das mit Wasser angesetzt wird, erhältlich).

1 Einbringen des Füllers
Mit einem Mundspatel oder einer Messerspitze den Füller in die winzigen Fehlstellen und Spalten pressen. Dabei die Masse von verschiedenen Seiten aus über jede Fuge verteilen. Dann mit der Klinge oder dem Spatel den Füller glatt schaben.

2 Entfernen von überschüssigem Füller
Zum Glätten der Epoxidharzpaste die Fingerspitze anfeuchten und leicht an jeder Fuge entlang streichen. Hart gewordener überstehender Füller kann später mit Sandpapier abgeschliffen werden.

3 Abschleifen
Den Füller vollständig erhärten lassen, dann mit extrafeinem (400 bis 600 Grad) Nass- und Trockensandpapier an den Fugen entlangschleifen. Zum Schutz von Aufglasurmalereien immer nur eine möglichst schmale Fläche bearbeiten. Dazu das Sandpapier in 50 mm breite Vierecke schneiden und zu dünnen Streifen falten.

Reparieren abgestoßener Ränder

Die Ränder von Irdenwaren und Porzellan zeigen häufig muschelartige Absplitterungen. Schäden dieser Form können relativ problemlos mit einem Spachtel oder einer Paste, die zum Ausfüllen geklebter Fugen dienen, repariert werden.

Abgesplitterte Kanten werden mit warmem Wasser und biologischem Waschmittel abgebürstet (s. Seite 69). Damit der Epoxidharzspachtel hält, ist zuvor Epoxidharzkleber dünn auf die Absplitterungen aufzustreichen.

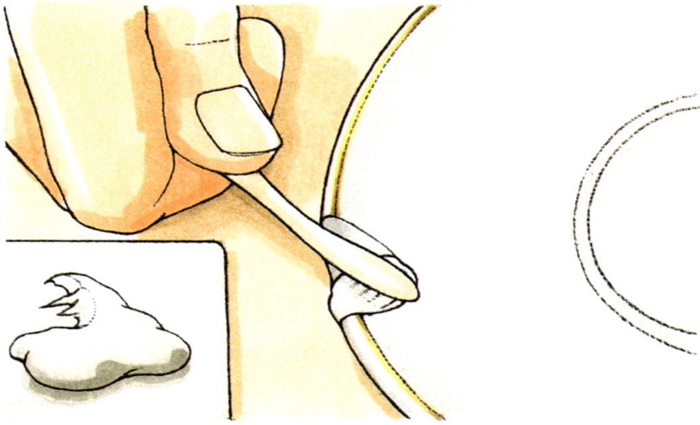

1 Auftragen des Füllers
Den Füller andrücken und mit Modellierholz oder befeuchteter Fingerspitze angleichen.

2 Glatt schleifen
Nachdem der Füller erhärtet ist, die Stelle mit einer feinen Feile abschaben, dann schleifen.

Verwenden von Dentalwachs

Neben Modellierton können auch Streifen von Dentalwachs (erhältlich in Fachgeschäften) zur Herstellung eines einfachen Abdruckes benutzt werden (s. oben rechts). Vaseline wird auf die Fläche gestrichen, von der ein Abdruck genommen werden soll. Dann wird ein Wachsstreifen über einer Wärmequelle erweicht und aufgedrückt. Es sollte zusätzlich ein zweiter Streifen aufgebracht werden, damit die Form für den Abdruck dick genug wird. Dann wird der Abdruck angesetzt und, wie rechts beschrieben, gefüllt.

Herstellen eines Abdruckes für ein fehlendes Randstück

Wenn ein Stück aus dem Rand ausgebrochen ist, muss von einem intakten Abschnitt ein Abdruck hergestellt werden, der als Negativform für das fehlende Stück verwendet werden kann. Hat die Keramik erhabene Dekorationen muss der Abdruck von der reliefierten Seite des Randes genommen werden. Wegen des besseren Haltes sollte die Stelle ausgefüllt, nach dem Trocknen ausgebrochen und erneut geleimt werden.

1 Abnehmen eines Abdruckes
Mit einem Baumwolltupfer die Stelle befeuchten, von welcher der Abdruck genommen werden soll, dann eine etwa 12 mm dicke Lage Knetmasse auf den Rand drücken.

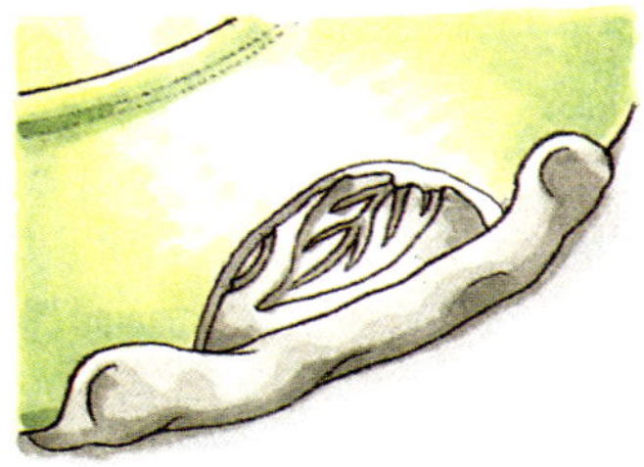

2 Einpassen des Abdruckes
Die Knetmasse vorsichtig, ohne die Form zu zerdrücken, ablösen und über die Schadstelle legen. Um einen besseren Halt zu erreichen, wird sie an jedem Ende des Abdruckes über den Rand gefaltet.

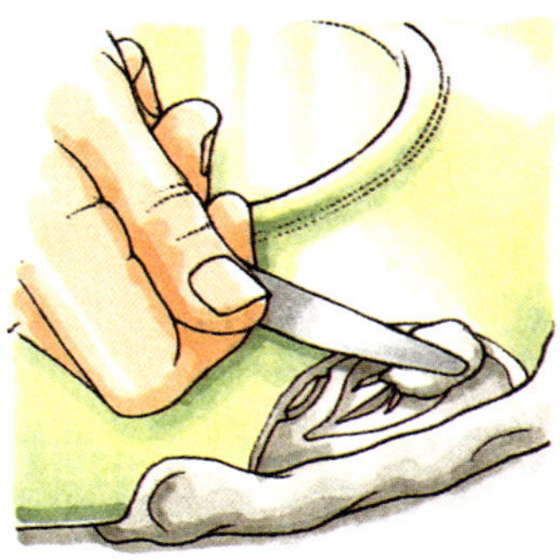

3 Ausfüllen des Abdruckes
Den Knetmasseabdruck mit Talkum (als Trennmittel) einpudern und vorsichtig Epoxidharzspachtel oder Polyesterpaste in den Abdruck pressen. Die Innenfläche des Abdruckes vor dem Ausfüllen der gesamten Fehlstelle zuerst vollständig bedecken oder die erste Lage aushärten lassen und dann weiter füllen.

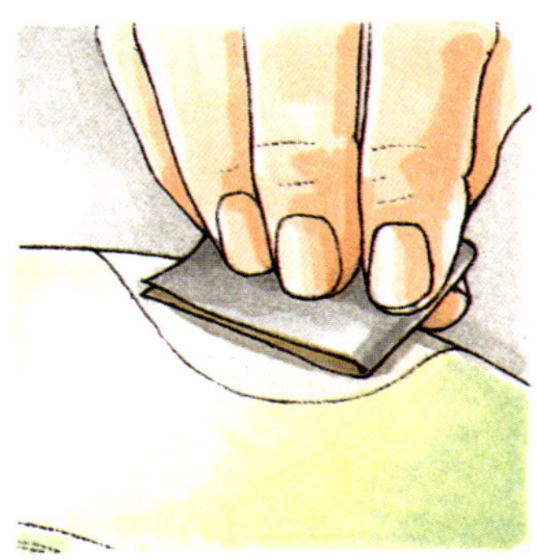

4 Glätten der Reparaturstelle
Den Füller mit einem angefeuchteten Füllmesser abschaben, dabei die Formgebung des Stückes beachten. Den Füller über Nacht erhärten lassen, dann den Abdruck abrollen und die Stelle mit Nass- und Trockensandpapier schleifen. Hat eine Seite der Reparatur Reliefdekor, sind eventuell Details mit Epoxidharzspachtel nachzumodellieren.

Ausbessern der Bemalung

Das Retuschieren der Bemalung, der Fondfarben und der Glasuren ist der schwierigste Teil bei der Keramikrestaurierung. Kniffe nützen nichts. Nur Praxis und ein Gefühl für Farben werden weiterhelfen. Von Vorteil ist es, wenn man sich Material und Werkzeug von guter Qualität kaufen kann – das gilt besonders für einen Spritzgriffel, mit dem ausgefüllte Stellen besprüht werden und dadurch der Übergang zur Fondfarbe kaum sichtbar ist.

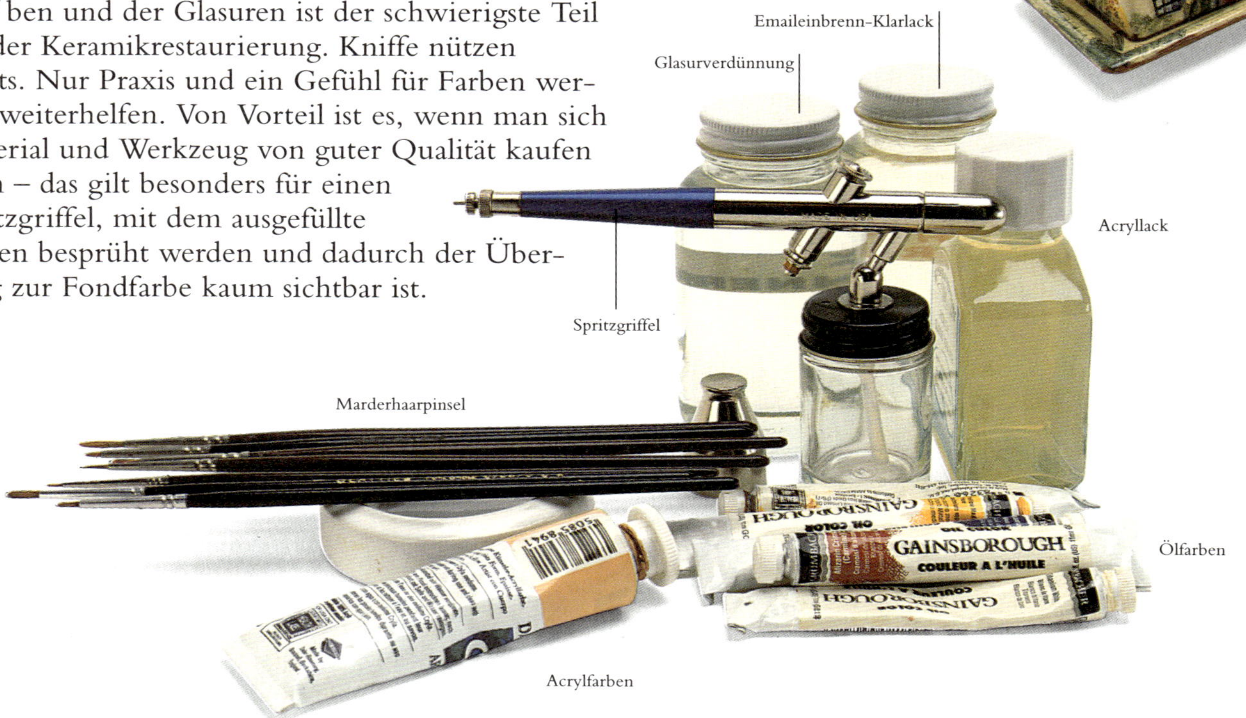

Materialien und Werkzeuge

Es werden zwei bis drei Künstlerpinsel, am besten mit Marderhaaren und einer feinen Spitze, benötigt.

Ein Spritzgriffel ist eine kleine und aufs Feinste einstellbare Spritzpistole, die mit Pressluft aus Aerosoldosen oder mit einem elektrischen Kompressor arbeitet. Dosen mit Pressluft sind anfänglich billiger. Bei einem Kompressor zahlt sich die Ausgabe jedoch wieder aus, wenn man sich länger mit Keramikrestaurierung beschäftigt.

Für den Farbfond des Stückes, an dem gearbeitet wird, sind Künstleracrylfarben und ein klarer Acryllack zum Ausbessern der Glasur zu benutzen. Sowohl die Farbe als auch der Lack kann mit Wasser verdünnt werden.

Es ist aber auch möglich, wie ein ausgebildeter Restaurator zu verfahren, der eine Emailglasur für Keramik verwendet. Diese wird bei nicht sehr hoher Temperatur im Küchenherd eingebrannt. Die meisten Fachrestauratoren bevorzugen einen Elektroherd, bei dem die Temperatur exakt eingestellt werden kann – ein Herd für Gas oder feste Brennstoffe ist aber auch benutzbar. Für Fonds werden Künstlerölfarben zu dem Emaileinbrenn-Klarlack, der mit Nitroverdünnung oder der mitgelieferten Spezialverdünnung flüssiger wird, hinzugefügt. Es dürfen keinesfalls billige Ölfarben gekauft werden, weil diese sich nach dem Einbrennen möglicherweise verändern.

Beim Benutzen eines Spritzgriffels muss in einem mittels Abzug gut belüfteten Raum gearbeitet und ein Atemschutz getragen werden. Der Arbeitsplatz ist mit einer Tageslicht-Glühlampe gut auszuleuchten, damit die exakten Farbtöne erzielt werden können.

Bemalen mit Hand

Das Restaurieren der Bemalung und das Glasieren mit der Hand – Fondfarben und Klarlack werden mit einem Pinsel aufgetragen – sind relativ billige Verfahren. Außerdem bieten sich hierbei gute Korrekturmöglichkeiten, was von Anfängern geschätzt wird.

Die hier beschriebenen Techniken umfassen den Gebrauch von Acrylfarben und -lacken, die an der Luft trocknen. Es ist aber auch möglich, Emaileinbrenn-Klarlack mit der Hand aufzutragen.

Mischen der Fondfarben

Die Herstellung der richtigen Farbe durch Mischen ist eine Erfahrungssache, die mit vielen Versuchen und Fehlern einhergeht. So kann ein weißer Fond mehr Wärme oder Kälte ausstrahlen. Durch Hinzufügen von etwas Braun oder Gelb wird die Tönung wärmer, durch Blau oder Grün kälter.

1 Mischen und Prüfen der Farbe

Zum Mischen der Fondfarbe eignet sich eine weiße Fliese oder eine Untertasse am besten. Einen Tupfen der Mischung auf dem Fond anbringen und nach der Prüfung sofort mit einem Küchentuch abwischen. Die Farbe so lange weitermischen, bis die exakte Tönung erreicht ist.

2 Auftragen der Farbe

Die Farbe gleichmäßig auf die ausgefüllte Stelle (ausgehend von der Mitte) nach außen streichen. Sie darf nicht zu dick aufgetragen werden, sondern muss sich fast allein ausbreiten, ohne dass ein zweiter Anstrich erforderlich ist. Auch provisorisch ausgeführte Pinselstriche können u. U. nach dem Trocknen dauerhaft sichtbar bleiben.

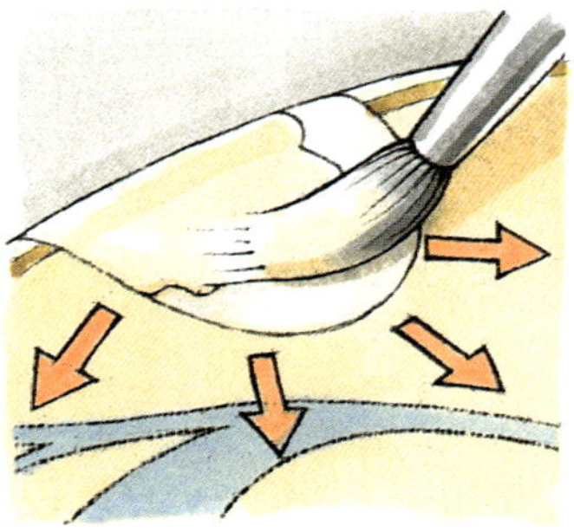

3 Angleichen der Ränder

Im Prinzip ist nur die ausgebesserte Fläche mit Farbe zu bedecken, wobei die Farbe möglichst nicht auf die Oberfläche der Keramik gelangen darf. Erreicht man den Rand, ist der Pinsel auszuwaschen und fächerförmig auszudrücken. Anschließend wird die Farbe leicht über den Rand fiedernd ausgestrichen und muss dann in einer staubfreien Umgebung trocknen.

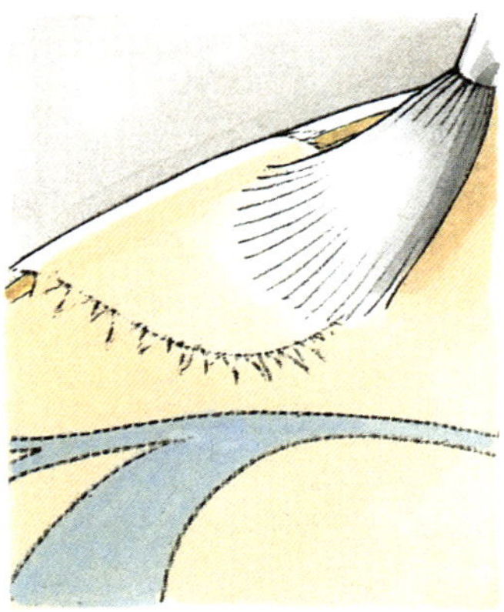

4 Abschleifen

Hat die Farbe beim Trocknen einen anderen Ton angenommen oder ist die Oberfläche noch nicht ganz befriedigend, schleift man sie mit sehr feinem, mit Gleitmittel versehenem Siliziumkarbid-Sandpapier leicht ab. Nach dem Schleifen ist eine zweite, ausgefiederte Farbschicht aufzutragen.

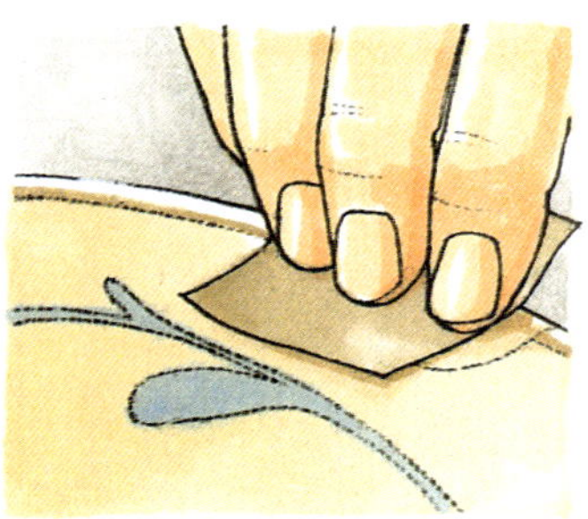

Ausbessern von Malereien

Ist die Fondfarbe zufriedenstellend aufgebracht, kann mit dem Ausbessern der Malereien begonnen werden. Dabei sind die vorhandenen Dekore und Farben als Vorlage zu verwenden. Die Farbe wird, wie links beschrieben, aufgetragen, die Ränder der Ausbesserung sollte man möglichst ausfiedern lassen. Ist eventuell ein Fehler unterlaufen oder wurde zu viel von der Originalbemalung verdeckt, so kann dies sofort mit einem sauberen Pinsel oder einem hölzernen, befeuchteten Cocktailspieß korrigiert werden.

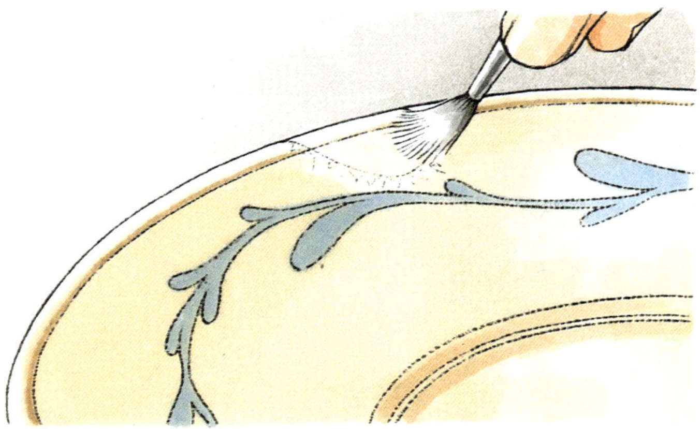

Auftragen von Klarlack

Nach dem Trocknen der Bemalung eine Schicht klaren Acryllack darüber ziehen. Dabei die Ränder wie bei der Fondfarbe ausfiedern. Es ist wichtig, dass der trockene Lack vor herumfliegendem Staub geschützt wird. Man kann ihn auch aushärten lassen, abschleifen und eine zweite Schicht auftragen.

Verwenden eines Spritzgriffels

Ein Spritzgriffel mit einfacher Funktion hat einen Knopf zum Regulieren und Durchlassen der Druckluft und eine Schraube (meist am hinteren Ende des Gerätes befindlich), mit der die Menge der Farbe und des Lackes reguliert wird, die durch die Düse geblasen wird.

Bei einem kombinierten Spritzgriffel werden Luftzufuhr und Sprühdichte über einen Druckknopf kontrolliert. Mit dem Gerät kann ein erfahrener Dekormaler vielfältig umgehen; für Anfänger ist es schwierig zu handhaben. Für welches Gerät man sich auch entscheidet, wichtig ist, dass es eine Spitze und eine Nadel hat, mit denen die Farbe relativ dick aufgesprüht werden kann. Da bei einer normalen Restaurierung sehr wenig Farbe verbraucht wird, genügt ein kleiner Farbbehälter an der Seite.

Die hier beschriebenen Techniken beziehen sich auf Emaileinbrenn-Klarlack, der mit Ölfarben gemischt wird.

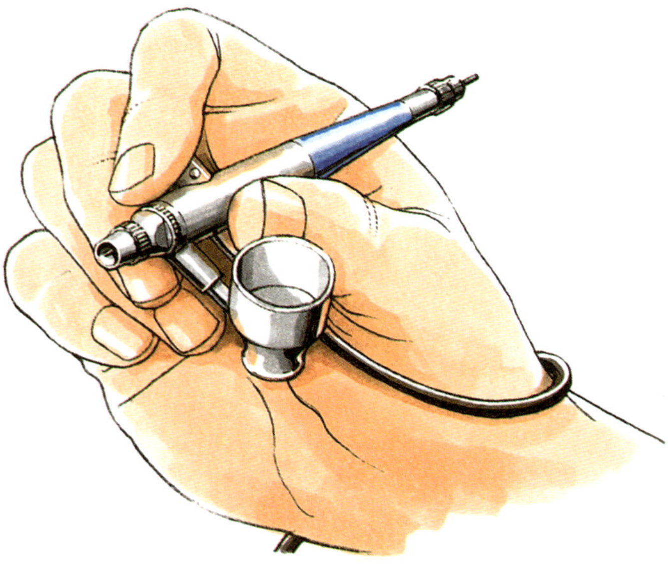

Bedienen eines Spritzgriffels
Den Spritzgriffel wie einen Federhalter oder einen Bleistift anfassen, die Kuppe des Zeigefingers auf den Bedienungsknopf legen und den Luftschlauch über das Handgelenk hängen.

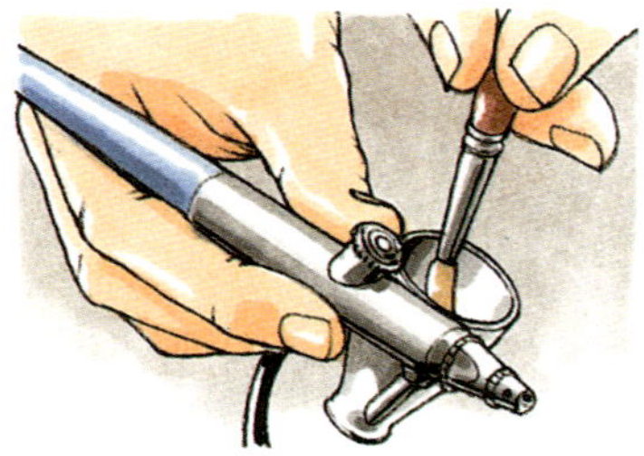

1 Mischen der Farbe
Die Farbe in dem Behälter mischen, dann Farbproben mit einem Pinsel auftupfen. Zu Lack und Verdünner (Mischungsverhältnis 1 : 1) nach und nach Ölfarbe hinzufügen.

2 Abdecken des Füllers
Zuerst weißen Lack auf die Reparaturstellen aufsprühen. Es werden dadurch Fehler sichtbar, die durch Füller und Abschleifen ausgeglichen werden können. Die Spitze des Spritzgriffels nahe an die Reparaturstelle halten und Lack über die Fugen sprühen. Mit Verdünnung und Pinsel den Lack von den Malereien entfernen.

3 Auftragen der Fondfarbe
Das besprühte Stück etwa 45 Minuten bei 100 °C in den Herd stellen, anschließend entnehmen und abkühlen lassen. Dann die Reparaturstelle mit dem getönten Lack besprühen und das Stück nochmals in den Herd stellen.

4 Ergänzen des Musters
Für verlaufene Glasurfarben den Spritzgriffel verwenden und bei abgesetzten Motiven von Hand den mit Ölfarben vermischten Lack auftragen. Das Stück nochmals im Herd 45 Minuten erwärmen.

5 Aufsprühen von durchsichtigem Lack
Zuletzt über das restaurierte Malwerk durchsichtigen Lack aufsprühen. Eine matte Oberfläche erzielt man, indem etwas gebeizte Kieselerde dem Emaileinbrenn-Klarlack beigefügt wird.

Spezialeffekte

Auch wenn die Reparatur noch so geschickt ausgeführt wurde, sehen neue Farbaufträge manchmal einfach zu neu aus. Eine Angleichung an gealterte Oberflächen ist möglich, indem man dem Decklack ganz wenig, gelegentlich wegen der optischen Täuschung auch etwas mehr, Ölfarbe beifügt.

Ergänzen einer Krakelierung
Häufig ist bei alten Porzellan- und Töpferwaren die Glasur gerissen – entweder absichtlich während der Herstellung oder durch Schwindung. Die Risse müssen vor dem Auftragen des Klarlackes auf der Fondfarbe kopiert werden. Dazu braucht man eine ruhige Hand, einen sehr spitzen Farbstift, einen feinen Pinsel und verdünnte Farbe oder Lack.

Wiederherstellen besonderer Glasuren
Metallische Lüsterglasuren sind schwierig nachzuahmen. Es ist manchmal einfacher, sich mit einer alten, abgeriebenen Oberfläche zufrieden zu geben, als dass man versucht, eine perfekte Oberfläche herzustellen. Das wird durch Besprühen mit der Fondfarbe unter der Lüsterglasur und anschließendem Aufsprühen einer durchsichtigen Metallpulverglasur erreicht.

Eine ähnliche Technik ist anzuwenden, wenn ein dunkler Fond mit einer durchscheinenden weißen Glasur überdeckt ist. Zuerst den Füller mit der dunklen Farbe bedecken, dann einen dünnen weißen Lack darüber legen, sodass die Fondfarbe durchscheint.

Ausbessern von Vergoldungen

Viele alte Stücke sind mit Goldfarben dekoriert, manchmal auch mit echtem Blattgold. Letzteres ist allerdings meist nur bei alten und wertvollen Stücken anzutreffen. Diese Stücke sollten auch nur von Fachleuten restauriert werden. Allerwelts-Sammlerstücke können mit Goldlack retuschiert werden. Es ist auch möglich, Gold- und Bronzepulver in verschiedenen Tönungen zu kaufen und mit Terpentin oder verdünntem Emaileinbrenn-Klarlack zu mischen.

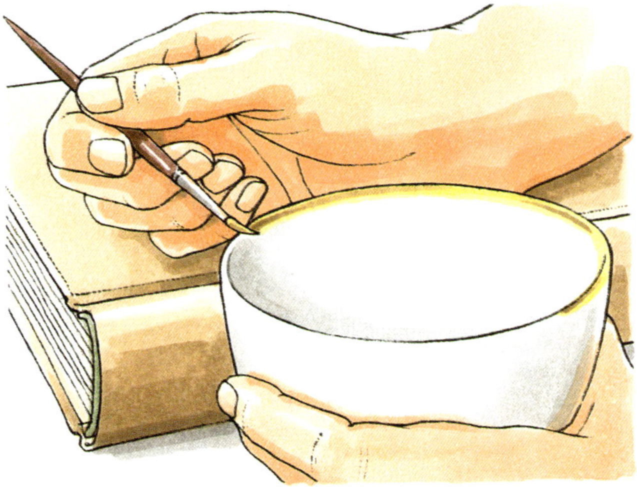

Vergolden eines Randes
Alte Schüsseln, Tassen und Untertassen haben häufig einen Goldrand, der nach einer Reparatur ergänzt werden muss. Der Pinsel wird nicht um das Stück geführt, sondern der Arm wird auf eine Stütze, z. B. ein dickes Buch, aufgelegt und das Gefäß am Pinsel entlanggedreht.

Gebrauch und Ausstellen von Keramik

Wenn alte Keramik nicht unter allzu extremen Bedingungen aufbewahrt wird, ist sie durch Feuchtigkeit oder Staub kaum gefährdet. Durch verschmutzte Luft kann ungeschützte Malerei schwarz werden. Dieser Schmutzfilm ist mit einem Scheuerschwamm aus Kunststoff und Wasser entfernbar.

Die meisten reparierten Stücke eignen sich nur zum Ausstellen in einem Schrank. Wärme oder häufiges Waschen führen zur Verfärbung retuschierter Reparaturen und zum Ablösen von Verklebungen. Angeklebte Henkel sind generell äußerst gefährdet. Auch wenn altes Geschirr in Ordnung zu sein scheint, ist zu prüfen, ob die Glasur Risse hat, da Nahrungsmittelfett eindringen kann und auf dem Scherben Flecken erzeugt. Es ist vor dem Benutzen zu reinigen, aber nicht in einem Geschirrspülautomaten.

Schränke mit Glastüren
Verglaste Schränke eignen sich vermutlich am besten für altes Geschirr. Die Stücke stehen relativ staubfrei und können nicht gleich angefasst werden. Es ist allerdings vom persönlichen Geschmack abhängig, ob man für Geschirr ein modernes oder antikes Möbel benutzt, wobei letzteres sehr billig gekauft werden kann. Glaseinlegeböden sind wegen des besseren Lichtes von Vorteil. Eine gute Wirkung erzielt man auch durch elektrische Beleuchtung innerhalb des Schrankes. Das Möbelstück muss sicher stehen. Durchgebogene Dielen können beim Vorbeilaufen die ganze Sammlung zum Klirren bringen und sogar Schäden verursachen.

Furnierter Vitrinenschrank im Art-Déco-Stil.

Offene Wandregale

Für größere Sammlungen dürften offene Regale die beste Lösung sein, in denen Geschirr ohne störende Reflexe von Glasscheiben ausgestellt werden kann. Allerdings darf das regelmäßige Abstauben nicht vergessen werden. Die Böden sollten eine Längsnut haben, in der die Teller stehen. Es kann auch zusätzlich eine schmale Holzleiste aufgenagelt werden.

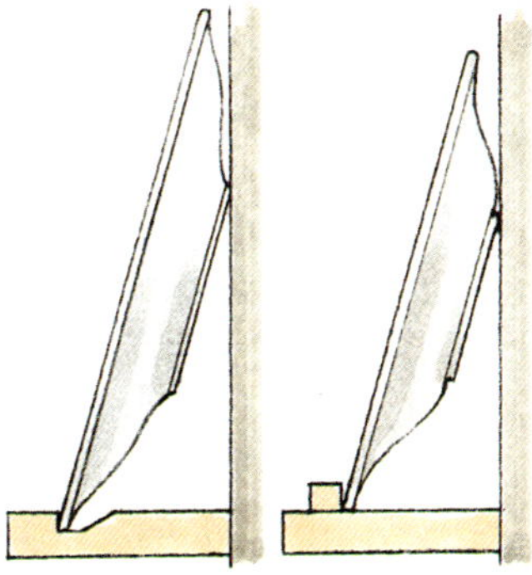

Ständer und Hängegestelle

Zum Ausstellen einzelner Teller oder Tassen mit Untertassen verwendet man Ständer aus mit Kunststoff überzogenem Draht oder Plastik. Tellerhänger mit Zugfederung eignen sich zum Ausstellen von Flachgeschirr an einer Wand. Sie können jedoch bei unsachgemäßem Einklemmen des Geschirrs Schäden verursachen. Um Absplitterungen an den Rändern zu vermeiden, werden über die Haken Abschnitte von Plastikschläuchen gezogen und die Spiralfedern umwickelt.

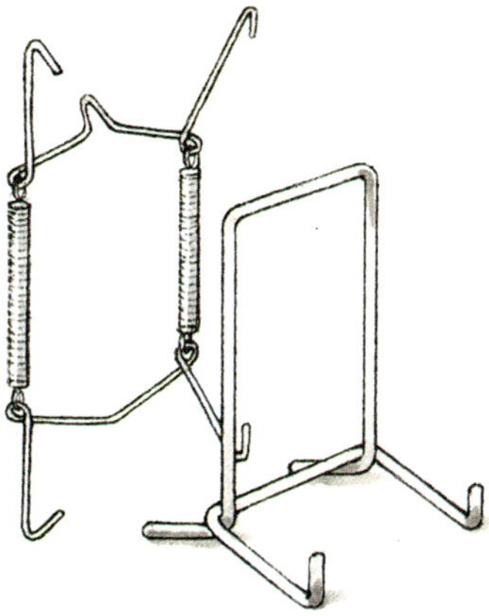

Alte Küchenborde eignen sich zum Ausstellen alter Keramiksammlungen besonders gut.

Freie Wandflächen können auch mit einer Vielzahl von Tellern gestaltet werden.

Ein Material mit widerstandsfähiger Oberfläche

Glas zerbricht leicht. Seine Oberfläche ist jedoch gegen atmosphärische Einflüsse sehr widerstandsfähig. Nur bei langer Einwirkung von Feuchtigkeit, Licht und Wärme kommt es zu Schäden. Deshalb sind ältere Glaswaren meist in einem guten Zustand. Ein weiterer Grund dafür, dass man nur selten ausgebesserte Gläser findet, besteht darin, dass selbst Fachleute nur in wenigen Fällen eine gute Restaurierung durchführen können. Es gibt auch nicht viele Restauratoren, die sich auf Glas spezialisiert haben. Eine Ausnahme bilden diejenigen, die sich mit farbigen Glasscheiben und Bleiverglasungen beschäftigen. Hat man selbst sehr alte und wertvolle Gläser, an denen etwas restauriert werden muss, so hilft bestimmt einer der Keramikrestauratoren aus der Umgebung, die meist auch einige Erfahrungen mit dem Kleben von Glasobjekten haben.

Sammlerstücke aus Glas

Heute ist Glas ein so alltägliches und billiges Material, dass wir es gar nicht mehr groß beachten. Seiner Schönheit und Vielseitigkeit wegen wird es bereits seit Jahrtausenden für phantastische dekorative und praktische Gegenstände verwendet.

Glas wird im Wesentlichen aus Quarzsand (Siliziumdioxid), gemischt mit Pottasche, Soda oder Blei, bei hoher Temperatur geschmolzen. Werden verschiedene Oxide hinzugefügt, entsteht Farbglas.

In geschmolzenem Zustand kann es zu einer scheinbar unüberschaubaren Formenvielfalt gepresst, geblasen, gegossen oder gewalzt werden. Nachdem es abgekühlt ist, wird es häufig durch Schleifen, Schneiden, Ätzen, Gravieren, Sandstrahlen, Bemalen oder Vergolden verziert.

Reinigen von Glas

Glas kann – mit Ausnahme von zerbrechlichen, alten, geschliffenen Stücken – generell ohne Bedenken in Wasser gewaschen werden. Bei bemalten Stücken sollte geprüft werden, ob die Dekoration wasserfest ist und nicht abblättert. Glasflaschen und andere Behälter mit Originaletiketten dürfen nicht eingeweicht werden. Gleiches gilt für Gläser, die früher repariert wurden, weil der Leim oder die Farbe möglicherweise nicht wasserfest ist.

Alte Gläser werden immer mit der Hand gewaschen. Zuvor sollten sie jedoch mit einem weichen Pinsel abgestaubt werden.

1 Waschen mit der Hand
Eine Plastikschüssel mit handwarmem Wasser und biologischem Waschmittel füllen und auf ein Abtropfbrett oder eine Arbeitsplatte (nicht in das Spülbecken) stellen, damit ein Anstoßen an den Wasserhahn vermieden wird. Jedes Stück einzeln waschen und mit einem weichen Tuch reinigen. Den Schmutz aus gravierten oder geschnittenen Dekoren mit einem Pinsel entfernen. Flaschen innen mit einer Flaschenbürste säubern.

2 Einweichen von Gläsern
Sehr schmutzige Stücke zwei Stunden einweichen. Manche Gläser sind im Wasser schlecht zu sehen, deshalb ein Wischtuch über die Schüssel hängen und eine Notiz zur Warnung Neugieriger daneben legen.

3 Spülen in lauwarmem Wasser
Es ist mit lauwarmem Wasser zu spülen. Durch einige Tropfen Spiritus im Wasser entsteht ein schöner Glanz.

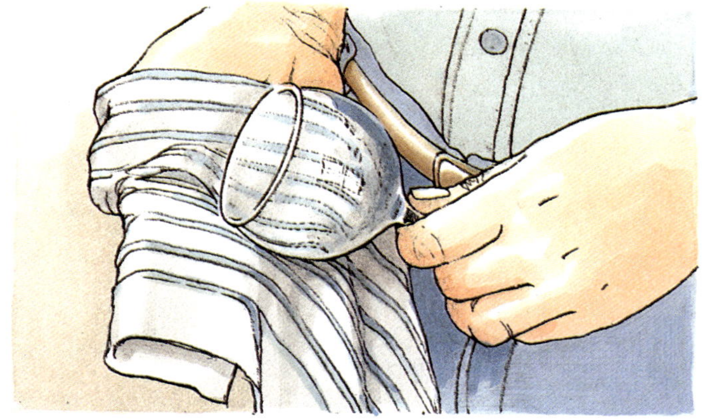

4 Trocknen von Gläsern
Jedes Stück sorgfältig mit einem weichen Wischtuch abtrocknen. Trinkgläser dabei nicht drehen, es könnte etwas abbrechen. Besser ist es, das Glas von unten nach oben gerade zu polieren.

Trocknen von Karaffen
In eine verstöpselte Karaffe darf keine Feuchtigkeit gelangen. Das Glas könnte dadurch schlierig werden. Nach dem Trocknen der Außenseite mit einem Wischtuch stellt man sie mit der Öffnung nach unten in einen Plastikeimer, damit sie von selbst trocknet. Der Stopfen muss extra behandelt werden.

Entfernen von Flecken
In der Regel zeigen sich zwei Typen von Flecken – ein weißer Belag durch Feuchtigkeit und kalkhaltiges Wasser sowie Flecken durch den Inhalt (vor allem Rotwein).

Weiße Wasserflecken können in vielen Fällen durch Einlegen in Zahnprothesen-Reiniger über Nacht entfernt werden. Danach ist gut zu spülen und zu trocknen.

Rotweinflecken werden mit klarem weißem Essig bedeckt, der 24 Stunden einwirken muss. Dann wird das Glas gewaschen, gespült und getrocknet.

Wenn das Glas verätzt wurde, ist dies nicht mehr rückgängig zu machen.

Waschen von Parfümflaschen
Viele Sammler verwenden Parfümflaschen nur als Dekoration, andere benutzen diese Flaschen im ursprünglichen Sinn. Vor dem Füllen eines alten Gefäßes muss der Geruch des abgestandenen Parfüms durch Eingießen von Spiritus (1 Stunde einwirken lassen) entfernt werden.

Dieser Vorgang ist so oft zu wiederholen, bis der Geruch verschwunden ist. Dann wird die Flasche in warmem Seifenwasser gewaschen und gut gespült. Die Parfümflaschen sind sorgfältig zu trocknen, notfalls auch innen mit einem kalt eingestellten Föhn.

Abwaschen der Außenseite von Gläsern
Bei Gläsern, die nicht in Wasser eingeweicht werden können, wird die Oberfläche mit Baumwolltupfern und warmem Wasser mit biologischem Waschmittel abgewischt. Ein großes Stück muss von unten nach oben behandelt werden, damit keine schmutzigen Streifen zurückbleiben. Das Glas wird dann mit kaltem Wasser abgetupft und mit einem sauberen Wischtuch abgetrocknet. Zuletzt wird mit Spiritus und einem Tuch poliert, damit das Glas glänzt.

Waschen von Glasprismen
Kronleuchter, die mit vielen Glasprismen ausgestattet sind (Lüster), reflektieren das Licht in alle Richtungen. Größere Lüster sollte man zur Reinigung einem Fachmann übergeben. Doch die Glasprismen an Kerzenständern oder Öllampen können auch vom Laien gesäubert werden.

Wenn die Prismen demontiert werden können, ist es möglich, sie in einer Schüssel mit warmem Seifenwasser zu waschen. Vor dem Einweichen sind jedoch die Metallhaken zu entfernen, ansonsten müssen die Prismen sehr gut abgetrocknet werden, damit die Haken nicht rosten. Die Prismen können aber auch, wie unten links beschrieben, gewaschen und mit einem Tuch und Spiritus poliert werden.

Reinigen von Email
Email ist eine Art farbiges Glas, welches auf einen Metallgrund aufgeschmolzen wird. Es wird für stark dekorierte Schmucksachen, Knöpfe, kleine Dosen und viele andere Zwecke verwendet. Ist es abgestoßen oder gerissen, kann Feuchtigkeit eindringen, wodurch das Metall korrodiert und das Email abplatzt. Deshalb werden Sammlerstücke mit Emaildekor nur abgestaubt. Schmutzflecke werden mit Baumwolltupfern und etwas Aceton entfernt.

Reparatur von Glas

In der Regel kann ein gesprungenes oder zerbrochenes Glas nur mit großen Einschränkungen wieder für seinen ursprünglichen Zweck benutzt werden. Um weitere Schäden zu vermeiden, sollte ein Sprung im Glas so bald als möglich gefestigt, ein Scherben möglichst schnell wieder angeklebt werden. Wertvolles Glas ist einem Restaurator zu übergeben.

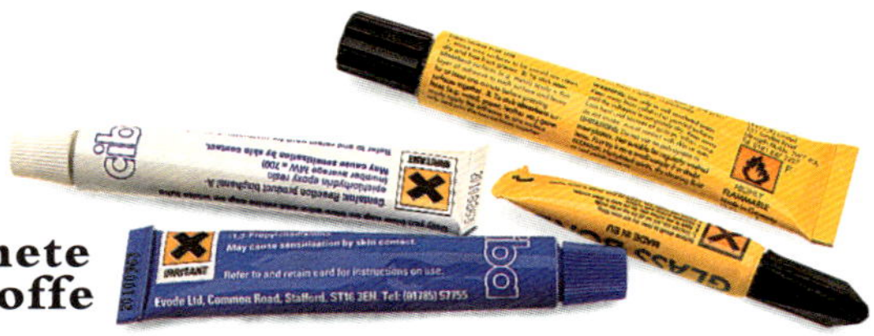

Geeignete Klebstoffe

Bei durchsichtigem Glas ist es schwierig, eine unsichtbare Klebereparatur auszuführen. Restauratoren reparieren Stücke meist für die Vitrine, wo sie keinen großen Beanspruchungen ausgesetzt sind. Opake oder dunkelfarbige Gläser lassen sich manchmal leichter reparieren, trotzdem entsteht auch hier häufig eine sichtbare Klebelinie, weil es schwierig ist, die Klebestellen zu füllen. Klebstoff darf nicht auf geätzte oder sandgestrahlte Glasflächen gelangen, da sonst Glanzflecke entstehen.

Beim Kleben von Scherben muss sehr achtsam vorgegangen werden, damit man sich nicht schneidet.

Durch UV-Licht härtbarer Klebstoff
Wasserklarer Glaskleber ist in Heimwerkermärkten erhältlich. Wird er den ultravioletten Strahlen des Tageslichtes ausgesetzt, beginnt der Kleber sofort hart zu werden (in 10 Sekunden bei hellem Sonnenlicht und in etwa 2 Minuten bei bewölktem Himmel).

Da künstliches Wolframlicht nicht auf den Kleber wirkt, sollte man bei Kunstlicht an einem Tisch vor einem verhängten Fenster arbeiten. Nachdem das Stück gut zusammengefügt wurde, können die Vorhänge geöffnet und der Kleber dem Tageslicht ausgesetzt werden.

Epoxidharzkleber
Durch UV-Licht härtbarer Klebstoff eignet sich für opakes und dunkelfarbiges Glas nicht. Hierfür verwendet man einen Zweikomponenten-Epoxidharzkleber. Vor dem Mischen werden die zwei Tuben auf einem Heizkörper erwärmt, damit der Klebstoff besser fließt. Man kann auch einen wasserklaren Flüssig-Epoxidharzkleber verwenden, der jedoch nicht fertig angeboten wird.

Allzweckkleber
Auch ein klarer Allzweckkleber (kein Zyanacrylatkleber) kann zum Kleben von Glasscherben verwendet werden. Die Reparatur wird jedoch nicht so fest.

Kleben von Sprüngen im Glas
Sprünge im Glas sind häufig sichtbar, weil sich durch die eingedrungene Luft ein silbriger Streifen zeigt. Dieser verschwindet fast, wenn es gelingt, die Luft herauszuziehen.

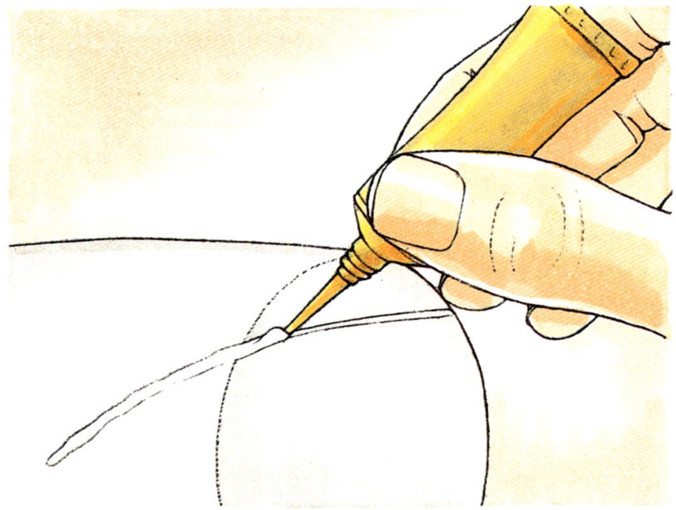

Einen dünnen Streifen durch ultraviolettes Licht aushärtenden Klebstoff auf den Sprung auftragen. Dann den Kleber in den Sprung blasen, um die Luft herauszudrücken. Klebstoffreste mittels eines mit Aceton befeuchteten Tuches von der Oberfläche entfernen. Den Kleber durch Tageslicht aushärten lassen, dann mit einem Messer erhärteten Kleber am Sprung entlang abschälen.

Zusammensetzen von Glasscherben
Vor dem Kleben von Scherben müssen die Bruchkanten gründlich mittels eines mit Aceton befeuchteten Tuches gesäubert werden.

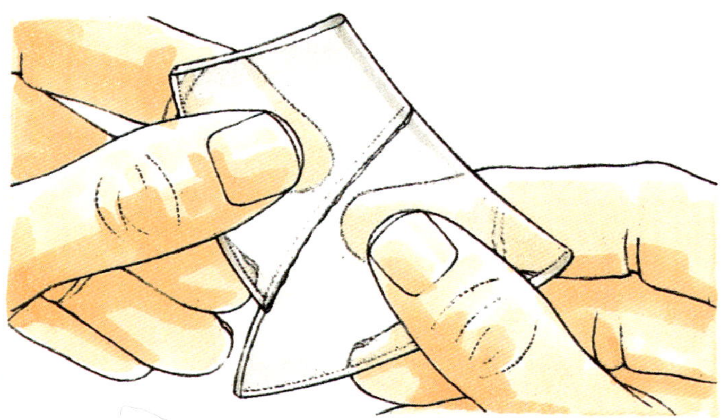

1 Auftragen des Klebstoffes
Zuerst prüfen, dass keine Baumwollfasern am Glas hängen, dann sparsam Kleber auftragen, der durch UV-Licht härtbar ist. Die beiden Teile aneinander halten, vorsichtig etwas bewegen, um überschüssigen Kleber herauszudrücken und die Kanten anpassen. Die Teile mit Klarsichtklebeband zusammenheften und gegebenenfalls Luft aus der Fuge pressen (s. oben).

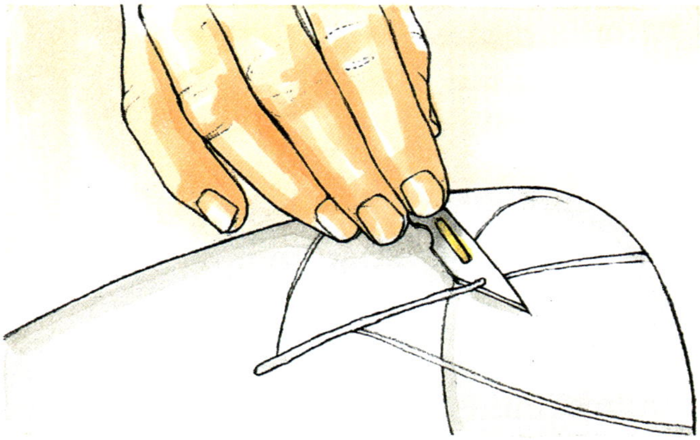

2 Säuberung
Den Kleber dem Tageslicht aussetzen. Wenn er hart ist, jeden Klebstoffrest mit einem Messer von der Oberfläche abschälen und fleckige Stellen mit Aceton entfernen.

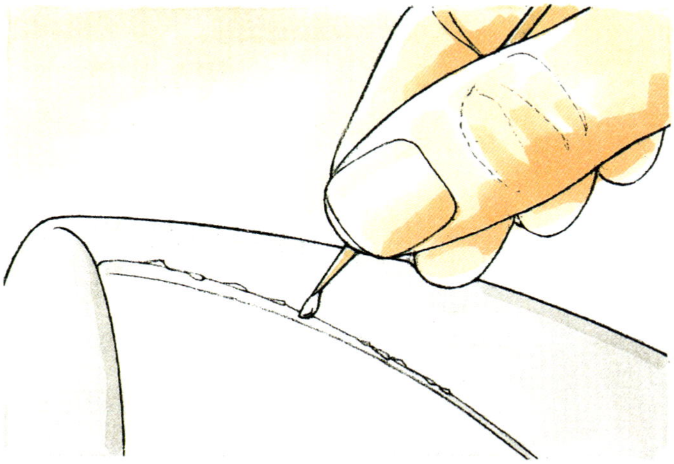

3 Ausfüllen kleinerer Absplitterungen
Glas bricht selten glatt ab. Meistens sind am Bruch kleine Vertiefungen zu sehen. Obgleich es unmöglich ist, eine unsichtbare Reparatur auszuführen, kann man abgesplitterte Fugen durch Einbringen winziger Tröpfchen eines durch UV-Licht härtbaren Klebers ausbessern.

Über die Reparaturstelle Klarsichtklebeband spannen und festreiben. Den Kleber aushärten lassen, dann das Klebeband vorsichtig abziehen und den Kleber bündig mit der Oberfläche abtragen. Die Reparatur mit Chrompolitur blank reiben.

Kleben eines Weinglasstieles
Das Kleben eines Stieles von einem Weinglas ist relativ schwierig. Erfolg oder Misserfolg sind weitgehend von der Form des Bruches abhängig und davon, ob die Kanten einrasten oder wegrutschen. Letzteres wird sich nach dem Auftragen des Klebstoffes noch verschlimmern. Aber auch wenn die Reparatur erfolgreich war, sollte man das Glas nicht mehr zum Trinken benutzen.

Abstützen des geklebten Glases
Das Glas auf den Mundrand stellen und mit durch UV-Licht härtbarem Klebstoff reparieren. Den Tellerfuß mit Knetmassewülsten abstützen und den Kleber dem Tageslicht aussetzen.

Herausziehen von Glasstopfen
Obgleich es sich nicht um eine eigentliche Reparatur handelt, werden Sammler manchmal damit konfrontiert, dass sich der Glasstopfen einer Karaffe oder Parfümflasche nicht herausziehen lässt. Das ist meist dann der Fall, wenn das Stück weggestellt wurde und innen noch feucht war.

Hier kann mit etwas Olivenöl geholfen werden. Das Öl muss sparsam um den Rand herum aufgetropft werden und zwischen Stopfen und Hals der Karaffe oder Flasche einsickern. Dann kann der Stopfen behutsam gedreht werden, damit er sich löst.

Restaurieren von bleiverglasten Fenstern

Bleiverglasungen an Fenstern bestehen aus kleinen strukturierten oder farbigen Glasscheiben, die von genuteten Bleiglasstreifen – Ruten genannt – gehalten werden.

Sie bildeten an Villen des 19. Jahrhunderts eine besondere Zierde. Am Ende dieser Periode konnten sie jedoch so billig hergestellt werden, dass sie für fast jeden erschwinglich waren. Infolgedessen findet man sie auch in ganz kleinen Reihenhäusern – oft als farbige Scheiben in Eingangstüren oder Badezimmerfenstern.

Jede Bleiverglasung am Originalstandort ist es wert, erhalten zu werden. Aber auch beim Abriss von Gebäuden sollten die Bleiverglasungen nicht auf dem Müll landen, sondern zu Antiquitätenhändlern oder in Denkmalpflegebetriebe gelangen.

Einige Sammler behandeln kleine Bleiverglasungen wie Kunstwerke und hängen sie vor eine Fensterscheibe, wo sie gut wirken.

Abstützen der Bleiglasfläche
Legt man den Fensterrahmen flach auf eine Tischplatte, muss die horizontale Bleiverglasung von unten abgestützt werden. Dafür wird eine Sperrholz- oder Spanplatte in der Größe der Scheibe zugeschnitten und der Zwischenraum mit Zeitungen ausgefüllt.

Reparieren von Bleiverglasungen

Bereits das Restaurieren von kleinen Schäden an Bleiverglasungen erfordert relativ viel Zeit und Geschicklichkeit. Umfangreichere Ausbesserungen, die das Löten oder Einbringen neuer Bleiruten sowie das Zuschneiden von Glas einschließen, sollten Fachleuten überlassen werden. Es gibt ausgebildete Restauratoren, die diese Arbeiten für wenig Geld übernehmen.

Will man die Ausbesserung selbst durchführen, lohnt es sich immer, vorher den Rat eines Fachmannes einzuholen – allerdings auch nur dann, wenn die Scheibe noch einigermaßen ganz ist. Dann steht die Frage, ob man die Scheibe nur reinigt oder einzelne Glasstücke wieder einkittet, damit sie nicht wackeln.

Arbeiten auf der Werkbank

Auch sich in einem guten Zustand befindliche Bleiverglasungen können leicht beschädigt werden, wenn nicht vorsichtig mit ihnen umgegangen wird. Drückt man auf die Mitte der Scheibe, wölbt sie sich, das Blei reißt und einzelne Glasstücke können herausfallen. Deshalb hängt man Schiebe- oder Flügelfenster aus und legt sie flach auf eine Werkbank. Auf dieser können sie auch gedreht werden. Befindet sich die Scheibe in einer Tür, lässt sie sich nur dort bearbeiten, und zwar von beiden Seiten. Allerdings sollte der auf die Bleiruten ausgeübte Druck nicht zu stark sein.

Reinigen von Bleiverglasungen

Bleiverglasungen sind relativ schlecht sauber zu halten. Der Schmutz sammelt sich an den Rändern der Glasstücke und auf den Bleiruten entsteht eine weiße Schicht.

1 Reinigen des Glases und der Bleiruten
Mit Ausnahme geätzten oder sandgestrahlten Glases können die Bleiruten mit Seifenwasser gewaschen werden. Dann mit einem Lappen sauber wischen und das Glas mit warmem Seifenwasser reinigen. Eine eingebaute Verglasung von unten nach oben waschen.

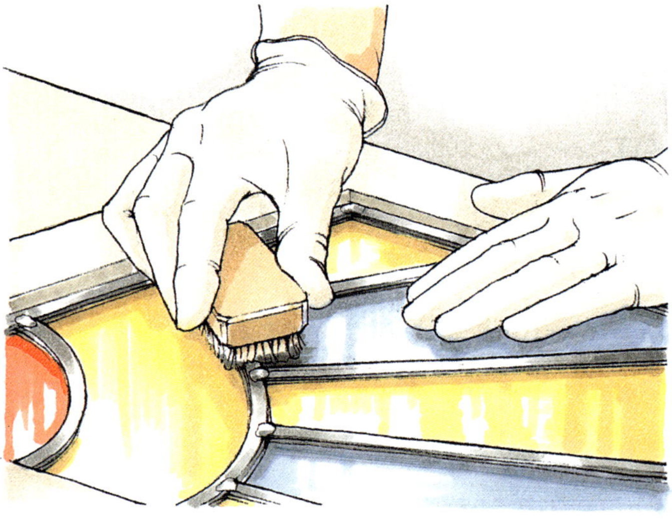

2 Tönen des Bleis
Getönt wird mit etwas Ofenschwärze, die mittels einer Schuhbürste quer zu den Ruten (nicht an ihnen entlang) aufgebracht wird. Wenn das Glas sauber ist, wird die Ofenschwärze nicht an ihm hängen bleiben, auch dann nicht, wenn das Glas eine Bemalung aufweist. Finden sich dennoch Reste, wischt man sie mit einem mit Terpentinersatz getränkten Tuch ab.

Kitten lockerer Glasstücke

Der zum Halten der Glasstücke in den Bleiruten dienende Spezialkitt trocknet mit der Zeit aus und beginnt zu bröckeln. Durch Ausbessern der Verkittung wird die Scheibe wieder gefestigt.

1 Zubereiten des Kitts
Es ist nicht unbedingt notwendig, einen Spezialkitt zu kaufen. Aus normalem Glaserkitt, der zwischen Zeitungspapier gelegt wird, wird das Öl herausgepresst. Dann den Kitt kneten, bis er ziemlich steif ist. Für die dunkelgraue Tönung etwas Ofenschwärze untermischen.

2 Füllen der Bleiruten
Auf beiden Seiten der Scheibe den Kitt mit dem Daumen zwischen Nut und Glas drücken.

3 Entfernen überschüssigen Kitts
Überschüssigen Kitt mit einem zugespitztem Holzspatel von den Glasrändern entfernen. Die Kittstellen durch Bürsten quer über die Bleiruten festigen (s. links).

Gebrauch und Ausstellen von Glas

Solange Glas nicht abgesplittert oder gesprungen ist, gibt es keinen Grund, warum alte Gläser nicht entsprechend ihrem ursprünglichen Zweck verwendet werden sollen. Die größte Gefahr stellen die zufälligen Beschädigungen dar, die beispielsweise beim Spülen, welches sorgfältig mit der Hand geschehen sollte, auftreten können.

Langzeit-Aufbewahrung

Unter normalen Wohnraumbedingungen können alle Gläser bestens aufbewahrt werden. Der ideale Sammlungsschrank hat schmale, befestigte Böden, damit man jedes Stück sehen kann. Ein Glas darf niemals am Rand hochgehoben werden, sondern es muss mit der Hand umfasst und der Fuß von unten gehalten werden. Karaffen sind ohne Stopfen aufzubewahren. Die Öffnung wird mit einem Papiertuch und einem Gummiring verschlossen.

Ein Vitrinenschrank eignet sich besonders gut für alte Gläser.

Die Vielfalt der Farben und der geschliffenen Dekore bei Gläsern kommt vor einer Lichtquelle am besten zur Geltung.

Ausstellen einer Glassammlung

In einem Vitrinenschrank sind alte Gläser wohl am wenigsten gefährdet, wenn er jedoch keine guten Lichtverhältnisse aufweist, kann das für geschliffene und geschnittene Gläser unvorteilhaft sein. Nur aus diesem Grunde bevorzugen einige Sammler offene Regale. Diese sollte man jedoch nicht zu voll stellen und keine schweren Bilder oder Spiegel darüber hängen.

Hängen von Spiegeln

Wandspiegel können sehr schwer sein. Die Hängeschnur sollte in jedem Fall ausgewechselt werden. Hat der Spiegel eine Kette, prüft man deren Zustand und den Sitz der Schrauben auf der Rückseite. Spiegelaufsätze auf Kamineinfassungen sind an der Wand festgeschraubt. Meist befinden sich Metallhängeplatten am oberen hinteren Rand. Fehlen sie, sind die Befestigungsstellen zu untersuchen und ein passender Ersatz ist zu beschaffen.

Ein Kaminaufsatz ist mit Hängeplatten an der Wand zu befestigen.

Beleuchtung von hinten

Gläser, die vor eine Lichtquelle gestellt werden, zeigen den Reichtum ihrer Farben und der geschliffenen Dekore besonders. In einer Vitrine kann Kunstlicht hinter einer Milchglasscheibe installiert werden, Tageslicht ist natürlich billiger.

Es ist auch möglich, Gläser auf ein tiefes Fensterbrett zu stellen, wenn das Fenster beim Öffnen die Stücke nicht berührt und die Vorhänge sich durch Luftzug nicht bewegen. Eine andere Variante sind schmale Borde vor einem Fenster. In diesem Fall darf die Sonne aber nicht direkt auf das Glas scheinen.

Bleiverglasungen sehen bei von hinten durchscheinendem Licht besonders gut aus. Vor dem Aufhängen müssen sie von einem Fachmann eine Bleieinfassung erhalten. Außerdem sollte der Fachmann kräftige Haken an das Blei löten, sodass man die Scheibe mit Ketten befestigen kann. Beim Transportieren muss die Scheibe hochkant, niemals flach gehalten werden.

Ausstellen von Emailarbeiten

Um kleine Emailarbeiten vor Staub und Luftverschmutzung zu schützen, werden sie unter Glas gelegt. Direktes Sonnenlicht oder die unmittelbare Nachbarschaft einer Heizquelle sind jedoch zu vermeiden. Durch wechselnde Temperaturen dehnt sich das Metall aus und zieht sich wieder zusammen. Im Ergebnis platzt das Email ab oder reißt. Emailarbeiten dürfen nicht in einer feuchten Umgebung aufbewahrt werden, weil das Metall sonst korrodiert.

Emailknöpfe aus dem 19. Jahrhundert in einem verglasten Schaukasten.

Eigenarten von Holz

Patina entsteht durch unterschiedliche Einwirkungen auf die Oberfläche eines Materials. Der Sammler liebt die echte Patina. Sie kann nicht so einfach nachgeahmt werden, weshalb sie ein Zeichen von Originalität ist. Außerdem ist sie ästhetisch sehr reizvoll.

Die Patina eines Holzes ist von der Sorte abhängig. Einige Hölzer werden dunkler, andere heller. Nicht nur eingedrungener Schmutz, Beschädigungen sowie aufgenommenes und gespeichertes Öl oder Wachs, sondern auch andere Überzugsstoffe tragen zur Ausprägung bei. Es ist wichtig, die Patina beim Reinigen oder Reparieren zu erhalten.

Je länger man sich mit Restaurierung beschäftigt, umso häufiger stößt man auf exotische Hölzer, die gefährdet sind. Deshalb sollten alte, nicht reparable Stücke mit exotischen Hölzern für später aufgehoben werden. Diese Hölzer eignen sich wegen ihrer Färbung für Ergänzungen viel besser als neues Material.

Sammlerstücke aus Holz

Viele Gegenstände in unserer unmittelbaren Umgebung bestehen aus verschiedensten einheimischen und exotischen Hölzern. Holz ist vielseitig verwendbar und so werden alle möglichen Gebrauchs- und Schmuckgegenstände daraus hergestellt.

Von einfachen kleinen Produkten, wie Knöpfen, bis hin zu herrlichen Intarsien-Schränken und sogar kompletten Gebäuden kann alles aus Holz gefertigt werden. Holz ist so variationsreich, dass niemals zwei völlig gleiche Stücke entstehen, selbst wenn Material von ein und demselben Baum verwendet wird.

Wer an alten Stücken interessiert ist, wird nicht nur bei Möbeln, sondern auch bei anderen Holzgegenständen, wie Uhren, Teedosen, Schmuckkästchen, Grammofonen, Schachspielen, gerahmten Spiegeln oder sogar Holzwerkzeugen, alle Gelegenheiten nutzen, sich durch Kauf, Erbschaft oder Schenkung solche Dinge zuzulegen.

Unter der Voraussetzung, dass sie gut erhalten sind, werden sie auch kommende Generationen erfreuen. Viele Schäden kann man selbst beheben. Bei sehr bedeutenden Stücken sollte zur Reparatur jedoch der Rat eines guten Restaurators in Anspruch genommen werden.

Reinigen von Holz

Durch Schmutz, der sich in Wachs- oder Ölschichten festsetzt, kann ein stumpfer Film auf der Oberfläche entstehen, wodurch die Schönheit der Färbung und die Zeichnung des Holzes überdeckt werden. Es ist jedoch möglich, ohne Beschädigung der echten Patina das ursprüngliche Aussehen wieder herzustellen. Zu kräftiges Reiben oder grobe Schleifmittel sind zu vermeiden, da der Überzug abgeschliffen werden kann. Dunkle Schattierungen an Profilen und Schnitzwerk sollten nicht entfernt werden.

Normales Reinigen
Staubpartikel wirken wie Schleifmittel. Sie müssen bei Bedarf mit einem weichen Staubtuch oder Mop vorsichtig abgewischt werden, jedoch nur, wenn die Oberfläche in Ordnung ist. Bei lockeren oder fehlenden Profilen, Einlagen oder Furnieren bleibt das Tuch hängen und reißt Stücke ab. Dann ist ein Pinsel besser geeignet.

Entfernen von Schmutz
Zum Entfernen schmutziger Wachsschichten gibt es spezielle Reiniger, auch Terpentinersatz ist verwendbar. Beide Mittel eignen sich für Überzüge aller Art. Es werden weder Fasern abgehoben noch wird Furnier beschädigt.

Den Reiniger mit einem Tuch in Faserrichtung auftragen, den Rückstand mit einem Tuch und Terpentinersatz abwischen und abtrocknen, zuletzt mit wenig Wachs überziehen.

Auffrischen des Überzuges
Nach dem Reinigen ist die darunter liegende Französische Politur oder der Lack zu prüfen. Sind sie stumpf, aber sonst in Ordnung, verwendet man entweder Poliercreme zum Auffrischen von Möbeln oder milde Autolackreiniger bzw. Metallputzmittel. Das Mittel wird mit einem weichen Tuch aufgetragen und mit leichtem Druck poliert, zuletzt wird feines Wachs darüber gelegt.

Identifizierung des Überzuges

Zum Aufpolieren eines alten Überzuges muss zuvor sein Typ identifiziert werden. Traditionelle Überzüge enthalten Öl, Wachs, Französische Politur, Nitrolacke und Ölfarben; neuere Überzüge Acryllacke. Die Zusammensetzung der Überzüge variiert vor allem bei denen aus neuerer Zeit, wobei normalerweise auf antiken Stücken keine neueren Überzüge sein dürften.

Wachs, Französische Politur, Nitro- und Acryllack lassen sich mit entsprechenden Mitteln ablösen. Wachs wird mit Terpentinersatz, Französische Politur mit Spiritus und Aceton, Nitro- und Acryllack mit Aceton oder Nitroverdünnung gelöst. Überzüge auf Ölbasis lassen sich nicht mit normalen Lösungsmitteln behandeln. Diese Lacke erweicht man mit chemischen Abbeizern.

Zum Ermitteln des speziellen Überzuges wird an versteckten Stellen jedes Lösungsmittel mit einem weißen Tuch aufgerieben. Am Tuch zeigt sich der gelöste Überzug.

Schutz von Werken aus Holz
Um die zerstörenden Effekte von starkem Sonnenlicht zu umgehen, sind am Fenster befindliche Holzobjekte an einen anderen Standort umzusetzen. Holz sollte möglichst nicht in der Sonne und nicht neben Heizkörpern stehen, da die Zentralheizung das Holz extrem austrocknet und schwinden lässt. Zum Schutz vor heißem Geschirr und verschütteten Getränken werden Deckchen und Tabletts auf die Möbel gelegt bzw. gestellt; das gilt besonders bei Französischer Politur. Verschüttete Flüssigkeit muss sofort abgewischt werden.

Defekte Beschläge, wie Scharniere oder Laufrollen, sind zu reparieren, bevor andere Teile beschädigt werden.

Neu erworbene Antiquitäten aus Holz müssen sorgfältig auf Holzwurmbefall untersucht und eventuell mit Insektiziden behandelt werden.

Beseitigen von Oberflächenschäden

Holz ist ein poröses Material, in welches Schmutz und Fett eindringen, wenn keine Schutzschicht darüber liegt. Bei traditionellen Überzügen besteht die Gefahr, dass durch Wasser, Alkohol oder andere Flüssigkeiten, wie Tinte, oder durch Hitze Flecken entstehen. Einige Flecken sind nur oberflächlich und können leicht abgerieben werden. Bei anderen ist ein Abbeizen und anschließendes Neuüberziehen erforderlich. Dies sollte jedoch gut abgewogen werden, da bestimmte Spuren Teile der Patina sind. Stören sie jedoch zu sehr, tilgt man sie besser.

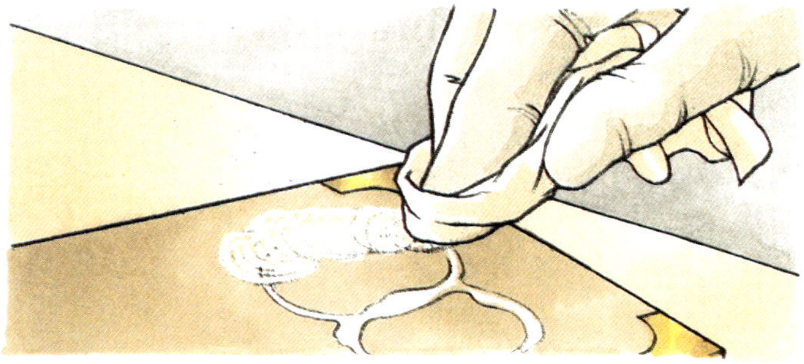

Entfernen weißer Flecken
Weiße Stellen, oft in Form von Ringen oder runden Flecken, tauchen besonders auf Überzügen auf, die nicht vom Grund aufgesaugt wurden, z. B. bei Französischer Politur. Diese Stellen entstehen durch Wasser oder heißes Geschirr. Die weiße Substanz ist mit einem milden Poliermittel und einem weichen Tuch zu entfernen, ohne den Überzug abzureiben.

Ausbessern vertiefter Stellen
Alkohol oder flüssige Kosmetik können tiefe Spuren hervorrufen, wenn sie lange Zeit einwirken konnten. Man sollte versuchen, sie mit einem milden Poliermittel zu entfernen oder den Überzug durch Auflegen eines mit Lösungsmitteln getränkten Tuches zu erweichen und anzuheben.

Ist dies nicht möglich, muss man den Überzug neu aufbauen. Mit einer größeren Menge Lösungsmittel eine am Rand ausgefiederte Fläche abwischen, dann trocknen lassen. Die entsprechende Politur mit einem Pinsel auftragen und aushärten lassen. Mit feinstem Schleifpapier abschmirgeln und zuletzt Poliercreme auftragen.

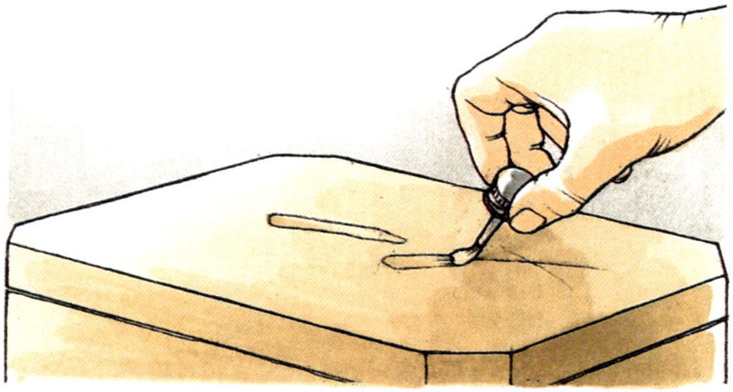

Behandeln von Kratzern
Alte Kratzer sind Zeichen einer jahrelangen Benutzung. Sie verleihen dem Stück Charakter. Feine Kratzer können jedoch mit einem milden Poliermittel weggeschliffen oder mit Retusche gefüllt werden. Die Retusche über die zerkratzte Fläche verteilen und etwa eine Stunde trocknen lassen, glätten und mit einem weichen Tuch polieren.

Benutzen von Wachsstangen
Tiefere Kratzer werden mit einer holzfarbenen Wachsstange behandelt. Wachsstangen werden in vielen Farbtönen angeboten. Die Stange quer über den Kratzer reiben, um die Vertiefung zu füllen, Reste abwischen, bei Bedarf mit Wachspolitur polieren.

Füllen von tiefen Kratzern
Tiefe Kratzer in Französischer Politur oder im Lack werden mit einem vergleichbaren Medium gefüllt. Bei Lack wird dieses direkt aus der Büchse entnommen, bei Französischer Politur wird ein Teil des Mittels zum Eindicken in ein Schälchen gegossen. Das Medium mit einem Künstlerpinsel schichtweise bis über die Oberfläche einfüllen, dazwischen trocknen lassen. Nach dem vollständigen Aushärten den Überstand sorgfältig abschaben und mit feinstem Sandpapier und Poliercreme glätten.

Reparieren der Oberfläche

Nicht nur Kratzer, sondern auch andere Schäden, wie Vertiefungen, Risse, Brandflecken und Wurmlöcher, können Holz einen antiken Charakter verleihen.

Häufig bearbeiten Hersteller von Möbelkopien ihre Stücke mit heißen Eisen, Ketten und Metallbändern, um dieses Aussehen hervorzurufen. Wenn Schäden eine ansonsten gute Oberfläche entstellen, rechtfertigt sich eine Reparatur schon deshalb, weil der Wert steigt.

Ausbessern kleiner Löcher und Risse

Zum Ausbessern von Wurmlöchern und feinen Rissen werden farbige Wachsstangen verwendet. Diese sind in vielen Holzfarbtönen im Angebot.

Ein Stück Wachs zum Erweichen zwischen den Fingern kneten und mit einem Spachtel in die Löcher drücken. Den Überschuss abschaben und mit der Sandpapierrückseite polieren. Zuletzt Wachs oder Französische Politur auftragen.

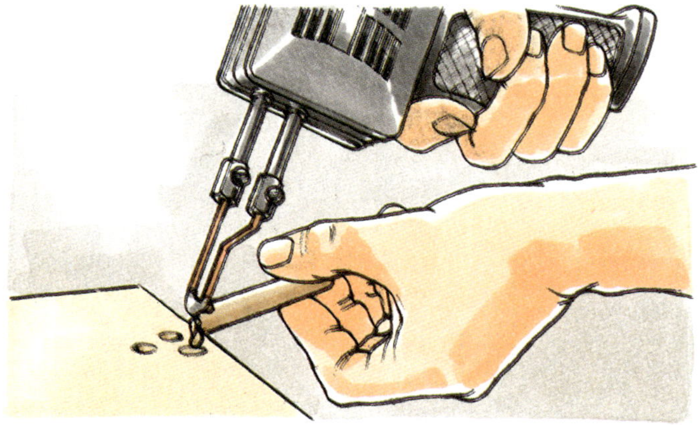

Verwenden von Schellackstangen

Schellackstangen sind härtere Füller und eignen sich gut zum Ausbessern größerer Löcher. Mit dem Lötkolben reichlich Schellack in das Loch tropfen lassen. Solange der Schellack noch weich ist, kann er mit einem vorher in heißes Wasser getauchten Messer eingedrückt und dann geglättet werden.

Beheben von Vertiefungen

Durch das Aufschlagen eines harten Gegenstandes oder den Druck eines großen Gewichtes kann die Zellstruktur des Holzes zusammengedrückt werden. Zur Behebung der Vertiefung heiße Wassertropfen auf die beschädigte Stelle träufeln. Nach der Aufnahme des Wassers quillt das Holz nach oben. Der Vorgang ist bei Bedarf zu wiederholen. Nach dem Trocknen die gequollenen Fasern abschleifen. Führt Wasser nicht zu der erwünschten Wirkung, so kann ein feuchtes Tuch über die Vertiefung gelegt und dieses mit dem Lötkolben erwärmt werden.

Wegschleifen tiefer Kratzer und Brandflecken

Tiefe Kratzer quer über die Fasern oder Brandflecken durch eine Zigarette werden als Makel empfunden. In Abhängigkeit von der Tiefe ist es möglich, die Schäden mit Sandpapier oder einer Ziehklinge plan zu schleifen. Dabei trägt man auch die oberste Holzschicht ab, weshalb mit Holzbeize nachzufärben ist.

Bei Sandpapier ist mit dem gröberen Grad zu beginnen und immer feiner zu werden. Stets ist mit der Faser, nie quer darüber zu arbeiten, da die Querspuren beim Schlussanstrich zum Vorschein kommen.

Mit einer Ziehklinge geht es schneller und man hat bei kleineren Flächen bessere Kontrollmöglichkeiten. Die Klinge wird diagonal gezogen, zuletzt in Faserrichtung. Manchmal muss vor dem Schlussüberzug noch mit einem feinen Sandpapier nachgeschliffen werden.

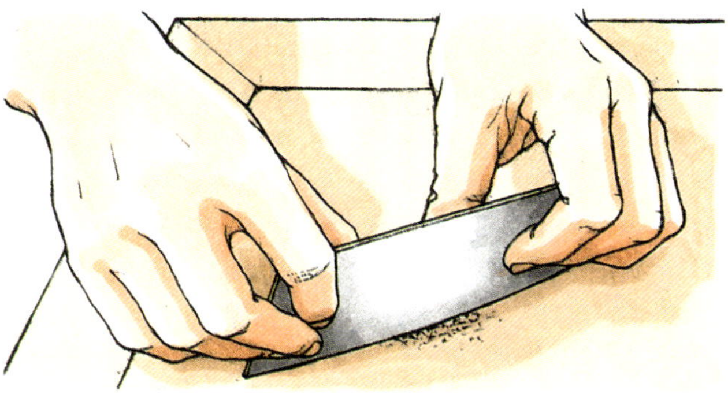

Ausfüllen von Löchern und Vertiefungen

Tiefe Brandflecken, Wurmlöcher oder Vertiefungen sollten mit einem Stopfen ausgebessert werden. Das neue Holz muss materialmäßig gut passen.

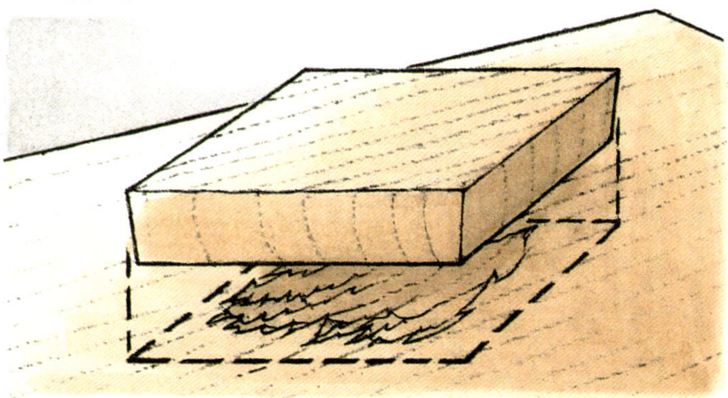

1 Schneiden eines Stopfens
Zum Ausbessern einer Vertiefung eignet sich ein dickes Stück Holz derselben Sorte in gleicher Farbe und Maserung am besten. Einen rautenförmigen Stopfen, der die Schadstelle überdeckt, mit der langen Achse in Faserrichtung aussägen und die Kanten nach unten abschrägen.

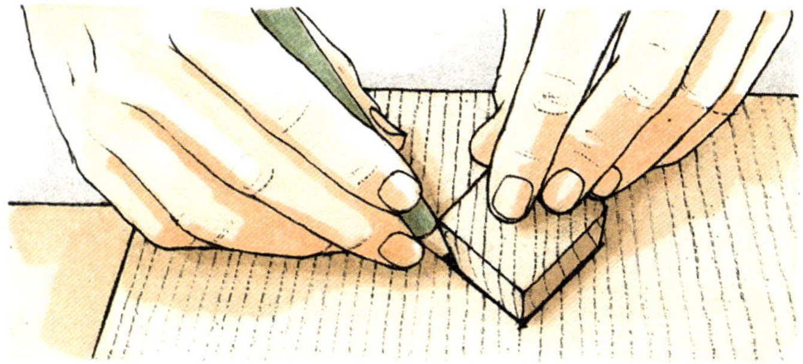

2 Ausschneiden der Aussparung
Den Stopfen auf die Schadstelle legen und die Kanten mit spitzem Bleistift markieren. Den Abfall etwas weniger tief als die Stopfenstärke ausstechen.

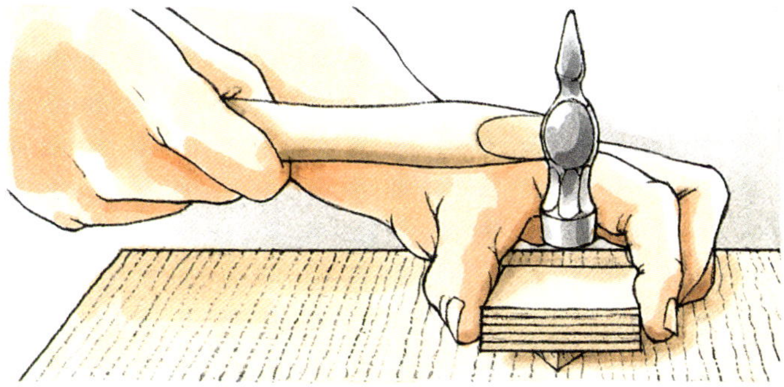

3 Einsetzen eines Stopfens
Während des Ausstechens ständig kontrollieren. Dann PVAC-Leim in die Aushebung und auf den Stopfen streichen, den Stopfen einsetzen, überschüssigen Leim abwischen. Nach dem Trocknen die Oberfläche bündig und glatt schleifen. Dann überziehen.

Reparieren einer abgebrochenen Kante

Wenn ein Profilteil abgebrochen und verloren gegangen ist, bleibt keine andere Wahl, als ein neues Stück anzuleimen und es dann zu profilieren. Zuerst ist die defekte Kante mit einem Schleifklotz zu glätten, dann ein Stück Holz, welches leicht übersteht, anzuleimen. Zum Festhalten wird Klebeband verwendet.

Nach dem Trocknen wird alles mit Hobel, Stechbeitel und Hohleisen, zuletzt mit Sandpapier wieder angeglichen. Ein Schleifklotz mit Gegenprofil eignet sich dafür ideal.

Abbeizen von Holz

Das Abbeizen von alten oder sammelwürdigen Holzobjekten sollte möglichst vermieden werden, weil dabei viel vom Charakter und Wert des Objektes verloren geht. Es können jedoch Umstände eintreten, wo es nicht anders geht. Kleine Objekte mit löslichen Überzügen können einfach abgebeizt werden, beispielsweise Wachs mit Terpentinersatz, Französische Politur mit Spiritus und Nitrolacke mit Nitroverdünnung. Man taucht dazu ganz feine Stahlwolle in das Lösungsmittel und schleift in Faserrichtung.

Verwenden von handelsüblichen Abbeizern

Bei einer großen Fläche oder bei Zeitmangel sind schnell wirkende chemische Abbeizer zu verwenden. In Heimwerkermärkten werden verschiedene Typen angeboten. Vielzweck-Abbeizer – erhältlich in flüssiger bzw. gelierter Form oder als Paste – wirken auf alle Farben und Überzugsstoffe. Es gibt auch Abbeizer für widerstandsfähige Lacke. Da die meisten Abbeizer aggressive Chemikalien enthalten, muss sehr vorsichtig mit ihnen umgegangen werden. Befolgt man die Verarbeitungshinweise, entstehen keine Probleme.

Es ist günstiger, zum Abwaschen der Rückstände solche Abbeizer zu verwenden, die nicht wasserlöslich sind, sondern mit Terpentinersatz verdünnt werden können. Dadurch heben sich die Fasern des Holzes nicht hoch und auch die Leimung des Furniers wird nicht so leicht beeinträchtigt. Vor dem Abbeizen sollte man sich erkundigen, wie der chemische Abfall beseitigt werden kann.

1 Auftragen chemischer Abbeizer
Zuerst die Bearbeitungshinweise lesen und diese unbedingt befolgen. Gesichtsschutz, Schutzbrille, Schutzhandschuhe und alte Kleidung tragen. Etwas Abbeizmittel in eine Aluminiumschale gießen und mit einem alten Pinsel die Oberflächen gut bedecken. 15 Minuten stehen lassen, dann mit einem Spachtel prüfen, ob der Überzug weich ist. Ist er noch nicht vollständig bis zum Holz gelöst, weiteren Abbeizer auftragen und die bereits gelösten Reste damit vermischen.

2 Entfernen der Rückstände
Nach dem vollständigen Erweichen des Überzuges die Rückstände mit einem Malspachtel in Faserrichtung von den flachen Partien entfernen und an Zeitungspapier abwischen.

3 Behandeln von reliefiertem Holz
Mit einem spitzen Griffel dicke Rückstände aus Profilen und Schnitzwerk entfernen, danach mit feinster Stahlwolle arbeiten. Sollten Klumpen entstehen, das Innere nach außen wenden. Bei Eiche ist ein Bausch aus Nylon zu verwenden, weil Metallpartikel durch die Gerbsäure schwarze Flecken hervorrufen. Gedrechselte Teile mit Stahlwolle (Nylon bei Eiche) reinigen.

4 Reinigen der Oberfläche
Die Oberfläche und die Holzporen von Abbeizresten in Faserrichtung mit Stahlwolle, die in frischen Abbeizer getaucht wurde, reinigen. Dann mit einem Tuch und Terpentinersatz alle Spuren von Abbeizmitteln abwaschen. Vor dem Neuüberzug trocknen lassen.

Behandlung von Holzwurmbefall

Viele Sammler sind schockiert, wenn sie bemerken, dass ein Möbel von Holzwürmern befallen ist. Manchmal ist der Schreck so groß, dass sie die Ausbreitung des Holzwurmes durch Vernichtung des Stückes verhindern, was gar nicht nötig ist. Ein Befall sollte keineswegs ignoriert werden, aber bei sofortiger Behandlung wird er gestoppt. Auch gegen erneuten Befall können einfache Methoden angewendet werden.

Anzeichen von Holzwurmbefall

Die ersten Anzeichen sind die etwa 2 mm großen Fluglöcher der Insekten, deren Larven die bekannten Gänge durch das Holz fressen.

Der Lebenszyklus des Holzwurmes beginnt damit, dass die weiblichen Käfer ihre Eier in raues oder gerissenes Holz legen. Nach dem Schlüpfen frisst die Larve ein Labyrinth von Gängen tief in das Holz. Nach dem Einpuppen direkt unter der Oberfläche verlässt sie als Käfer durch die Fluglöcher das Holz.

Es sind alle Holzoberflächen nach derartigen Löchern, speziell auch an versteckten Stellen, abzusuchen. Dunkle Löcher deuten darauf hin, dass der Befall länger zurückliegt, helle Löcher auf gegenwärtige Aktivität. Man sollte außerdem unter dem Stück nach feinem, Reste des Wurmfraßes darstellendem Mehl sehen.

Prüfen des Holzes

Viele Fluglöcher zeugen von einem starken Befall. Sind jedoch keine strukturellen Schäden entstanden, kann das Holz gerettet werden.

Mit der Messerspitze wird in die befallene Stelle gestochen. Spürt man keinen Widerstand und das Holz krümelt, muss es ersetzt werden; ist es in Ordnung, wird mit Insektiziden behandelt.

Ausrotten des Holzwurmes

In den meisten Heimwerkermärkten können Holzwurmvernichtungsmittel käuflich erworben werden, entweder in Dosen zum Auftragen mit dem Pinsel, in Spraydosen oder in einer Injektionsspritze für die Löcher. Die Verarbeitungshinweise sind zu beachten und Schutzbrille sowie Handschuhe zu tragen.

Spritzen des Mittels

Die Nadel der Spritze in die Fluglöcher stecken und injizieren, bis das Mittel überläuft. Es muss jedes Loch behandelt werden, da die Gänge verbunden sind. Bei der Arbeit nicht über die Stelle beugen, weil das Mittel aus einem anderen Loch wieder herausgespritzt werden kann. Übergelaufene Flüssigkeit abwischen.

Auftragen mit dem Pinsel

Für große unbehandelte Holzflächen verwendet man einen Pinsel. Das Mittel in eine Schale gießen, die Fläche gut einstreichen und das Mittel eintrocknen lassen. Den Vorgang wiederholen.

Neues Holz sollte man auf diese Weise präventiv behandeln. Nach dem Trocknen kann jede Art von Überzug aufgebracht werden. Es gibt auch eine Wachspolitur mit Insektiziden. Diese wird vorbeugend auf bereits fertig überzogenen Oberflächen zur Vorbeugung aufgetragen.

Bleichen von Holz

Um resistente Flecken im Holz nach dem Abbeizen zu entfernen, muss mit Bleichmitteln gearbeitet werden. Diese können auch zur Veränderung des natürlichen Holztones verwendet werden, beispielsweise, wenn ein neues Stück eingesetzt wurde. Man kann Bleichmittel aus Kleesalz selbst herstellen oder ein Zweikomponenten-Bleichmittel kaufen.

Verwendung von Kleesalz
Kleesalz ist ein traditioneller Bleicher, mit dem Flecken entfernt werden, ohne die Naturfarbe des Holzes zu verändern. Auch schwarze Eisenflecken können damit eliminiert werden. Da es giftig ist, muss vorsichtig gearbeitet werden. Gesichtsschutz, Schutzbrille und Handschuhe sind sowohl bei flüssigem als auch kristallinem Kleesalz zu tragen. Auch der Arbeitsraum muss belüftet sein. Die Lösung bereitet man in einem Glas- oder Plastikgefäß (kein Metallgefäß) zu, das zur Hälfte mit warmem Wasser gefüllt ist. Eine gesättigte Lösung wird durch Beifügen des Salzes in das Wasser bei gleichzeitigem Rühren hergestellt. (Niemals Wasser auf das Salz schütten, immer das Salz in das Wasser geben!)

Auftragen des Bleichmittels
Zum Auftragen des Bleichmittels auf die fleckige Stelle wird ein Pinsel mit synthetischen Borsten verwendet. Beim Trocknen muss ein kristalliner Film entstehen. Verschwindet der Fleck nicht, ist nach dem Trocknen weiteres Bleichmittel aufzutragen. Dann wird das Stück mit Wasser abgewaschen und abgetupft. Anschließend muss es trocknen. Da sich durch das Wasser die Fasern heben, muss die Oberfläche noch abgeschliffen werden, wobei ein Gesichtsschutz getragen werden muss.

Aufhellen der Farben
Damit die Naturfarbe des Holzes aufgehellt wird (ebenso bei hartnäckigen Flecken), wird ein Zweikomponenten-Bleichmittel verwendet. Die Farbstufe ist von der Holzsorte und der Dauer der Einwirkung abhängig. Zuvor sollte das Mittel an einem ähnlichen Stück Holz oder an einer versteckten Stelle des Stückes getestet werden.

Verwenden von Bleichmitteln
Unter Beachtung der Bearbeitungshinweise wird die erste Schicht mit einem Pinsel aufgetragen. Nach 5 bis 10 Minuten (das Holz wird dabei dunkler) die zweite Schicht darüber legen. Das Bleichmittel wirken lassen. Sobald das Holz den gewünschten Ton hat, das Mittel mit verdünnter Essigsäure (einen Teelöffel auf einen Liter Wasser) abspülen, nach dem Trocknen schleifen, dabei Gesichtsschutz tragen.

Arten von Holzbeizen

Holzbeizen dringen tief in die Holzfasern ein und verändern die Farbtönung, sie sind aber keine Schlussüberzüge. Beizen müssen noch eine Deckschicht erhalten. Es gibt zwar farbige Lacke, die ähnliche Tönungen aufweisen, doch die Farbe deckt nur oben ab. Entfernt man sie, liegt der alte Holzton wieder frei.

Traditionelle, in die Tiefe wirkende Beizen werden in Pulverform zum Mischen mit Lösungsmitteln angeboten. Man kann sehr viele Farbtöne erreichen, doch es braucht eine gewisse Erfahrung, um den richtigen Ton zu treffen. Fertige Beizen sind einfacher anzuwenden, auch sie werden in in vielen Varianten angeboten.

Verträglichkeit
Im Prinzip kann man jeden Holzton aus gleichartigen Beizen mischen, ebenso jeden Aufhellungsgrad durch Zugabe von Verdünnung erzielen. Die Beize muss jedoch so gewählt werden, dass sie sich mit dem Überzug verträgt, sonst zerläuft die Farbe.

Vor dem Auftragen der mit Terpentinersatz, Terpentin oder Nitroverdünnung versetzten Lacke oder Wachspolituren muss die Lösungsmittelbeize mit Schellack oder einer Grundierung versiegelt werden. Beizen auf Wasserbasis vertragen jeden Überzug, solche auf Spiritusbasis mit Ausnahme Französischer Politur ebenso. Beim Auftragen von Acryllack ist zunächst an einer unauffälligen Stelle zu testen.

Färben von Holz

Die farbige Angleichung von neuem Holz an altes ist eines der schwierigsten Probleme bei der Reparatur. Es ist deshalb so kompliziert, weil jeder Überzug, auch wenn er klar ist, das Holz dunkler erscheinen lassen kann.

Um den Farbton anzupassen, werden auf einem Abschnitt des neuen Holzes verschiedene Farbproben aufgestrichen. Es kann auch versucht werden, durch Überstreichen mit abgewandelten Überzügen oder Überdecken der Beizproben mit dem gleichen Überzug die Farbe anzupassen. Durch Auflegen der Probe auf das Stück wird die beste Übereinstimmung gefunden. Die Tönung kann etwas heller sein, da man mit einer farbigen Wachspolitur nachdunkeln kann.

Beizen des Holzes
Der Arbeitsplatz sollte aufgeräumt, groß genug, gut belüftet und staubfrei sein. Es sollten außerdem Arbeitssachen sowie Handschuhe und Schürze aus PVC getragen werden. Beizen lassen sich mit einem guten Pinsel, einem Bausch aus Mohair oder weichem Stoff auftragen. Sie können auch mit einem Kompressor oder Spritzgerät aufgesprüht werden.

Vorbereiten der Oberfläche
Die Oberfläche gut schleifen. Es dürfen keine querlaufenden Kratzer oder rauen Fasern vorhanden sein – dort entstehen Flecken. Bei Bedarf klares Wasser auf die Oberfläche geben, dadurch heben sich die Fasern. Nach dem Trocknen glatt schleifen, bevor Beizen auf Wasserbasis aufgetragen werden. Leimreste auf der Oberfläche beeinflussen die Färbung.

Auftragen der Beize
Eine ausreichende Menge Beize in eine flache Schale gießen und in Faserrichtung aufstreichen oder auftupfen, die feuchten Kanten nicht vergessen. Einziehen lassen, dann die überschüssige Beize gleichmäßig mit einem sauberen Tuch abwischen.

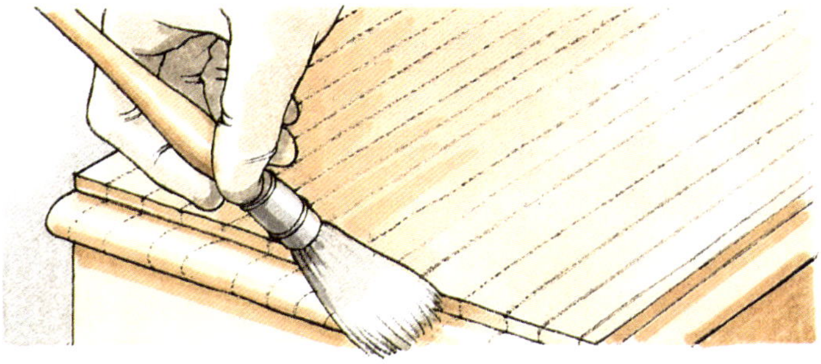

Beizen des Hirnholzes
Die offenen Zellen des Hirnholzes absorbieren mehr Beize, weshalb sie dunkler werden. Dies kann verhindert werden, indem die Fläche zuvor mit weißem Schellack oder einer Grundierung bestrichen wird. Nach dem Trocknen kann gebeizt werden.

Beizen von Schnitzereien
Beize mit einem weichen Pinsel auftragen und gut in die geschnitzten Teile einarbeiten, dabei ständig die überschüssige Beize mit einem Papier- oder Stofftuch aus den vertieften Stellen abtupfen.

Färben von Furnier

Furniere, die mit Tischlerleim aufgeleimt sind, färbt man am besten mit Beizen auf Lösungsmittel- oder Spiritusbasis.

Ist das Furnier mit anderen Klebern befestigt, kann jede Art von Beize verwendet werden. Sie wird wie bei Massivholz aufgetragen. Ein Ersatzfurnierstück muss vor dem Einleimen gefärbt werden, bis es die gleiche Farbe hat. Vor dem Zuschneiden muss die Farbe gut trocknen.

Ersetzen und Erneuern des Überzuges

Holz wird normalerweise zur Verschönerung und zum Schutz mit einem Überzug versehen. Er wirkt stabilisierend und verhindert die Aufnahme von Feuchtigkeit.

Die Art des Überzuges ist von der Holzsorte und der späteren Verwendung abhängig. Die meisten Überzüge sind durchscheinend, weshalb Färbung und Maserung zu sehen sind. Bei fehlerhaftem Holz werden deckende Farben verwendet. Traditionelle durchscheinende Überzüge sind Wachse, Öle, Firnis und Französische Politur auf Schellackbasis.

Wachspolitur

Wachs wird schon seit langer Zeit für Überzüge verwendet. Es kann direkt als Überzug oder als Pflegemittel für andere Überzüge, wie Französische Politur oder Firnis, verwendet werden. Es härtet nicht aus, ist aber einfach aufzutragen. Über die Jahre erhält es eine sanfte Ausgereiftheit und verschönt besonders altes Holz.

Wachssorten
Die Grundmaterialien zur Herstellung von Wachs können zwar käuflich erworben werden, besser ist es aber, eines der fertigen Naturwachse zu verwenden. Helle Sorten (als Flüssigwachs oder Paste) ergeben einen wunderbar sanften Überzug für lichte Holztöne, während das dunklere „Antik-Wachs" altes, von der Sonne verfärbtes Holz oder dessen Überzüge noch reifer aussehen lässt. Mikrokristalline Wachse werden von Restauratoren für viele Materialien genutzt.

1 Flüssigwachs auftragen
Eine Schicht Schellack- oder Nitrogrundierung auftragen und mit feinem SiC-Sandpapier nach dem Trocknen abschleifen. Das Wachs in eine Aluminiumschale gießen und mit einem weichen Pinsel reichlich auftragen. Etwa eine Stunde aushärten lassen.

2 Aufbauen der Politur
Mit einem weichen Tuch eine zweite Schicht mit Spiralbewegungen, zuletzt in Faserrichtung darüber legen, aushärten lassen und den Vorgang eventuell wiederholen. Mit einem sauberen, weichen Poliertuch kräftig in Faserrichtung schwabbeln, bis es glänzt.

1 Wachspaste auftragen
Das Holz wie bei Flüssigwachs grundieren. Mit dem Tuch die Paste der Dose entnehmen. Erst kreisförmig in Faserrichtung auftragen, dann in gerader Richtung darüber reiben.

2 Aufbauen einer Politur
Mit 0000-Grad feiner Stahlwolle oder einem Bausch aus Nylonfasern mit Schleifmittel nach etwa 20 Minuten eine weitere Wachsschicht auftragen. Nur in Faserrichtung arbeiten. Härten lassen und eine Schutzschicht aufbauen. Mit einem weichen Tuch oder einer Polierbürste kräftig schwabbeln. Bei Schnitzwerk ist eine Bürste besser geeignet.

Verwenden von mikrokristallinem Wachs
Das Wachs sparsam mit einem weichen Baumwolltuch, bei Schnitzwerk mit einer Bürste auftragen. Unmittelbar danach mit einem weichen Tuch polieren.

Ölüberzüge

Schon seit langer Zeit werden Ölüberzüge zum Schutz und zur Verschönerung von Holz verwendet. Sie können auf jedes Holz problemlos aufgebracht werden und ergeben eine angenehm schimmernde Oberfläche. Für einen originalen Überzug auf altem Holz gibt es das traditionelle Leinöl. Weil es jedoch langsam trocknet, ist es durch schnell trocknende, widerstandsfähige Stoffe ersetzt worden. Geliertes Öl – eine Mischung aus Naturöl und synthetischem Harz – hat die Konsistenz von weicher Wachspolitur. Es kann auf unbehandeltes Holz und über Farb- und Öllacke aufgetragen werden.

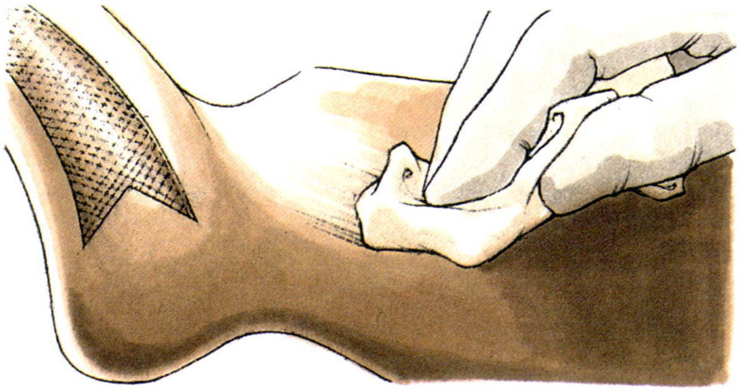

Ölen von Holz
Das Öl in eine Aluminiumschale gießen und mit einem Pinsel kräftig und gleichmäßig einstreichen. Erst einziehen lassen, dann mit einem weichen Tuch abwischen. Sechs Stunden trocknen lassen. Dann erneut mit einem Tuch auftragen. Nach dem Trocknen mit einem weichen Tuch polieren.

Öle, die an der Luft trocknen, geben Wärme ab. Dadurch können sich voll gesaugte Tücher entzünden. Zur Vorsorge die öligen Tücher über Nacht in Wasser legen oder zum Trocknen aufhängen.

Auftragen von geliertem Öl
Geliertes Öl mit einem Tuch auf unbehandeltes Holz auftragen. Dabei kräftig in Faserrichtung reiben, bis die Oberfläche handtrocken ist. In Abhängigkeit von der gewünschten Widerstandsfähigkeit mehrere Schichten übereinander legen und jeweils vier Stunden trocknen lassen, sodass ein matter Glanz entsteht. Überzüge, die nicht in die Tiefe gehen, dürfen nur mit einer Schicht von geliertem Öl überzogen werden.

Lasieren von Holz

Traditionelle Öllasuren sind eine Mischung aus Naturharzen, Öl und Lösungsmitteln. In modernen Klarlacken sind auch synthetische Materialien enthalten. Öllasuren trocknen an der Luft. Sobald sich das Lösungsmittel verflüchtigt hat, wird in einer chemischen Reaktion der Sauerstoff der Luft vom Öl absorbiert, wodurch das Lösungsmittel nicht mehr auf die getrocknete Fläche einwirken kann.

In den neu entwickelten, wasserlöslichen Klarlacken sind Acrylharze enthalten. Sie sind ungiftig, geruchlos, trocknen schnell, sind nicht entzündbar und vergilben nicht. Obgleich Acryllacke keinen traditionellen Überzug für alte Holzobjekte darstellen, sollten sie beim Lasieren abgebeizter Oberflächen nicht völlig abgelehnt werden.

Auftragen von Öllasuren und Klarlacken
Öllasuren und Klarlacke können wie Farblacke mit einem weichen Pinsel aufgetragen werden. Sie bestehen aus den gleichen Grundsubstanzen wie Farblacke, enthalten aber keine Farbpigmente. Für Öllasuren sollte ein Pinsel mit Tierhaaren, für Acryllacke einer mit synthetischen Borsten verwendet werden.

Grundieren
Zum Grundieren von unbehandeltem Holz verdünnte Öllasur verwenden und diese gleichmäßig aufstreichen. Nach dem Trocknen mit feinem Nass- und Trockensandpapier und Wasser schleifen, anschließend mit einem mit Terpentinersatz getränkten Tuch sauber abwischen. Unverdünnten Acryllack auftragen und nach dem Trocknen schleifen; jedoch nicht mit Stahlwolle, da winzige Splitter davon beim nächsten Anstrich schwarze Körnchen ergeben. Die Oberfläche mit einem feuchten Tuch abwischen.

Aufbringen des Lackes
Öllasur erst in Faserrichtung, dann quer aufstreichen. Relativ schnell arbeiten und die Kanten nochmals bestreichen. Mit ganz leichten Pinselstrichen in Faserrichtung abschließen. Trocknen lassen. Vor dem Auftragen einer neuen Schicht zunächst abschleifen. Acryllack zuerst kräftig quer, später längs zur Faser auftragen. Nach der Trockenzeit von etwa 20 Minuten weitere Schichten folgen lassen.

Französische Politur

Französische Politur besteht aus Schellack. Sie ist in Spiritus gelöst und erzeugt eine hochglänzende Oberfläche, welche die Farbe und Maserung des Holzes hervorhebt. Sie war im 19. Jahrhundert beliebt und wurde für engporige Hölzer, wie Mahagoni, Walnuss und Satinholz, verwendet. Sie ist jedoch nicht sehr widerstandsfähig; Kratzer können leicht entstehen. Französische Politur wurde eigentlich immer nur als eine Politur für Spezialisten angesehen, da ihre perfekte Ausführung Fähigkeiten erfordert, die nur durch viel Praxis erworben werden könnten. Doch auch eine handwerklich begabte Person ist in der Lage, gute Resultate zu erzielen. Wichtig ist, dass das Holz eine völlig glatte Oberfläche hat und die Politur über mehrere Tage aufgetragen wird.

Vorbereitung des Arbeitsplatzes
Alle Polierarbeiten erfordern eine staubfreie Atmosphäre, Französische Politur ganz besonders. Außerdem muss der Raum trocken und warm sein. Sofern möglich, sollte vor einem Fenster oder an einem gut beleuchteten Platz gearbeitet werden, sodass das Licht schräg auf das Stück fällt.

Zum Auftragen der Politur muss ein Ballen hergestellt werden. Außerdem werden feines SiC-Sandpapier, leichtes Gleitöl, ein weicher Pinsel und Poliercreme benötigt. Beim Ausbessern sollte die farbig am besten zum Holz oder Überzug passende Politur verwendet werden.

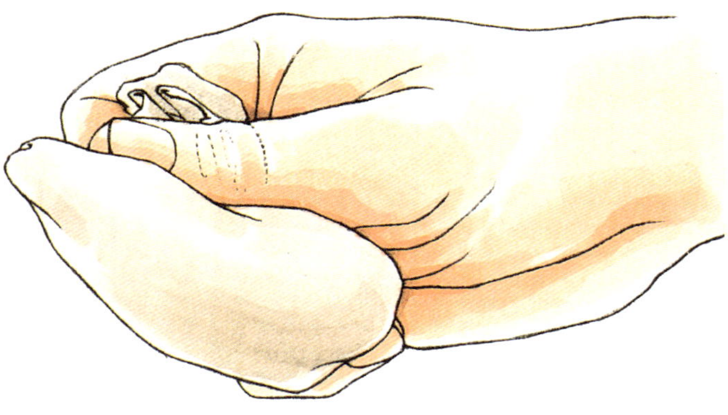

Herstellen eines Ballens
Gearbeitet wird mit einem Ballen aus Baumwollwatte, die von Baumwolle oder feinem Leinen umhüllt wird. Den Ballen in handlicher Größe und vorn etwas spitz formen, sodass auch die Möbelecken erreicht werden können. Das gefaltete Tuch an den Enden zusammendrehen, damit der Ballen straff wird. Die Tuchenden so legen, dass man daran anfassen kann und unten eine glatte Fläche entsteht.

Auffrischen des Ballens
Nachdem man es gelernt hat, den Ballen gut zu falten, wird bei geöffnetem Tuch etwas Politur auf die Watte gegossen und diese leicht gepresst, bis sie feucht genug, aber nicht übersättigt ist. Den Ballen falten und die Unterseite gegen die saubere, glatte Fläche drücken. Die Politur gut verteilen und den Überschuss herausdrücken. Ist die Politur aufgebraucht, den Vorgang wiederholen.

Aufbewahren des Ballens
Zum Sauberhalten und als Schutz vor dem Austrocknen wird der Ballen in ein Glas mit luftdichtem Schraubverschluss gelegt. Dadurch bleibt er über Monate geschmeidig und kann benutzt werden, bis er wirklich durchgerieben ist. Traditionell arbeitende Möbeltischler verwenden dann noch die Watte zum Vorgrundieren mit Französischer Politur.

Auftragen von Schellack

Werkstätten, die nicht für die traditionelle Französische Politur garantieren, verwenden zeitsparenden Schellack, der mit einem Pinsel aufgetragen wird. Der Schellack ist in seiner Zubereitung speziell für diesen Zweck vorgesehen, fließt leichter und trocknet langsamer, damit keine Pinselstriche zu sehen sind.

1 Auftragen der Politur
Einen weichen Pinsel in die Politur tauchen und diese mit geraden Strichen in Faserrichtung auftragen. Relativ schnell arbeiten, damit der Rand des vorhergehenden Anstriches nicht erst erhärtet. An den Kanten nicht aufdrücken, sonst entstehen Nasen. Diese sofort mit dem Pinsel vertreiben. Eine Stunde trocknen lassen, dann mit feinem SiC-Sandpapier schleifen und weitere Schichten auftragen.

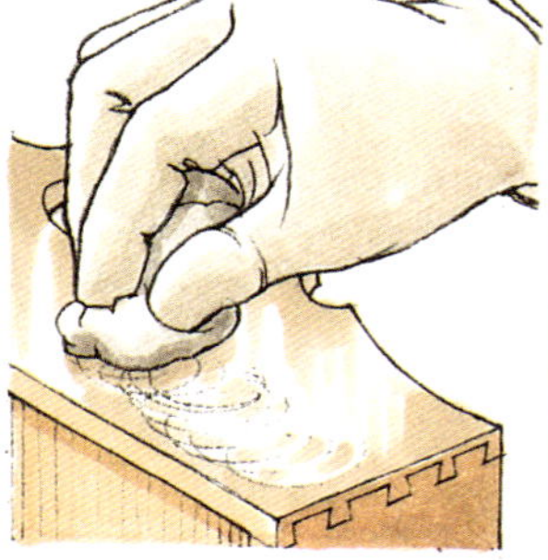

2 Abschließen mit Wachs
Ein gut vorbereiteter Untergrund ergibt einen hell glänzenden Überzug. Möchte man mehr Feuer hineinbringen, ist mit feiner Stahlwolle Wachspolitur in Faserrichtung aufzutragen. Da mit dem Pinsel verarbeiteter Schellack eine stabile Schicht ergibt, besteht kaum die Gefahr des Durchschleifens. Zuletzt die gewachste Fläche schwabbeln.

Auftragen von Französischer Politur

Der starke Glanz der Französischen Politur hebt jeden Fehler der Oberfläche hervor. Das Holz muss deshalb vor dem Polieren vollkommen in Ordnung sein. Die hier dargestellte Methode erläutert das Überziehen einer abgebeizten Oberfläche.

Vorbereiten der Oberfläche

Eventuell vorhandene Schäden müssen ausgebessert (s. Seiten 96 bis 97), das Holz glatt geschliffen und eventuell farbig gebeizt werden (s. Seite 101). Bei neuem Holz sind die Poren zu füllen, um eine glatte Oberfläche zu erhalten. Das kann durch mehrere Schichten Französischer Politur mit Zwischenschliff oder Verwendung eines nicht so aufwendigen Porenfüllers erreicht werden.

1 Füllen der Poren

Farbige Porenfüller-Pasten werden in vielen Farbtönen angeboten. Möglichst den gleichen Farbton wie das Holz wählen. Die Oberfläche säubern und staubfrei machen und den Füller in Kreisbewegungen überlappend auftragen. Wenn er fast trocken ist, mit einem groben sauberen Tuch den Überschuss quer über die Fasern abwischen. Ecken und Kehlen mit spitzem Griffel reinigen. Über Nacht härten lassen, dann leicht schleifen.

Füllen der Poren nach dem Beizen

Wird der Füller über eine gebeizte Oberfläche aufgetragen, kann es geschehen, dass beim nachfolgenden Schleifen etwas von der Farbe verloren geht. Schließt man die Poren erst, kann die Beize nicht gleichmäßig eindringen. Dem Problem ist beizukommen, indem zuerst gebeizt wird, dann folgt eine Grundierung oder Französische Politur und zuletzt der mit etwas Beize in gleicher Farbe gemischte Füller.

1 Auftragen der Grundierung

Die Oberfläche mit einem Sauger und Bürstenvorsatz entstauben. Den Ballen mit verdünnter Französischer Politur tränken und die erste Schicht behutsam mit langen überlappenden Strichen entlang der Fasern als Grundierung auftragen. Bei den nächsten Schichten mehr aufdrücken, damit die Politur flüssiger wird. Die Oberfläche in ständiger Bewegung überziehen, ohne rückwärts zu ziehen. Eine Stunde trocknen lassen, dann mit ganz feinem SiC-Sandpapier schleifen. Ist der Überzug nicht eben, den Vorgang wiederholen.

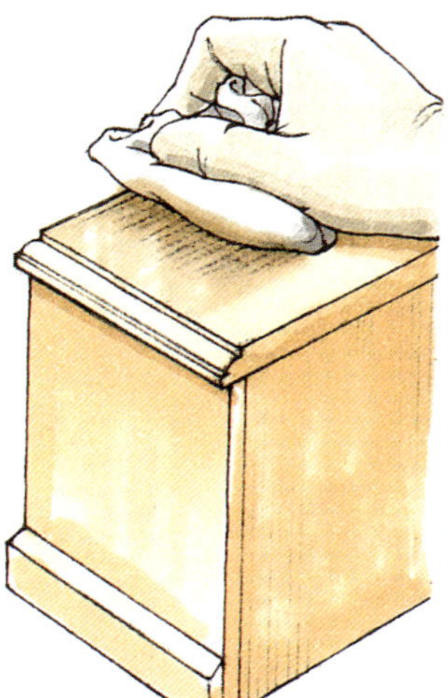

2 Aufbauen der Politur

Der Aufbau des Überzuges erfolgt durch viele Schichten Schellack. Den Ballen mit Politur tränken, dann mit gleichmäßigen, kreisförmigen Bewegungen überlappend auftragen. Der Ballen darf nicht auf der Oberfläche ruhen, da er sonst anklebt und die Politur beschädigt. An den Rändern den Ballen abheben.

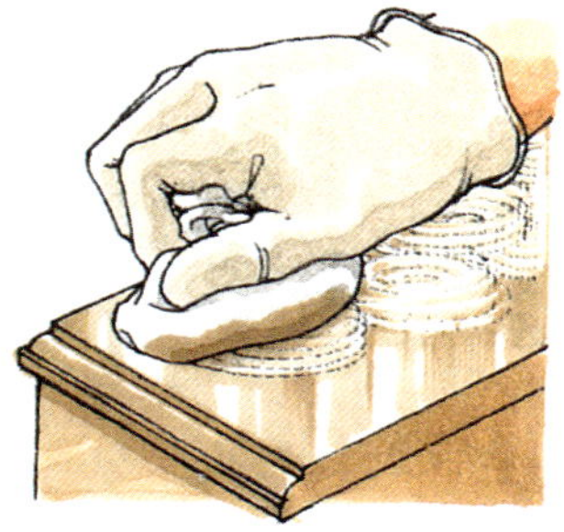

3 Wechseln der Ballenführung

Um eine glatte Fläche zu erhalten, trägt man die nächste Schicht in Form einer Acht in mehrfachen Wiederholungen und überlappend auf. 30 Minuten trocknen lassen, dann das Ganze drei- oder viermal wiederholen.

4 Ölen des Ballens

Je nach Größe des Objektes muss der Ballen ab und zu getränkt werden. Ist die Arbeit bereits weit gediehen, bleibt der Ballen manchmal hängen. Man umgeht das, indem ein Tropfen Leinöl auf die Unterseite getupft wird. Nach dem Aufbau des Überzuges die Politur über Nacht trocknen lassen. Den Vorgang mehrere Tage wiederholen, bis ein befriedigendes Ergebnis erzielt ist.

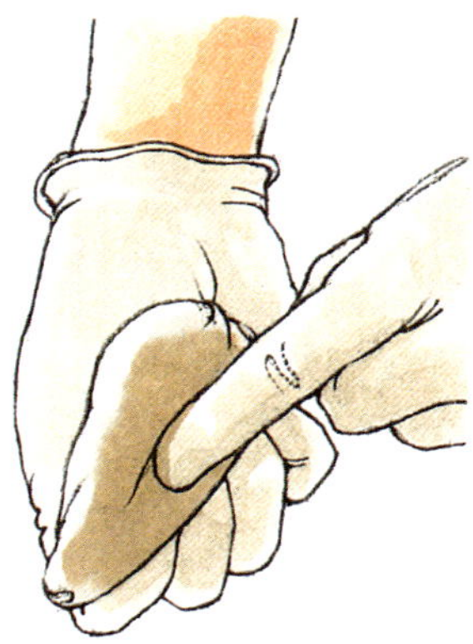

5 Entfernen des Öles

In dieser Phase zeigt die Oberfläche gern matte Streifen vom Öl. Zum Entfernen etwas Spiritus auf einen nur mit wenig Politur behafteten Ballen geben und ihn auspressen, bis er fast trocken ist. Den Ballen mit geraden, parallelen Bewegungen über die Fläche führen und den Druck erhöhen sobald der Ballen hängen bleibt. Einige Minuten trocknen lassen, dann den Vorgang wiederholen, bis die Streifen verschwinden. Dann eine Woche aushärten lassen.

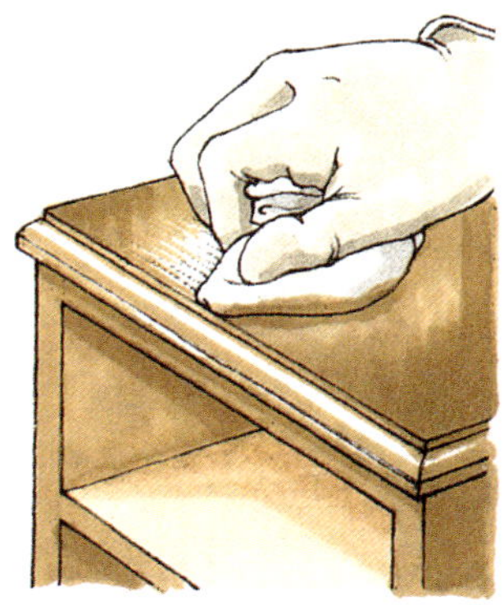

6 Polieren der Oberfläche

Ist man mit der Qualität des Ganzen nicht zufrieden, kann die harte Oberfläche mit einer Spezialpoliercreme behandelt werden. Diese mit einem Tuch auftragen und mit einem anderen Tuch einen tiefen Schimmer herauspolieren.

Furniere

Furnier ist ein dünnes Blatt aus gemasertem Holz. Es wird auf das Blindholz aufgeleimt, welches bei älteren Stücken meist aus Kiefer oder Fichte besteht. Diese Hölzer bieten eine gute Grundlage zum Furnieren, werden aber, wie alle Massivhölzer, von der umgebenden Luft beeinflusst. Dies führt oft zum Reißen der furnierten Oberfläche. Heute werden deshalb Spanplatten verwendet.

Zur Unterscheidung von furniertem und massivem Holz prüft man an den Kanten, ob der Faserwuchs durchgeht. Ebenso ist zu prüfen, inwieweit das Holz auf der Unterseite bzw. innen mit dem Holz auf der Oberfläche identisch ist.

Furnier ist zwar ziemlich anfällig, es bietet uns jedoch die Möglichkeit, exotische und seltene Hölzer zu verwenden, die in massiver Form unzweckmäßig wären. Außerdem kann die Maserung des Holzes auf diese Weise verändert werden.

Ausbessern furnierter Oberflächen

Einwandfrei aufgeleimtes Furnier sollte eine solide Oberfläche ergeben, die fast wie Massivholz behandelt werden kann. Es reagiert allerdings auf Feuchtigkeit und deren Schwankungen. Früher wurde Furnier mit wasserlöslichem Tischlerleim sowie mit Hand und Furnierhammer oder Presse aufgeklebt. Tischlerleim löst sich durch Wärme und Feuchtigkeit. Er wird von professionellen Restauratoren bevorzugt, obwohl auch moderne Kleber für bestimmte Reparaturen verwendet werden können. Die meisten Probleme ergeben sich bei furnierten Oberflächen durch das Austrocknen des Leims. Es entstehen Blasen oder die Kanten splittern ab. Auch mangelhaft bearbeitetes Blindholz kann zu Querrissen führen. In diesen Fällen ist es meist notwendig, das alte Furnier abzunehmen, zu reparieren und neu aufzuleimen bzw. es zu ersetzen. Ist man sich seiner Fähigkeiten nicht sicher, sollten bei solchen Restaurierungsarbeiten Fachleute in Anspruch genommen werden.

Behandeln von Blasen

Blasen stören auf einer polierten Oberfläche, da sie durch den Glanz zusätzlich betont werden. Manchmal fällt es gar nicht auf, dass ein Stück Furnier lose aufliegt. Man klopft mit dem Fingernagel auf das Furnier und achtet auf hohle Geräusche. Erfordert die Behandlung Wasser und Wärme, wird es auch notwendig, das Furnier neu zu überziehen (s. Seite 98).

1 Niederlegen von Blasen

Zuerst wird versucht, die Blase durch Reaktivierung des Leims niederzulegen. Ein feuchtes Tuch auflegen und warm bügeln. Meist wird dadurch der Leim wieder weich und das Furnier biegsam.

2 Klammern der Reparatur

Das Furnier glatt pressen und mit einer Plastikfolie und einem Holzklotz bedecken. Dann in eine Zwinge spannen oder beschweren, bis der Leim trocken ist.

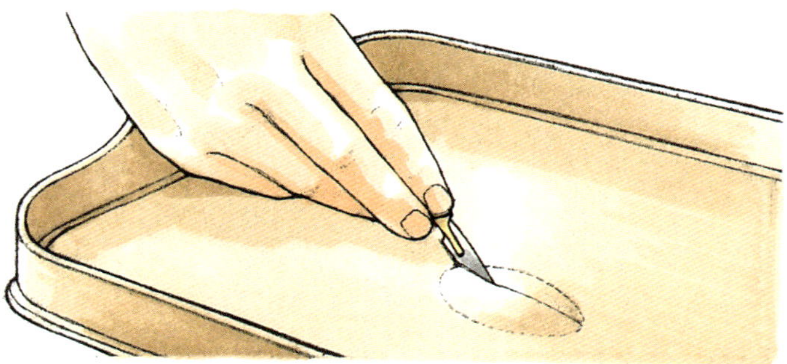

Hinzufügen von Leim

Falls zuvor ungeeigneter Klebstoff verwendet wurde, die Blase mit einem scharfen Messer in Faserrichtung aufschneiden. Das Furnier biegsam machen und mit dem Pinsel warmen Tischlerleim unter das Furnier streichen. Das Ganze flach pressen, den Überschuss mit einem feuchten Tuch abwischen, die Stelle bedecken und glatt drücken.

Ausbessern defekter Ränder

Die Ränder von furnierten Oberflächen, Querfriese und Adern an den Kanten können leicht beschädigt werden. Zur Reparatur sollte ein gleiches Furnier ausgewählt werden. Die Färbung kann man notfalls nach dem Auftragen des Überzuges ändern (s. Seite 101). Das Ergänzungsstück des Furniers muss etwas dicker als das originale sein.

1 Einfügen in den Rand

Das Ersatzstück etwas größer als die defekte Stelle schneiden, in Faserrichtung darüber legen und mit Klebestreifen befestigen. Mit Skalpell und Stahllineal gleichzeitig durch das neue und das alte Furnier Schnitte in Dreiecksform ausführen.

2 Vorbereiten der Aushebung

Den Ersatz beiseite legen und mit einem scharfen Stechbeitel die Furnierreste vom Blindholz abstechen. Wird die Stelle angefeuchtet, geht es meist besser. Die Oberfläche mit einem Beitel glätten.

3 Anleimen des Ersatzstückes

Auf den Ersatz und das Blindholz warmen Tischler- oder Kaltleim aufstreichen, das Ersatzstück einpassen und mit Klebestreifen befestigen. Das Ganze mit einem Holzblock und Plastikfolie flach drücken und mit einer Zwinge klammern. Nach dem Trocknen des Leimes den Überstand an der Kante abschneiden, dabei die Plattenoberfläche nach unten legen. Vor dem Überziehen schleifen.

Ausbessern von Querfriesen

Querfriese werden als dekorative Ränder einer furnierten Platte benutzt. Man benutzt gleiche oder gegensätzliche Furniere und schneidet sie in Streifen quer zur Faserrichtung. Bei kurzfaserigen Querfriesen geht das Ausstechen ohne Probleme vonstatten. Sie können ausgebessert oder vollständig ersetzt werden.

1 Einsetzen eines neuen Stückes

Ein größeres Stück des ausgewählten Furniers mit Klebestreifen über die defekte Stelle heften und am inneren Rand des Frieses durch beide Furniere zwei Schnitte im rechten Winkel zur Kante und einen parallel dazu führen.

2 Einleimen des Ersatzstückes

Das Ersatzstück beiseite legen und die Schnittkanten im Fries nachschneiden. Den Abfall ausstechen und das Blindholz glätten. Das Ersatzstück mit Klebestreifen anheften und mit Block und Zwinge klammern, dann verputzen und schleifen.

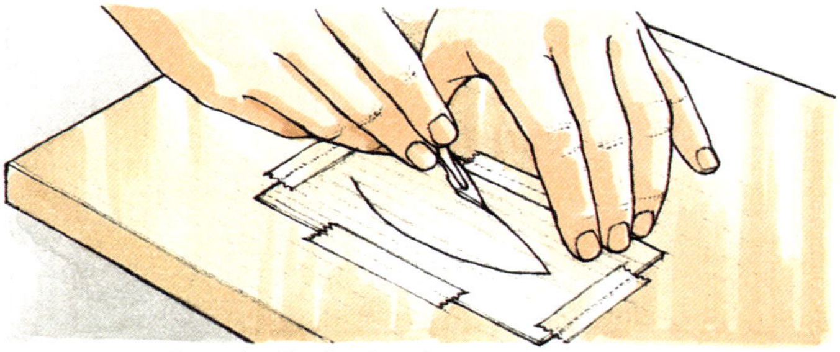

Ausbessern des Oberflächenfurniers

Schäden auf dem Furnier wie Reparaturen am Rand behandeln. Ein ausgewähltes Furnierstück mit Klebestreifen über der defekten Stelle parallel zur Faserrichtung anheften. Gleichzeitig mit dem oberen Furnier das untere schiffsförmig ausschneiden. Den Abfall ausstechen und das Ersatzstück einleimen. Ist auch das Blindholz beschädigt, ist dieses vorher zu reparieren (s. Seite 97).

Einlagen und Intarsien

Einlagen mit gemusterten und bildlichen Motiven sind komplizierte dekorative Gestaltungen, bei denen verschiedenfarbige Hölzer in Form von Adern, gemusterten Furnierbändern oder Bildmotiven in Aushebungen von Massivholz eingesetzt sind.

Adern bestehen aus schmalen Massivholzstreifen. Sie werden zur Einfassung von Flächen oder Friesen verwendet.

Bänder sind Streifen in Furnierstärke, die in verschiedenen Breiten und Mustern aus exotischen und farbigen Hölzern geschaffen werden.

Bildmotive werden aus naturfarbenen bzw. eingefärbten Furnieren zusammengesetzt. Gestaltungen aus geometrischen Formen werden als Marketerie bezeichnet. Beide können eingelegt oder als Teile einer Gesamtfurnierung aufgelegt werden.

Bei alten Objekten sind die Einlagen infolge der Bewegung des Blindholzes oft locker geworden oder völlig verloren gegangen. Lockere Teile können wieder angeleimt werden, verloren gegangene Teile müssen neu gefertigt werden. Es werden jedoch bereits fertige Bänder mit Mustern und traditionelle Bildmotive vom Fachhandel angeboten.

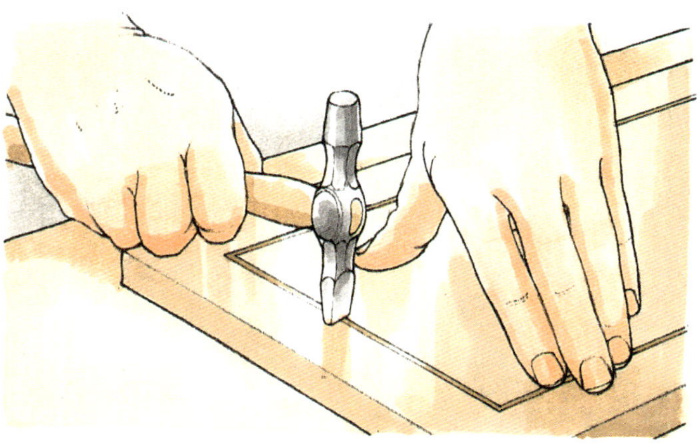

Einlegen von Adern

Die Nut an der Fehlstelle mit einem schmalen Stechbeitel oder Messer säubern. Die neue Ader einlegen und die benötigte Länge anzeichnen. Verläuft die Nut im Bogen, muss die Ader angefeuchtet werden. Die Ader auf Länge schneiden, Tischlerleim in die Nut geben und die Ader mit einem Furnierhammer eindrücken.

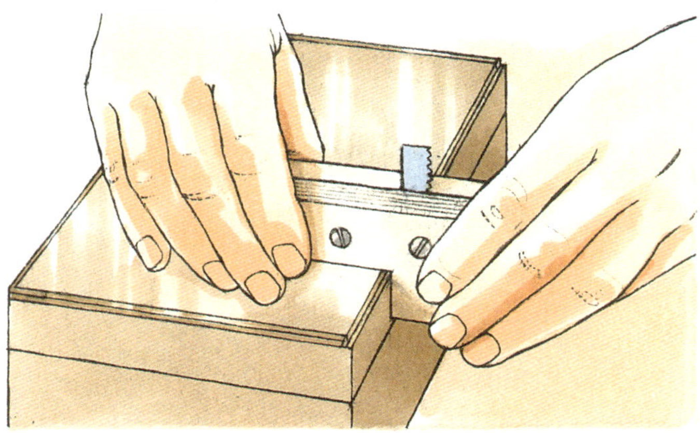

Ausbessern von Adern an den Kanten

Die Nut an der Fehlstelle mit einem scharfen Stechbeitel oder Schlitzhobel säubern. Leim hineingeben, die vorbereitete Ader eindrücken und mit Klebestreifen, die über die Kanten hinweggehen, befestigen.

Ausbessern von gemusterten Bändern

Fehlen bestimmte Teile eines Musters und ist das nicht zu auffällig, kann man versuchen, die Stelle mit einer Wachs- oder Schellackstange zu füllen. Fehlen ganze Stücke, kann mit gleichem Band repariert werden. Ist kein identischer Ersatz beschaffbar, muss das alte Band entfernt und ein neues, ähnliches eingelegt werden.

Ersetzen des Bandes
Die Nut mit einem Stechbeitel säubern. Das Band am Ende abschneiden und den Abfall ausstechen. Dann ein neues Band mit gleichem Muster auf Länge schneiden, einleimen und andrücken.

Zubereiten von Tischlerleim

Traditioneller Tischlerleim wird in Perlform in Fachgeschäften angeboten. Er wird in einem Einsatztopf im Wasserbad zubereitet.

Den Topf zu einem Viertel mit Leimperlen füllen, heißes Wasser darüber gießen, quellen lassen, in den Übertopf einsetzen und diesen halb mit Wasser füllen. Das Wasser erhitzen, der Leim darf jedoch nicht kochen. Gut umrühren und bei Bedarf Wasser zugeben, bis der Leim eine geschmeidige Konsistenz hat.

Ausbessern von Intarsien und Marketerie

Intarsien und Marketerien, die ganze Oberflächen bedecken und restauriert werden müssen, sollten zu einem Restaurator gebracht werden. Sind es nur einfache Motive, bei denen ein oder zwei Elemente fehlen, ist es möglich, diese selbst zu ergänzen.

1 Ersetzen eines fehlenden Teils
Die Aushebung der Fehlstelle säubern, ein dünnes Stück Papier über das Motiv legen und die Aushebung durchreiben. Mit wasserlöslichem Klebstoff die Pause auf ein ausgewähltes Stück Furnier in gleicher Faserrichtung leimen und unter einem beschwerenden Holzblock trocknen lassen.

2 Anleimen des Furniers
Das Teil entsprechend der Schablone zuschneiden. Für gerade Schnitte ein Stahllineal verwenden. Bögen freihändig schneiden, einpassen und die Ränder eventuell nachschleifen. Dann einleimen und mit Hammer oder Zwinge pressen. Nach dem Trocknen das Ersatzstück leicht schleifen, danach überziehen.

Bräunen des Furniers

Manche traditionellen Dekormotive haben Teile mit Schattenwirkung. Falls ein solches benötigt wird, kann man ein ähnliches Stück Furnier in heißem Sand bräunen.

Benutzen von heißem Sand
Eine Pfanne oder Aluminiumschale mit feinem Sand auf einer Kochplatte erhitzen. Das Furnier etwas größer als benötigt schneiden und den Rand in den Sand stecken. Nach ein paar Sekunden das Furnier mit einer Pinzette herausnehmen und die Bräunung kontrollieren, bei Bedarf wiederholen. Um zu testen, wie die Färbung nach dem Überziehen aussieht, das Furnier leicht schleifen und befeuchten, dann das Stück, wie oben beschrieben, einsetzen.

Die Brüchigkeit alter Textilien

Textilien aus Naturfasern sind bereits von dem Moment an gefährdet, wenn sie aus dem Webstuhl kommen. Eine Konservierung kann den Prozess verlangsamen, aber nicht verhindern. Aus diesem und anderen Gründen sind Textilien auch anfälliger als die meisten anderen Antiquitäten.

Sehr viele irreparable Schäden werden von zu viel Licht hervorgerufen. Der Stoff bleicht aus oder die Fäden reißen. Aber auch Feuchtigkeit wirkt schädigend. Sie führt zu Schimmel, in extremen Fällen verläuft die Farbe. Trockene Wärme schadet ebenfalls – sie bringt die Fäden zum Brechen. Textilien müssen vor verschmutzter Luft und Staub geschützt werden, denn es können Flecken entstehen und Gewebe mit Metallfäden können anlaufen. Staub zieht außerdem Schädlinge an. Er bildet die Nahrung für die Schädlingslarven.

Das Restaurieren von Textilien kann schwierig, wenn nicht gar unmöglich sein. Es ist deshalb sehr wichtig, dass sie sorgfältig verwahrt und ausgestellt werden. Ringe und Schmuck sind beim Reinigen oder Ausbessern abzunehmen, denn sie könnten sich im Stoff festhaken. Außerdem sollte man nicht trinken und rauchen, um eventuellen Flecken oder Brandlöchern vorzubeugen. Selbst die an unseren Fingern befindliche Fettsäure greift die Textilien an. Deshalb ist es ratsam, sich vor dem Anfassen der Textilien die Hände zu waschen.

Textilien

Auch wer kein Sammler alter Textilien ist, hat bestimmt eine Tischdecke, einen Teppich oder gestickte Kissen aus Omas Zeiten. Textilien sind meist Erbstücke; vielleicht weil sie wegen der wechselnden Mode nie völlig abgenutzt wurden. Heutzutage werden vor allem Kostüme und Accessoires, wie Hüte, Taschen und Schuhe, gesammelt. Als richtige Kunstwerke können dagegen Sticktücher, Wandbehänge und bemalte Stoffe angesehen werden.

Die Mehrzahl der Textilien ist gewebt (das heißt, Schuss- und Kettfäden sind miteinander verflochten), es gibt aber auch gestrickte, gehäkelte, geknüpfte und geflochtene Textilien. Sie haben alle ihre eigenen spezifischen Qualitäten, welche die Sammler reizen.

Im Allgemeinen wird mit alten Textilien die Vorstellung verbunden, dass sie, wie Baumwolle, Leinen, Wolle oder Seide, aus Naturmaterialien hergestellt wurden. Es gibt jedoch bereits schon seit Beginn des 20. Jahrhunderts Stoffe aus synthetischen Fasern.

Reinigen von Textilien

Durch Reinigen wird nicht nur das Aussehen alter Textilien verbessert, sondern auch Schmutz beseitigt, der häufig die Ursache von Schäden ist.

Demzufolge sollten auch sehr alte und fragile Objekte zur Vorbeugung gereinigt werden. Dies sollte jedoch Restauratoren überlassen werden.

Da Textilien häufig aus vielen Stoffarten bestehen, müssen sie untersucht werden, um die beste Reinigungsmethode festzulegen. Das ist nicht immer ganz einfach, sodass man sich bei einem erfahrenen Restaurator Rat holen sollte.

Expertenrat einholen

Es gibt sehr gute Textilrestauratoren, die für Antiquitätenhändler arbeiten. Sie haben aber nicht solche technischen Kenntnisse wie ausgebildete Konservatoren. Wer sich über die beste Reinigungsvariante unsicher ist, sollte den Weg zu einem Textilrestaurator suchen.

Man findet einen solchen Experten über das nächste Museum. Sollte dort keine Textilrestaurierungswerkstatt vorhanden sein, können die Mitarbeiter sicher mit Namen und Adressen von Restauratoren oder einer Berufsvereinigung helfen.

Auf Anfragen wird dann die Berufsvereinigung sicher die gewünschten Namen und Adressen von drei bis vier Fachleuten nennen, die sich für einen Rat zur Verfügung stellen oder gar bereit sind, die Arbeit zu übernehmen.

Man sollte jedoch nicht enttäuscht sein, wenn ein Konservator manches gar nicht für besonders wertvoll hält. Er oder sie werden immer mehrere Möglichkeiten anbieten, je nachdem, was man sich selbst zutraut. Auch wenn es sich nur um einen Rat handelt, wie das Stück aufbewahrt werden sollte, ist das eine fachliche Meinung, auf der man spätere Maßnahmen aufbauen kann.

Testen der Farbechtheit

Die Kenntnis, ob man einen Stoff ohne Schaden mit Wasser waschen kann, ist von allergrößter Bedeutung. Nassreinigen ist ein Prozess, der nicht rückgängig zu machen ist, sodass vorher genau geprüft werden muss, was passieren könnte. Es ist nicht nur zu kontrollieren, ob das Stück einläuft, sondern auch, ob die Farben echt sind und nicht färben. Solange die Farbe nicht getestet ist, sollte man von Farbunechtheit ausgehen. Es muss also jede Farbe einzeln untersucht werden, einschließlich derjenigen, die für Borten, Futterstoffe, Stickgarn bzw. Flicken und Nähfäden von früheren Ausbesserungen verwendet wurden. Gibt es das geringste Anzeichen, dass das Textilstück nicht echt gefärbt wurde, darf es nicht mit Wasser gewaschen werden. Eine chemische Reinigung ist möglich, sollte aber nur von einem erfahrenen Restaurator durchgeführt werden.

Testen von Fadenproben

Am sichersten ist es, von jedem Teil des Textilobjektes ein Stück Faden zu testen. Mit einer Pinzette und einer scharfen Nagelschere werden 2 mm vom Saum, der Innenseite einer Tasche oder irgendeiner anderen, nicht sichtbaren Stelle – vielleicht auch nur das Ende eines Stickgarns – abgeschnitten. Die Fäden werden zwischen zwei durchsichtige Glasgewichte gelegt. Diese sind in Fachgeschäften für Restauratoren erhältlich. Man kann auch bei einem Glaser zwei 3 mm dicke Scheiben (100 x 40 mm) mit geschliffenen Kanten bestellen.

1 Auflegen der Fadenstücke
Eine Glasscheibe mit Löschpapier bedecken und die Fadenstücke darauf legen. Hat man Fäden mit verschiedenen Farben, müssen sie gekennzeichnet werden.

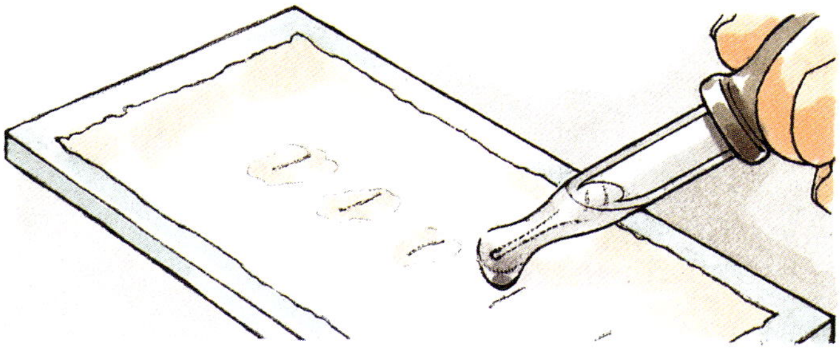

2 Anfeuchten der Fadenstücke
Eine Seifenlösung, wie sie auch zum Waschen des Stückes benutzt werden soll, herstellen. Mit einer Pinzette oder einem Aquarellpinsel einen kleinen Tropfen der Lösung auf jeden Faden bringen.

3 Auflegen der zweiten Scheibe
Die andere Scheibe über die Fäden legen und im Verlauf einiger Stunden mehrmals kontrollieren, ob Farbe in das Löschpapier läuft.

Testen mit Baumwollwattetupfern
Obwohl ein Test an kleinen Resten vorzuziehen ist, gibt es Fälle, bei denen kein Gewebe oder Faden entnommen werden kann, ohne den Textilien zu schaden. Unter diesen Umständen ist ein Wattetupfer mit Seifenlösung anzufeuchten (s. Seite 114) und damit leicht die Oberfläche des Stoffes an einer versteckten Stelle zu berühren. Ein wertvolles Stück darf keinesfalls auf diese Weise geprüft werden. Entdeckt man Farbe auf dem Tupfer oder Löschpapier, welches auf den Stoff gedrückt wird, darf nicht gewaschen werden. Da gewisse Farben erst nach einiger Zeit ausbluten, ist es notwendig, den Test über mehrere Stunden durchzuführen.

Waschen von Textilien

Auch wenn man von der Echtheit der Farben überzeugt ist, muss noch das Material bestimmt werden, um zu wissen, wie dieses auf die Seifenlösung reagiert. Es ist also nach einem Etikett zu suchen oder ein Fachmann zu befragen.

Bei Baumwolle und Leinen gibt es im Allgemeinen keine Probleme; Wolle verträgt kein heißes Wasser und verfilzt beim Reiben. Kunstseide und Viskose dürfen nicht gewaschen werden, auch Mischgewebe gehören nicht in das Wasser, da die verschiedenen Anteile unterschiedlich trocknen und einlaufen. Mit Perlen bestickte Stoffe, Wandbehänge oder große schwere Gewänder sollten ebenfalls nicht gewaschen werden.

Entfernen von Knöpfen und Verschlüssen
Bevor Textilien mit Wasser in Berührung kommen, müssen alle Metall enthaltenden Knöpfe oder Verschlüsse entfernt werden. Es ist zu prüfen, dass keine Metallfäden eingewebt sind (das führt zu Rostflecken). Außerdem sind alle Knöpfe abzutrennen, die von Wasser angegriffen werden. Konservatoren bewahren allerdings die Nähfäden als Beweise für die Originalität der Stücke auf.

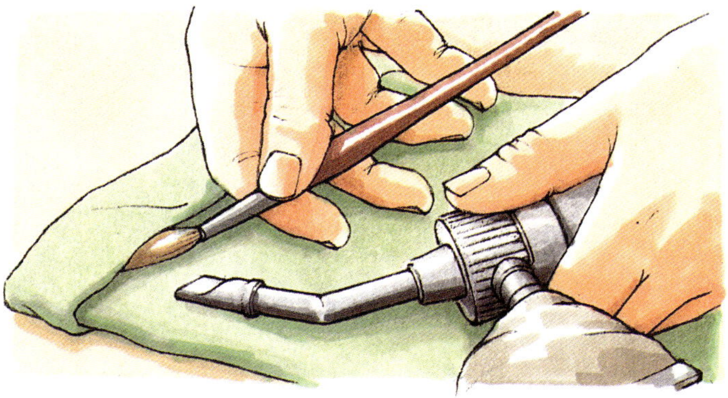

Entfernen von Staub und Taschensamen
Vor dem Waschen sollten die betreffenden Textilien abgesaugt werden, um Körnchen und schädliche Partikel zu entfernen, die sich sonst im Gewebe festsetzen können.

Staub setzt sich in Aufschlägen und Taschen ab. Dort ist er mit einer Bürste zu entfernen (s. Seite 116). Außerdem ist zu prüfen, dass sich nichts mehr in den Taschen befindet.

Waschen von Kleidung

Hemden und Blusen aus Baumwolle, Taufkleider und weiße Baumwollunterwäsche gehören zu der Art von Kleidung, die man normalerweise mit der Hand waschen kann. Löcher und dünne Stellen können mit einem weißen Nylonnetz gestützt werden, um zu verhindern, dass sie noch größer werden. Ist die Kleidung zu sehr zerstört, muss vom Waschen abgeraten werden. Alte Kleidung darf niemals in der Maschine gewaschen werden.

Vor dem Waschen ist zu saugen und zu prüfen, ob alles Notwendige bereitsteht.

Herstellen einer Seifenlösung

Einige Textilien werden bereits beim Einweichen in klarem Wasser gesäubert. Zwischen den Fasern sitzender fettiger Schmutz kann jedoch nicht ohne Waschmittel entfernt werden. Leider enthalten die meisten modernen Waschmittel sehr viele Zusätze (Bleichmittel, Aufheller, Enzyme), sodass sie für alte Textilien ungeeignet sind. Man sollte daher nur Seifenflocken verwenden, die für Wollsachen vorgesehen sind. Parfümierte oder farbige Seifen bzw. Flüssigwaschmittel dürfen niemals zum Waschen alter Textilien verwendet werden.

Jede Seife muss wieder ausgespült werden, weshalb man möglichst wenig einsetzt. Die ideale Lösung enthält 20 g Seifenflocken auf einen Liter Wasser. Die benötigte Menge Wasser wird mit einem Maß in eine Schüssel oder Wanne gegossen, anschließend werden im entsprechenden Verhältnis Seifenflocken dazugegeben. Schaum ist nicht zu erwarten, es sei denn, das Wasser ist extrem weich. Er ist ein Zeichen dafür, dass zu viel Seife eingesetzt wurde.

Da heißes Wasser sehr schaden kann, sollte immer lauwarmes Wasser von 20 bis 25 °C verwendet werden. Idealerweise sollte man weiches Wasser zum Waschen und Spülen einsetzen, für die letzte Spülung entionisiertes Wasser. Von Vorteil ist ein Filterapparat, der dem Wasser Erdmetalle (Magnesium, Kalzium, Aluminium) entzieht. Für kleine Stücke kann man auch destilliertes Wasser verwenden oder Leitungswasser abkochen und auskühlen lassen. Als letzte Maßnahme lässt man Wasser in einem Gefäß 20 Minuten stehen, damit sich das Chlor verflüchtigt. Mit dem Spülwasser ist ebenso zu verfahren.

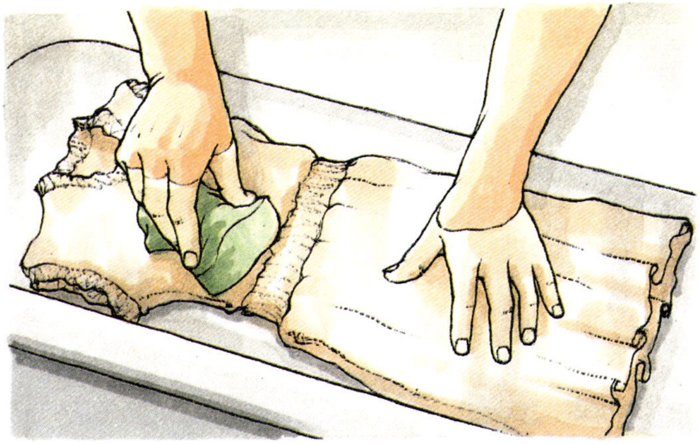

1 Reinigen mit einem Schwamm
Das Kleidungsstück unter das Wasser drücken und möglichst flach legen. 10 Minuten einweichen, dann jede Stelle mit dem Schwamm betupfen, um den Schmutz zu lösen. Den Stoff nicht heftig drücken oder reiben. Den Stoff wenden und die andere Seite behandeln.

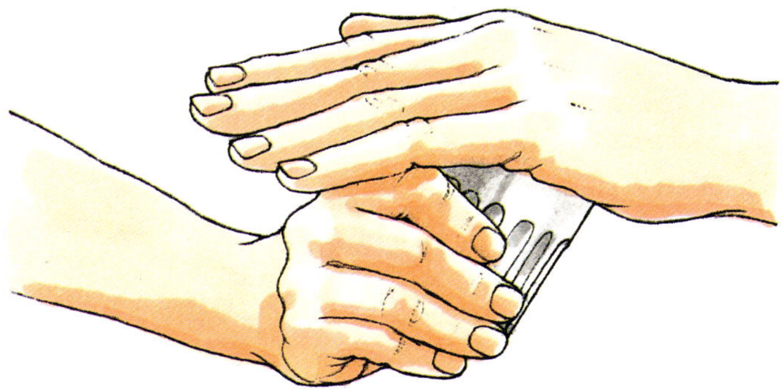

2 Spülen mit klarem Wasser
Das Stück mit zwei Händen vorsichtig aus dem Wasser nehmen, in frisches Wasser legen und mit dem Schwamm betupfen. Den Vorgang mit frischem Wasser mehrmals wiederholen. Entstehen Blasen oder der Stoff irisiert, erneut spülen.

3 Flach trocknen
Das Kleidungsstück zwischen weiße Tücher legen und abtrocknen. Da Wärme den Verfall alter Textilien beschleunigt, bügeln Konservatoren alte Stoffe nie. Deshalb das Stück anschließend flach auf ein dickes weißes Tuch legen und in einem gut belüfteten Raum von allein trocknen lassen. Es kann auch ein Ventilator eingesetzt werden, während man die Falten mit der Hand glättet.

Bewahren der Form

Stoffe kommen stets aus ihrer Form, wenn sie feucht sind. Oft müssen sie deshalb beim Trocknen gespannt werden, vor allem, wenn sie wieder auf einem Rahmen aufgebracht werden sollen. Es ist jedoch schwierig, ohne Schablone die ursprünglichen Maße des Objekts wieder herzustellen.

1 Herstellen einer Pause
Zwei Lagen transparenter Acetat- oder Polyesterseide über ein Stück legen und den Umriss mit einem Faserstift nachzeichnen. Die doppelte Lage schützt den Stoff vor der Farbe des Faserstiftes.

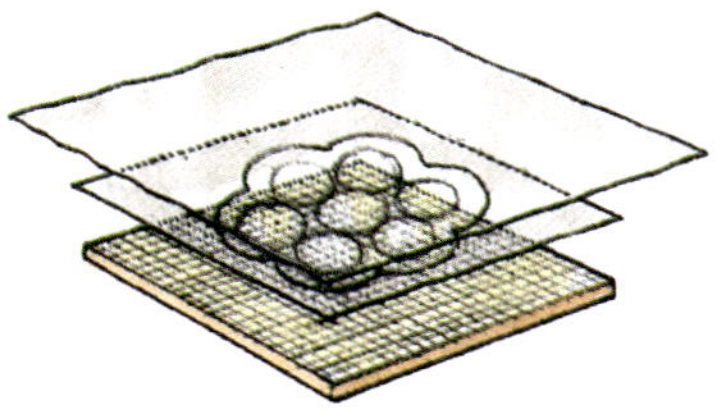

2 Herstellen der Unterlage zum Trocknen
Ein Stück Pappe etwas größer als das Textilstück schneiden, darauf ein Blatt kariertes Papier zum Ausrichten der Kett- und Schussfäden kleben und die Pause darüber legen. Dann die Pappe in Plastikfolie einschlagen.

3 Trocknen der Textilien
Das Textilstück waschen und spülen, anschließend zum Trocknen flach auf die Folie legen. Die Form des Stückes wird völlig verschieden von der Pause sein. Den Stoff mit einem Ventilator trocknen und ihn allmählich in Form ziehen, dabei die Ausrichtung von Papier und Pause beachten, den Stoff aber nicht überdehnen.

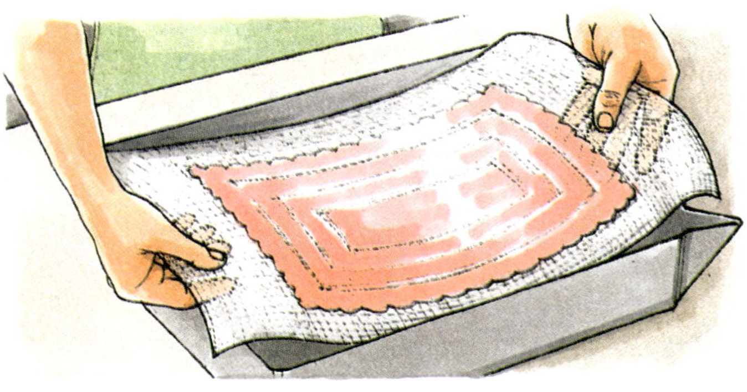

Stützen eines Gewebes
Textilien können im nassen Zustand sehr leicht unter dem eigenen Gewicht reißen. Deshalb müssen sie beim Waschen mit einem Nylongewebe gestützt werden.

Das Nylongewebe wird etwas größer als das Textilstück geschnitten, sodass man es beim Einweichen und Herausnehmen mit beiden Händen halten kann. Kleine Stücke wäscht man in einer Entwicklerschale.

Stützen von zerrissenen Stellen

Vor dem Waschen eines alten Textilstückes ist dieses sorgfältig auf zerschlissene Stellen, die gestützt werden müssen, zu prüfen. Über Löcher und ausgefranste Ränder heftet man ein weißes Nylongewebe, bei sehr defekten Stücken sollte man sich jedoch bei einem Textilrestaurator Rat geholen.

Waschen und Trocknen

Die mit einem Stützgewebe versehenen Textilien so waschen und spülen, wie in der linken Spalte beschrieben, und mit dem Gewebe flach auf einem sauberen Tuch oder einer Pappe mit Plastikfolie trocknen. Man kann auch einen mit einem Baumwollnetz bespannten Rahmen verwenden.

Entfernen von Flecken

Vielfach sind auf alten Textilien Flecken, die man gern entfernen möchte. Die sich häufig im Schmutz befindende Säure kann u. U. bei der Restaurierung gewisse Vorteile bringen. Insgesamt führt das Entfernen von Flecken jedoch nicht immer zum Erfolg. Das Hauptproblem ist die Identifizierung der Substanzen in den Flecken, um die geeigneten Lösungsmittel zu finden. Würde ein unpassendes Mittel benutzt, könnte die Entfernung doppelt schwierig werden. Selbst für Restauratoren kann die exakte Identifikation knifflig sein, sodass man sich Rat bei einem ausgebildeten Konservator holen sollte.

Außerdem ist zu beachten, dass der Wert eines Stückes durch die Entfernung von Flecken gemindert werden kann, weil sie ein Teil seiner Geschichte sind. So würde z. B. die Reinigung einer Uniform auch die Spuren beseitigen, die während der Kämpfe entstanden sind, was das Interesse von Sammlern und Historikern wesentlich einschränkt. Bestimmte Reinigungsarten sind sicher dann nötig, wenn die Flecken zu einer weiteren Zerstörung der Uniform führen würde.

Es kann aber auch sein, dass die Entfernung alter Flecken dem Stück mehr schadet. Deshalb ist es günstig, die Meinung von Experten einzuholen.

Behandeln von Stockflecken

Stockflecken auf Textilien entstehen durch feuchte Lagerung. Eine Nassreinigung kann den Schimmel u. U. noch tiefer in die Fasern spülen. Deshalb lässt man den Stoff langsam trocknen und versucht, den Schimmel mit Staubsauger und Marderhaarpinsel zu entfernen (s. Seite 116). Führt das nicht zum Erfolg, ist ein Fachmann in Anspruch zu nehmen.

Rostflecken

Verrostete Verschlüsse können Flecken hervorrufen, die behandelt werden müssen, weil Rost die Fasern zerfrisst. Man sollte jedoch nicht versuchen, den Stoff zu bleichen, sondern besser einem Fachmann vorlegen.

Siehe auch Fleckentfernung (Seite 120).

Trockenreinigung

Die von den normalen chemischen Reinigungen benutzten Chemikalien eignen sich nicht für alte Stoffe und Textilien. Es gibt jedoch Spezialisten, die ältere Stücke reinigen können, auch ausgebildete Textilkonservatoren sind dazu befähigt.

Vorausgesetzt, das Stück ist nicht zu unsauber, kann man eine Menge Staub und Schmutz durch Saugen entfernen.

Staubsaugen

Der ungefährlichste Weg zum Reinigen alter, nicht zu brüchiger Textilien ist das Staubsaugen. Die meisten Haushaltsgeräte (ausgenommen diejenigen mit Leistungsreglern) sind jedoch zu stark. In Restaurierungs-Fachgeschäften gibt es deshalb Adapter, welche die Saugwirkung reduzieren. Im Handel werden außerdem batteriebetriebene Geräte angeboten. Beim Saugen mit einem in der Wirkung herabgesetzten Apparat muss die Düse immer etwas über, niemals direkt auf dem Stoff geführt werden.

Reinigen von Stickereien
Stickereien, Smokarbeiten oder andere dreidimensionale Textilien sind abzusaugen, indem man vorsichtig mit einem Marderhaarpinsel arbeitet und gleichzeitig die Düse des Gerätes an die Pinselspitze hält.

Ein Behelfsfilter
Um zu verhindern, dass lose Fäden, kleine Verschlüsse oder Perlen in den Staubsauger gezogen werden, klemmt man ein feines weißes Nylongewebe mit einem Gummiring über die Düse. Perlstickerei ist vor dem Saugen auf lose Perlen zu prüfen. Man säubert die Perlen mit einem mit destilliertem Wasser angefeuchteten Wattetupfer.

Reinigen von Metallfäden
Metallfäden werden bei Epauletten, Quasten und militärischen Abzeichen verwendet. Sie können relativ stark anlaufen. Nach dem Absaugen werden die Fäden mit einem Wattetupfer und destilliertem Wasser abgetupft. Der Effekt ist nicht erheblich, aber auf dem Tupfer ist zu erkennen, dass einiger Schmutz entfernt werden konnte. Die Verfärbung darf keinesfalls mit Metallputzmitteln entfernt werden.

Kleinreparaturen

Reparaturen an wertvollen Textilien und historischen Kostümen sollten einem Konservator übertragen werden. Es gibt aber auch viele Stücke, die auf Antikmärkten und in Second-Hand-Geschäften im Angebot sind und nur geringfügiger Ausbesserungen bedürfen, um wie neu auszusehen.

Defekte Stickereien oder verloren gegangene Perlen sollten keinesfalls mit modernen Materialien ergänzt werden. Bei alten Stücken ist es manchmal besser, wenn sie nicht ganz perfekt sind, als dass ihr Wert und ihr Aussehen durch unangemessene Restaurierung gemindert wurde. Auch Modeerscheinungen der Vergangenheit sind zu beachten.

Durchgescheuerte Manschetten und Knopflöcher können nur dann auftreten, wenn das Kleidungsstück wirklich getragen worden ist – wodurch es aber seine eigentliche Authentizität erhält. Man wird auch manchmal einen gewendeten Kragen finden, womit die Lebensdauer eines Stückes etwas verlängert wurde. Auch das gehört zu seiner Geschichte und es ist ratsam, solche Zustände zu belassen, es sei denn, die alten Reparaturen führen zu weiteren Schäden.

Andererseits kann sich das Annähen eines losen Saumes oder das Flicken eines Ärmels kaum negativ auswirken. Um zu verhindern, dass solche Schäden größer werden, bessert man sie möglichst bald aus.

Einführung zum Ausbessern von Textilien

Vor der Entscheidung, was mit einem defekten Textilstück zu machen ist, sollte man sich über den späteren Verwendungszweck Klarheit verschaffen.

Ist das Stück zum Anschauen gedacht, wäre etwas mehr zu unternehmen als nur vorhandene Schäden auszubessern. Soll das textile Stück benutzt oder getragen werden, muss die Reparatur die volle Funktionsfähigkeit gewährleisten und vor unnötigen Schäden schützen. So würde man auf jeden Fall einen gebrochenen oder abhanden gekommenen Verschluss an einem Stilkleid, welches man tragen möchte, ersetzen. Auch ein kleines Loch in einer Tischdecke ist auszubessern, bevor es sich zu einem Riss erweitert. Jedes brüchige Textilstück sollte auch vor der kleinsten Reparatur von einem Experten begutachtet werden. Ebenso müssen Stücke, die für Ausstellungen vorgesehen sind, Stützgewebe erhalten. Dies überlässt man jedoch einem Fachmann, der sich für ein Gewebe entscheiden wird, welches das Gewicht des Stückes tragen kann.

Allgemein sollten alle Ausbesserungen wieder entfernt werden können (z. B. nie Klebstoff für alte Textilien verwenden).

Auswahl verträglicher Materialien

Jeder Fachmann wird zu verträglichen Materialien raten, wenn man alte Textilien restaurieren möchte. Die Hinweise können jedoch sehr verschieden interpretiert werden.

Vertreter der einen Richtung sind beispielsweise der Meinung, dass immer dieselben Materialien verwendet werden sollten, sodass das alte und das neue Material harmonisch reagieren und beide gleichzeitig altern. Dagegen sagt der gesunde Menschenverstand, dass es wenig Sinn hat, einen Seidenstoff mit einem Faden zu reparieren, der ebenfalls abgenutzt ist.

Um befriedigende Reparaturen zu erhalten, sollte deshalb versucht werden, Stoffe zu finden, die dem Original in der Farbe gleich und in Bezug auf Gewicht und Dichte ähnlich sind.

Nadeln

Sollten Ausbesserungen mit einer Nadel vorgenommen werden, ist zu beachten, dass diese sich für den Stoff eignet. Dabei spielt die Größe eine entscheidende Rolle. So wählt man beispielsweise für Seide oder Baumwollbatist eine sehr feine Nadel. Sehr gut eignen sich Nadeln mit scharfen Spitzen. Manche Restauratoren bevorzugen sehr feine Perlsticknadeln für das Ausbessern empfindlicher Stoffe. Stumpfe Nadeln sind zu vermeiden, sie beschädigen das Gewebe.

Rundnadeln werden für das Befestigen von Textilien auf bezogenen Kartons verwendet. Steht nicht die richtige Größe zur Verfügung, kann eine gerade Nadel rund gebogen werden.

Feine Nähfäden

Es ist nicht einfach, für das Ausbessern sehr feiner Stoffe die passenden Nähfäden zu finden, die gleichzeitig fest genug sind. Man kann es mit Klöppelgarn versuchen, welches in Kurzwarengeschäften angeboten wird. Verwendbar sind auch Kräuselzwirn, Polyester, Seide oder merzerisierte Baumwollfäden. Manche Konservatoren ziehen Fäden aus feinen Polyestergeweben heraus, die wie menschliches Haar aussehen und beim Ausbessern fast nicht zu sehen sind.

Ausbessern mit Stoff

An einem Textilobjekt sollten weder ausgefranste Ränder vernäht noch Löcher gestopft werden. Die Fäden belasten die Umgebung und verschlimmern den Schaden eventuell noch. Risse und Löcher sind mit Flicken zu schließen, besonders dann, wenn das Stück getragen werden soll. Es darf jedoch keine Spannung entstehen, sonst wird der Schaden noch größer.

Ausbessern von Stoffen
Obgleich Flicken immer auf der Rückseite der Textilien aufgenäht werden, arbeitet man von vorn, wodurch die Fäden auf der Oberseite sichtbar sind. Sie müssen deshalb möglichst dünn sein und farbig passen. Das Arbeiten von vorn hat den Vorteil, dass man genau sehen kann, wie exakt die Arbeit wird.

Recht kompliziert ist das Ausbessern von dreidimensionalen Textilien, wie Puffärmeln oder Hüten. Dies sollte besser von einem Fachmann übernommen werden.

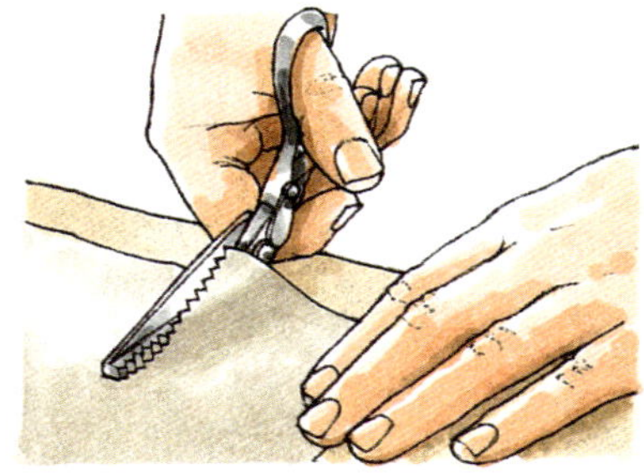

1 Schneiden des Flickens
Einen passenden Stoff für die Reparatur aussuchen und mit der Zickzackschere ein Stück abschneiden. Es sollte so groß sein, dass die Ränder an die festeren und nicht an die brüchigen Stellen angenäht werden können.

2 Glätten der ausgefransten Ränder
Vor dem Annähen des Flickens Kett- und Schussfäden gerade anordnen. Die defekten Ränder aneinander, aber nicht übereinander legen. Fransen glatt streichen, sodass das Stück flach liegt.

3 Anheften des Stückes mit Nadeln
Den Flicken auf der Rückseite mit dünnen, geraden Stecknadeln befestigen und prüfen, dass die kaputten Ränder aneinander liegen.

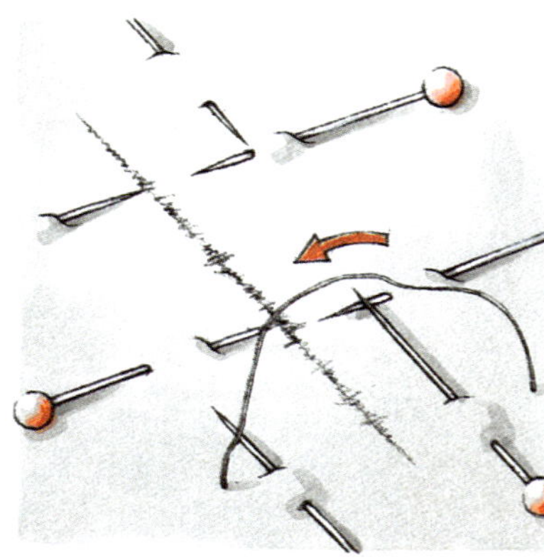

4 Durchziehen des Anlegestiches
Zerrissener Stoff wird mit einem Anlegestich repariert, der im Winkel von 90° zum Riss und von einer festen Stelle zur anderen verläuft.

Beim ersten Anlegestich wird die Nadel mit dem Faden von unten durchgezogen, dann der Faden gerade über den Riss geführt und nach unten gestochen.

5 Überfangstich
Die Nadel etwa 3 mm vom letzten Stich entfernt nach oben durchstecken, dann über den langen Faden legen und durch den Stoff zurückführen, um einen kleinen Stich auszuführen, der den langen Faden festhält.

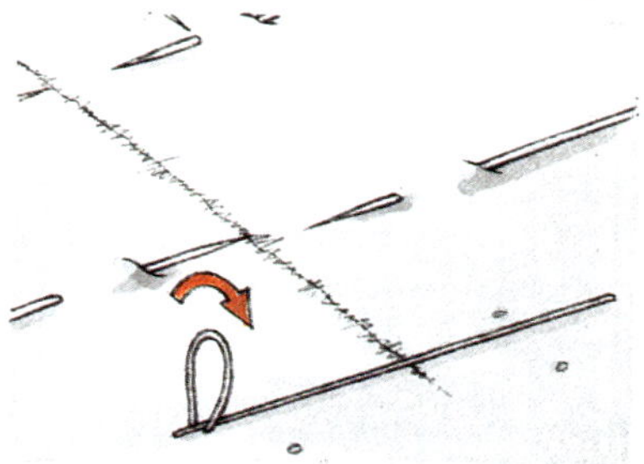

6 Weitere Überfangstiche
In Abständen von 3 mm sind weitere Überfangstiche über den gelegten Faden auszuführen.

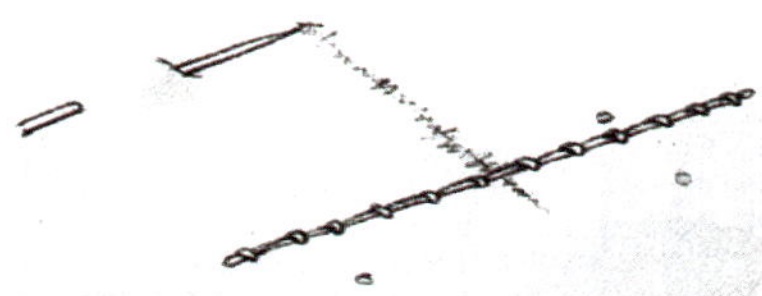

7 Weitere Stiche zur Festigung
Einen zweiten langen Faden etwa 3 mm parallel zu dem bereits festgehaltenen Faden legen und mit Überfangstichen befestigen. Weitere Anlegestiche über die gesamte Länge des Risses ziehen.

8 Annähen der Flickenränder
Ist der Flicken größer als 65 mm im Quadrat, sind die Ränder des Textilstückes mit Fischgrätenstichen anzunähen. Bei kleineren Flicken ist das nicht notwendig.

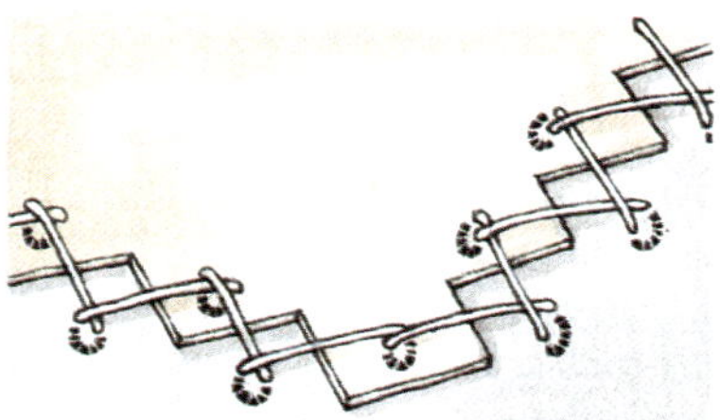

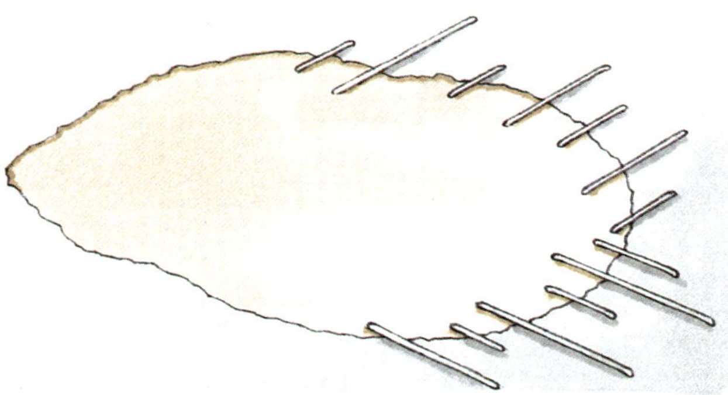

Ausbessern eines Loches
Beim Schließen eines Loches ist wie bei Rissen zu verfahren. Es sind im Wechsel lange und kurze Stiche zum Verbinden von Lochrand und Flicken auszuführen.

Ersetzen von Knöpfen und Verschlüssen

Während man einen einzelnen passenden Ersatzknopf häufig nicht ohne weiteres finden kann, ist ein ganzer Satz entsprechender Knöpfe für ein Kleid des 19. oder einen Mantel aus den 30er Jahren des 20. Jahrhunderts leichter zu beschaffen. Alte Knöpfe werden gesammelt, deshalb prüft man deren Wert oder Seltenheit, bevor sie angenäht werden. Niemals Knöpfe von einer Originalkarte abschneiden, da auch sie sehr gesucht werden.

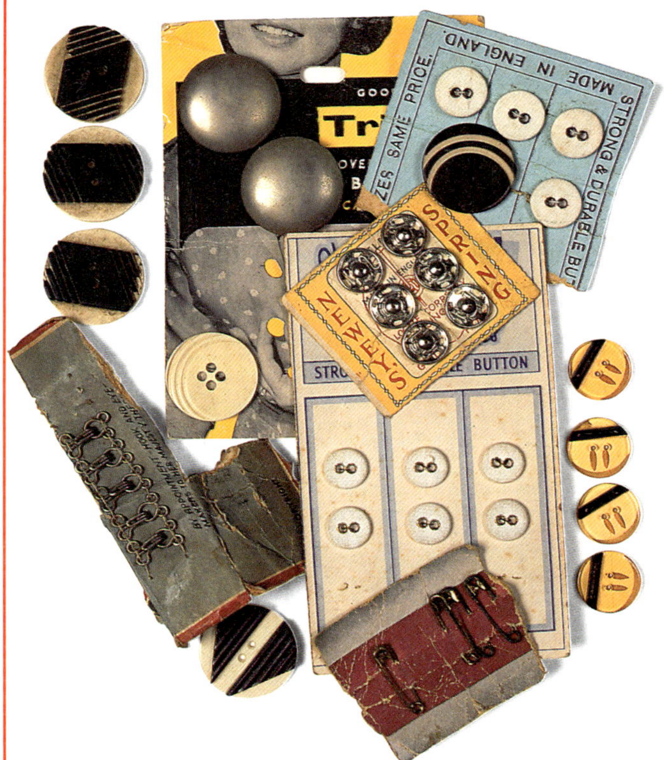

Befestigen lockerer Perlen

Bei alten Perlenstickereien muss genau geprüft werden, ob die zum Annähen der Perlen verwendeten Fäden noch gut halten.

Annähen einzelner Perlen
Lockere Perlen sind möglichst mit der originalen Stichart wieder anzunähen. Im Zweifel wird der Faden gestrafft, die Perle mit zwei Stichen festgehalten und dann der alte Faden herausgezogen, wobei ein längeres Ende stehen bleiben sollte.

Annähen einer Perlenreihe
Häufig werden mehrere Perlen mit einem Faden angenäht. Das hat zur Folge, dass beim Lockerwerden einer Perle alle anderen ebenfalls herunterhängen. In diesem Fall umnäht man die Perlenreihe mit Überfangstichen und hält das lose Fadenende fest.

Tragen und Aufbewahren von Textilien

Die meisten Stücke in Textilsammlungen werden nur selten ausgestellt, weil ihre Präsentation einen großen Aufwand erfordert. Ausnahmen sind Wandbehänge, Sticktücher und andere Stickereien. Sie ähneln Bildern und zweidimensionalen Kunstwerken. Verzierte Nadelkissen, Stoffschuhe oder Perlenbeutel lassen sich in Schaukästen unterbringen. Für große Stücke, wie Stilkostüme, haben Privatsammler jedoch wenig Platz. Sie konzentrieren sich deshalb auf eine sichere Unterbringung ihrer Kollektionen. Auch für den Fall, dass Kleidung, Tischtücher und andere Sammelstücke benutzt werden, muss für eine angemessene Aufbewahrung gesorgt werden.

Tragen alter Kleidung
Moderückschauen führen zu einem lebhaften Absatz alter Kleidungsstücke. Sie werden plötzlich tragbar. Hochzeits- und Taufkleider, die vererbt wurden, sollen auch von späteren Generationen noch benutzt werden. Das Tragen alter Kleidung ist jedoch immer mit der Gefahr einer Beschädigung verbunden, weshalb sie anschließend genau geprüft werden sollte. Noch wichtiger ist es, die Kleidung zu reinigen, bevor sie wieder in den Schrank kommt. Einfache Stücke aus Baumwolle oder Leinen können mit der Hand gewaschen werden (s. Seite 144), kompliziertere Arbeiten gibt man besser in die Reinigung.

Erste Hilfsmaßnahmen

So sehr man sich auch vorsieht, es besteht immer die Möglichkeit, dass etwas verschüttet wird und Flecken auf Kleidung und Wäsche entstehen. Zwar sollten fleckige Sachen möglichst schnell in eine Reinigung gebracht werden, doch mit einigen ersten „Hilfsmaßnahmen" ist der Schaden u. U. zu begrenzen.

- **Rotwein**
Rotwein neutralisiert man sofort nach dem Verschütten mit Weißwein. Es hilft auch das Einweichen in kaltem Wasser, wenn das Stück schon vorher einmal mit Erfolg gewaschen wurde.
Bei Textilien, die nicht nass behandelt werden können, wird der Fleck mit Salz bedeckt. Am nächsten Tag ist das Salz abzusaugen.
- **Erdbeer- oder Himbeermarmelade**
Ist das Tischtuch waschbar, werden Marmeladenflecken in ganz heißem Wasser eingeweicht.
- **Kerzenwachs**
Wenn Kerzenwachs auf ein Tischtuch oder eine Serviette tropft, sind die erhärteten Tropfen abzuschaben, dann ist der Fleck mit braunem Packpapier (die glatte Seite nach oben) zu bedecken. Das Papier wird mit einem warmen Bügeleisen gebügelt, damit das Wachs schmilzt und aus dem Stoff gezogen wird. Der Vorgang ist mit sauberem Papier zu wiederholen, bis das Wachs völlig entfernt ist.
- **Schweißflecken**
Schweißflecken können eigentlich nicht entfernt werden, vor allem nicht von Seide und Synthetikfasern. Spezielle Reinigungen können eventuell mit Lösungsmitteln etwas helfen, aber die Chancen sind gering.
- **Tinte**
Es ist möglichst viel Tinte mit Löschpapier abzusaugen, dann ist das Stück baldigst zu einem Textilkonservator zu bringen.
- **Schmutz**
Schmutz muss man trocknen lassen, dann kann er vorsichtig abgebürstet und zugleich abgesaugt werden (s. Seite 116). Niemals darf man versuchen, den Schmutz zu entfernen, solange er noch feucht ist.
- **Durchnässung**
Ein Wassereinbruch ist für alte Textilien katastrophal. Wenn man sie einfach trocknen lässt, entstehen nicht entfernbare Wasserflecken. Durchnässte Textilien werden in Polyethylenfolie gewickelt und in den Gefrierschrank gelegt. Sie sind sobald als möglich zu einem Konservator zu bringen.

Aufbewahren von Textilien

Alte Textilien sollten im Dunkeln und in trockener, kühler Umgebung aufbewahrt werden.

Einschlagen in Seidenpapier
Textilien sollte man in säurefreies Seidenpapier einschlagen und flach in säurefreien Pappkartons lagern. Müssen Textilien gefaltet werden, ist jede Falte mit einem Seidenpapierstrang auszustopfen.

Aufbewahren flacher Textilien auf Rollen
Größere Stücke werden mit der Vorderseite nach außen auf eine säurefreie Papprolle oder ein PVC-Rohr gerollt, die jeweils mit Seidenpapier umhüllt sind. Die Fasern müssen gerade liegen und das Textilstück sollte in Richtung der Kette gerollt werden. Als Abschluss des Textilstückes wird mehr Seidenpapier aufgelegt als am Anfang der Rolle. Die Rolle wird mit weißen Baumwollbändern zugebunden oder in ein gewaschenes Kattuntuch gewickelt.

Aufbewahren von Kleidung
Alte Kleidung kann in säurefreien Pappkartons aufbewahrt werden, wie oben beschrieben. Auch hier müssen Ärmel, Miederteile und Falten mit Seidenpapier ausgestopft werden.

Damit Metallknöpfe keine Flecken im Stoff verursachen, werden in schmalen Seidenpapierstreifen „Knopflöcher" in das Seidenpapier geschnitten und die Knöpfe durchgesteckt.

Gegen das Anlaufen von Silberknöpfen, die an einem Stück aus Wolle angenäht sind, gibt es kein Mittel. Gleiches trifft für Metallfäden an Militäruniformen zu. Ein Restaurator kann die Fäden höchstens vorübergehend wieder zum Glänzen bringen.

Vor dem Einlagern von Kleidungsstücken sind alle Nadeln und Spangen zu entfernen.

Aufbewahren von Accessoires
Hüte und Schuhe werden mit säurefreiem Papier ausgestopft, damit sie ihre Form behalten. Man bewahrt sie in Archivkartons mit Metall verstärkten Ecken auf. Abendtaschen und Geldbörsen sind ebenfalls auszustopfen. Sie dürfen nicht übereinander gelegt werden.

Aufhängen von Kleidung
Größere Kleidungsstücke werden auf gepolsterte Kleiderbügel gehängt, die mit unten zugenähtem Kattun umhüllt sind. Plastiksäcke dürfen nicht verwendet werden, sie ziehen Staub an und fördern Schimmel.

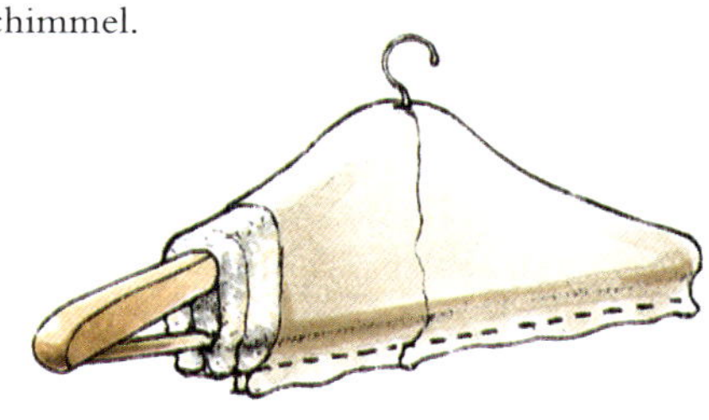

Polstern eines Kleiderbügels
Ein kräftiger Hosenbügel, welcher der Schulterbreite des aufzuhängenden Stückes entspricht, wird mit Polyesterwatte (z. B. für Steppdecken, erhältlich in Kaufhäusern) umwickelt. Die Wattierung soll die Schulterbreite des Textilstückes imitieren und das Oberteil schützen. Bei Bedarf ist eine zweite Watteschicht aufzulegen. Die Watte wird mit weißem Baumwollfaden zusammengenäht, dann mit gewaschenem Kattun umhüllt.

Annähen von Schlaufen an den Bund
Zum Aufhängen eines Rockes auf einen Kleiderbügel näht man große Schlaufen aus Baumwolle an den Bund; eine vorn, eine hinten und jeweils eine an die Seite.

Bei Kleidern mit schwerer Verzierung oder solchen, die aus empfindlichem oder abgenutztem Stoff bestehen, sind ebenfalls Schlaufen an den Bund zu nähen und über den Bügel zu ziehen.

Mottenschutz

Motten legen ihre Eier wegen des darin enthaltenen Schwefels meist in Wolle, seltener in Seide. Nach dem Schlüpfen frisst sich die Larve durch die Fasern und hinterlässt die charakteristischen ausgefransten Löcher.

Zum Schutz der Sammlung vor Schädlingsbefall werden die Textilien vor dem Einlagern gereinigt, Schränke sowie Schubkästen ausgewischt und gesaugt.

Auf die Innenseiten der Schränke und Schubkästen wird Zedernöl verteilt (es wird in Geschäften angeboten, die aromatische Öle führen). Zedernöl vertreibt nicht nur die Motten, sondern duftet auch noch gut.

Kein Textilrestaurator wird zu Mottenkugeln raten, da Naphtalin unter gewissen Umständen gesundheitsschädlich sein kann.

Vernichtung von Motten
Wenn man im Schrank lebende Motten oder Anzeichen eines Befalls entdeckt, sind alle Textilien (nicht nur die sichtbar befallenen) herauszunehmen und in einen Plastiksack zu stecken. Im Freien werden sie gebürstet und gesaugt, um die Insekteneier zu entfernen, dabei dürfen Säume, Taschen und Aufschläge nicht vergessen werden. Eventuell kann auch alles zusätzlich von einem Fachmann vergast werden.

Frost tötet Motten. Deshalb müssen die Textilien in Polyethylenfolie gewickelt und eine Woche bei –20 °C im Kühlraum gelagert werden. Kennt man keinen Gewerbebetrieb mit Gefrierraum, ist die Konservierungsabteilung im nächstgelegenen Museum zu befragen, wo eine solche Einrichtung vorhanden ist. Nach dem Auftauen sind die Textilien abzusaugen.

Textilien als Wandschmuck

Ein Großteil alter Textilien sind wunderschöne Wandbehänge. Sie müssen sehr sorgfältig aufgehängt und ausgestellt werden, damit sie keinen Schaden nehmen. In Museen werden Textilien bei relativ wenig Licht gezeigt. Das ist für die Wohnung unpraktisch, zumindest sollte man jedoch die ultraviolette Strahlung vermeiden und Textilien nicht direktem Sonnenlicht aussetzen oder sie mit Punktstrahlern beleuchten. Stores oder halbgeöffnete Jalousien reduzieren das Tageslicht auf ein verträgliches Maß. Es lohnt sich, die Vorhänge in Räumen, die tagsüber nicht benutzt werden, zuzuziehen.

Textilien dürfen nicht über Wärmequellen oder an Außenwände gehängt werden.

Wie Zeichnungen und Drucke sollten auch Textilien unter Glas gebracht werden. Hat man einen Wandbehang, der zu groß für eine Rahmung ist, hängt man ihn, um sein Gewicht zu verteilen, an eine Leiste. Dadurch wird viel Zugkraft von den beschädigten Stellen genommen.

Einrahmen von Textilien
Kleine Stickarbeiten und feine Spitzen können wie Bilder gerahmt werden. Allerdings sollte man seine Pläne mit einem Konservator besprechen, denn möglicherweise gibt es etwas Ungewöhnliches an dem Textilstück zu beachten oder es ist vielleicht auch schwierig zu handhaben.

Laien können ohne weiteres Textilien montieren, die etwa die Größe eines Herrentaschentuches haben. Alles was größer und dazu noch gefährdet ist, sollte man einem Spezialisten der Branche überlassen.

Auswählen eines Rahmens
Zum Ausstellen alter Textilien sollten niemals fertige Bilderrahmen verwendet werden. Sobald das Stück hinter Glas abgeschlossen ist, muss gewährleistet sein, dass die Materialien des Rahmens keine Reaktionen mehr zeigen. Erfahrene Rahmenbauer oder Textilkonservatoren werden keine Rahmen aus Kiefer, Eiche oder Mahagoni verwenden. Auch sollte die Innenseite der Rückwand isoliert werden, damit keine Säure in die Textilfasern dringt. Fachleute verwenden dazu Heißaufziehfilm. Zwischen Ausstellungsstück und Glas sollte etwas Abstand sein. Deshalb muss der Falz für eine schmale Leiste tief genug gefräst werden oder man benutzt ein Passepartout aus dickem säurefreiem Karton (s. Seiten 24 bis 25).

Montieren von Textilien

Vor der Rahmung sollten Textilien mit einem bezogenen, säurefreien Karton unterlegt werden. Über den Karton zieht man Molton, der mit einem zum Ausstellungsstück passenden Leinen oder Baumwollstoff bedeckt ist. Dieser Stoff sollte in heißem Wasser ohne Waschmittel gewaschen werden, damit er bereits vor dem Aufziehen geschrumpft ist und keine Appretur mehr hat. Nach dem Trocknen wird er gebügelt. Der Molton wird in warmem Wasser gewaschen.

1 Herstellen der Kartonunterlage
Damit sich die Kartonunterlage nicht wölbt, zwei säurefreie Kartons mit PVAC-Leim so aufeinander kleben, dass die Streichrichtungen rechtwinklig verlaufen. Danach die Kartonfläche 18 mm größer als das zu montierende Textilstück schneiden, um einen ausreichenden Rand zu gewährleisten.

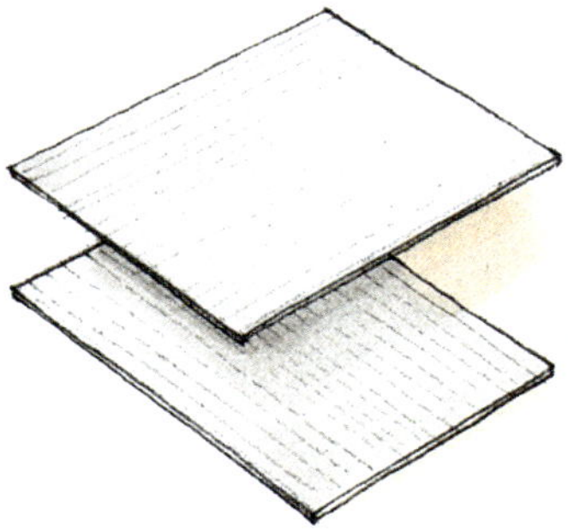

2 Polstern des Kartons
Den Molton rundum 75 mm größer als den Karton schneiden. Den Karton so in die Mitte des Moltons legen, dass die Kanten entlang von Kette und Schuss laufen. Den Karton mit einer Hand festhalten, die Ränder des Stoffes umschlagen und mit Stecknadeln mit Glaskuppen an den Kanten feststecken.

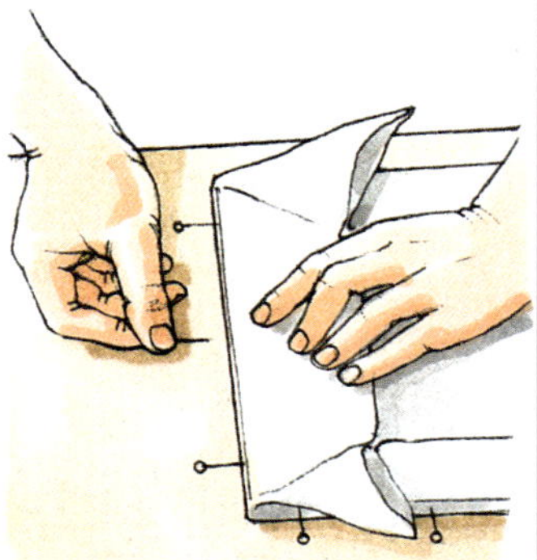

3 Spannen der Überfütterung
Zur Prüfung einer gleichmäßigen Spannung den bezogenen Karton mit seiner Oberseite nach oben legen und mit dem Finger kräftig von der Mitte aus schieben. Wellt sich der Molton, die Nadeln herausziehen und den Stoff straffen. Wenn sich der Karton krümmt, etwas nachgeben. Den gespannten Stoff mit Nadeln justieren.

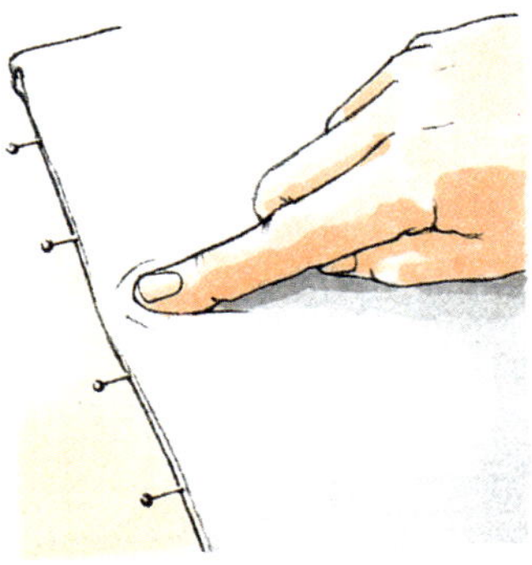

4 Ankleben des Moltons
Den Karton wieder umdrehen und rings um den Rand einen Streifen PVAC-Leim aufstreichen. Die Ränder des Moltons darüber legen und festdrücken. Dann die Ecken schräg einschneiden, sodass der Stoff glatt liegt. Den Leim trocknen lassen und die Nadeln herausziehen.

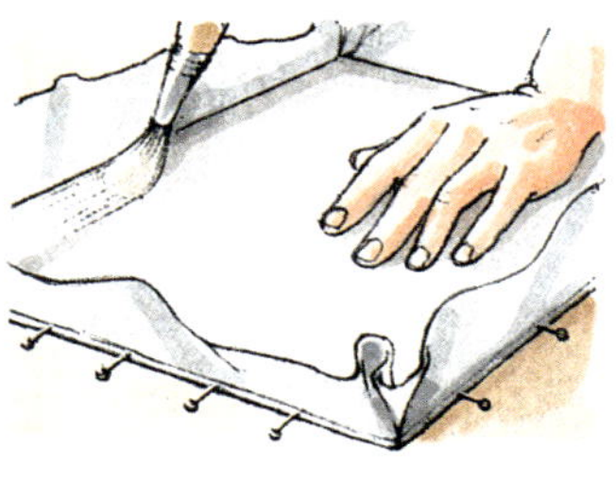

5 Anbringen des Deckstoffes
Ein Stück Stoff allseits 25 bis 50 mm größer als der Molton schneiden, gleichmäßig über den gepolsterten Karton ziehen (s. links) und auf der Rückseite des Kartons ankleben. Die Kett- und Schussfäden müssen parallel zu den Kartonkanten verlaufen. Dann die Ecken schräg einschneiden und den Leim trocknen lassen.

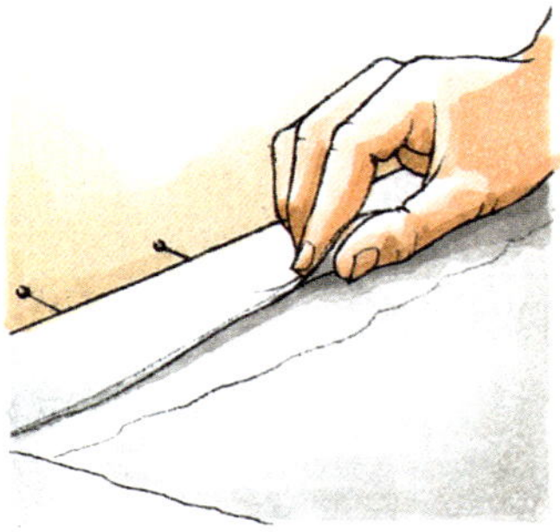

6 Ausrichten des Textilstückes
Vorteilhaft ist eine Schablone für die Anbringung des Textilstückes auf dem Karton, besonders bei asymmetrischen Stücken. Um die Kanten des Kartons Nadeln gerade und in gleichen Abständen von den Ecken einstechen, dann zwischen den Nadeln Baumwollfäden über den Karton ziehen.

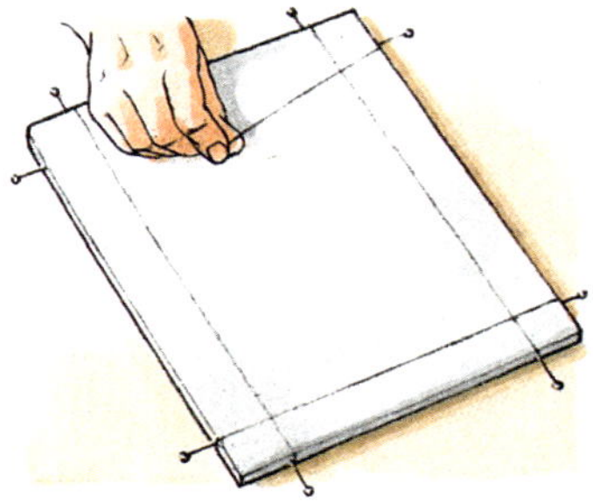

7 Anheften des Textilstückes
Das restaurierte Stück in die Mitte des überzogenen Kartons legen und mit Nadeln mit Glaskuppen gerade anheften. Glatt, jedoch nicht zu straff ziehen und weitere Nadeln einstechen. Die Fäden müssen parallel zu denen des Deckstoffes liegen.

8 Annähen des Textilstückes an den Stoff
Das Stück wird mit einer leicht abgerundeten Nadel und Fischgrätstichen auf das Stützgewebe genäht. Zuerst oben, dann an den Seiten, zuletzt unten nähen, dabei die Nadeln herausziehen. Mit zwei kleinen Stichen abketteln, die Nadel etwa 25 mm zurück durch die Fischgrätstiche führen und die Rückseite des Kartons mit Streifen zur Abdichtung gegen Staub ankleben (s. Seiten 24 bis 25).

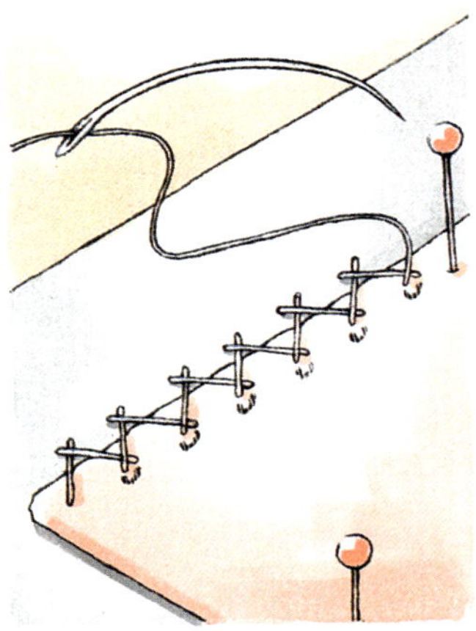

Hängen größerer Textilien

Textilien, die für eine Rahmung zu groß sind, stützt man mit einem Leinen- oder Baumwollfutter und befestigt dies mittels einer Hängeleiste an der Wand. Das Futter ist auszuwaschen, dann der Stoff zu trocknen und zu bügeln. Die Fasern müssen korrekt liegen. Bei Futter, das größer als ein Quadratmeter ist, sollte ein Fachmann beauftragt werden.

Anbringen des Futters

Das Futter sollte ringsherum 6 mm schmaler als das Textilobjekt sein. Beim Messen des Gewebes müssen 10 mm pro 300 mm Breite und Höhe zugegeben werden. Diese Zugabe verhindert, dass sich das Textilstück wellt, falls sich das Gewebe zusammenzieht. Dann sind alle vier Seiten des Gewebes 30 mm umzuschlagen.

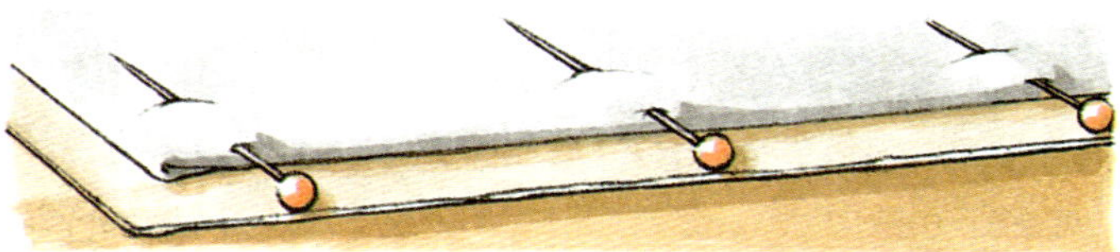

Anheften des Futters an das Textilstück
Das Textilstück mit der Vorderseite nach unten und an der Kante der Arbeitsplatte entlang legen. Die Ränder des Futters sind nach unten umzuschlagen und mit Glaskuppenstecknadeln aller 40 mm anzuheften, dabei die Gewebezugabe nach und nach einschlagen.

Annähen des Futters

Die Futternaht schließt das Futter und das Textilstück zusammen und verhindert das Eindringen von Insekten und Staub.

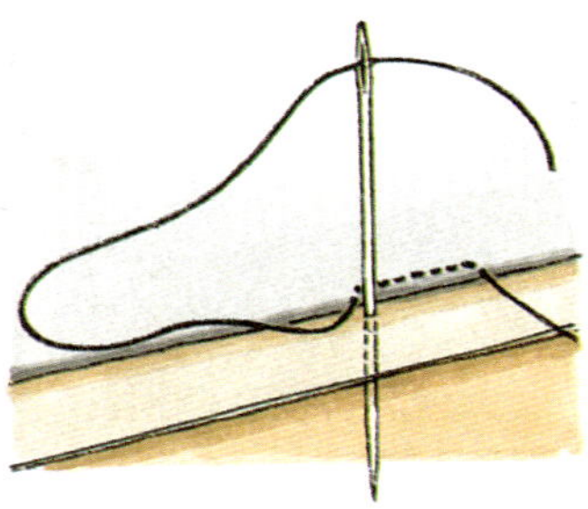

1 Einstechen der Nadel in den umgeschlagenen Rand
Bei jedem Stich die Nadel in den eingeschlagenen Rand des Futters und die Spitze 10 mm weiter nach außen führen. Dann die Nadel durch das Textilobjekt neben dem Loch, durch das der Faden an der Kante des Futters läuft, nach unten ziehen.

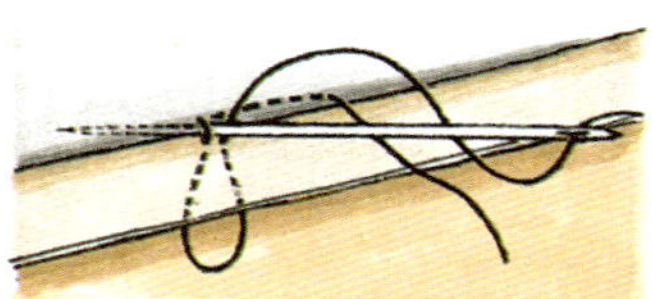

2 Rückstich
Die Nadel durch das Textilstück 1 mm rechts davon nach oben, dann in das gleiche Loch der Futterkante stechen.

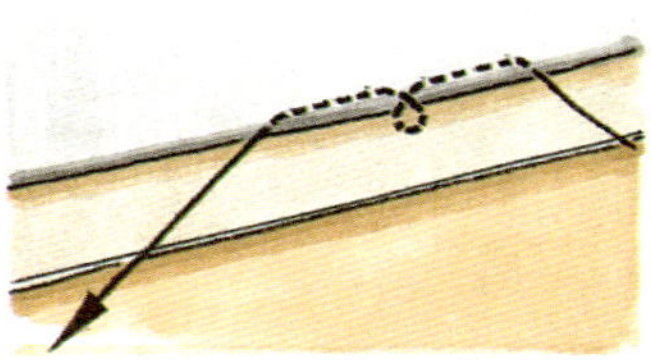

3 Festziehen des Fadens
Die Nadel 10 mm weiter an der Kante wieder nach vorn stechen, dann Futter und Textilstück zusammenziehen. An gleicher Stelle einen weiteren Stich ausführen.

Verwenden von Klettband

Wenn alle vier Seiten angenäht sind, wird der Behang mit Klettband an einer Hängeleiste an der Wand befestigt.

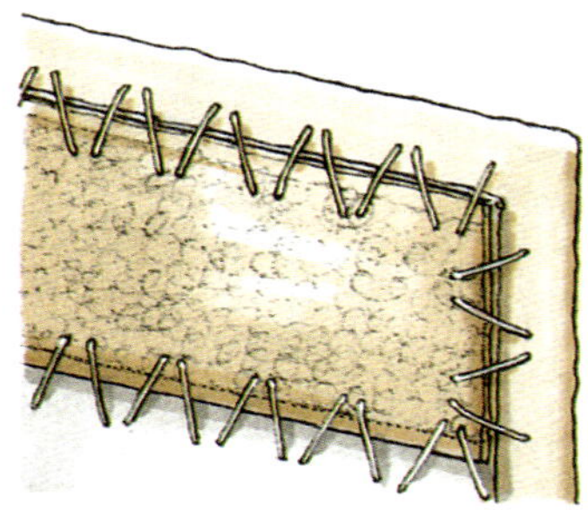

1 Annähen des Klettbandes an den Behang
Mit einem relativ starken Polyesterfaden den schmalen Teil des Klettbandes an der oberen Kante des Futters annähen. Dazu alle 6 mm v-förmige Stiche durch Futter und Textilobjekt ausführen.

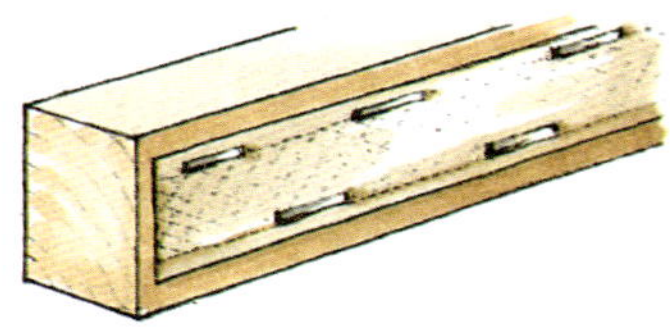

2 Anklammern des Klettbandes an die Leiste
Die Leiste an die Wand schrauben und den anderen Teil des Klettbandes mit kräftigen Polsterklammern antackern.

3 Befestigen des Behanges an der Leiste
Zur Befestigung des Behanges an der Leiste wird eine weitere Person benötigt. Nach der einen Methode rollt man den Behang ein und beginnt an der einen Seite der Leiste. Die zwei Klettbänder werden zusammengedrückt, dabei stützt eine zweite Person den Behang und rollt ihn ab. Bei der anderen Methode markiert man die Leistenmitte, drückt die Mitte des Behanges auf die Markierung und arbeitet nach außen. Hier werden zwei Personen zusätzlich benötigt.

Wenn der Behang an der Leiste angebracht ist, können weitere Angleichungen erfolgen.

Brücken und Teppiche

Viele der maschinell hergestellten Brücken und Teppiche sind sowohl attraktiv als auch widerstandsfähig. Sammler bevorzugen jedoch mit der Hand gewebte oder flach geknüpfte Arbeiten. Obwohl hierbei eine besondere Technik angewendet wird, bilden Kette und Schuss ebenfalls die Grundlage. Herstellungsseitig können flach gewebte Kelims und Sumakhs kaum von anderen Geweben unterschieden werden. Handgeknüpfte Brücken und Teppiche sind jedoch in ihrer Machart ganz anders.

Herstellen geknüpfter Florteppiche

Woll-, manchmal auch Seidenflorgarn wird um Paare von parallelen Kettfäden, die im Webstuhl von oben nach unten laufen, mittels Knoten befestigt. Nach der Fertigstellung einer Knotenreihe führt der Weber den Schussfaden quer durch und drückt ihn mit einem Kamm an die Knoten, damit diese gut an den Kettfäden sitzen. Danach wird das Florgarn mit dem Messer abgeschnitten. Ist die Reihe fertig, werden die Knotenenden mit der Schere auf Länge gekürzt, wodurch ein Flor entsteht.

Während der Arbeit führt der Weber verschiedenfarbige Florgarne ein, um das Teppichmuster herzustellen. Bei den farbig sehr abweichenden und mit der Hand hergestellten Orientteppichen sind die Muster selten gleichmäßig, da die Nomaden ihre Webstühle häufig ab- und aufbauen müssen. Dieser Variationsreichtum schmälert keineswegs den Wert der Teppiche, sondern gibt ihnen einen unverwechselbaren Reiz.

An den Ober- und Unterkanten des Teppichs schützen flach gewebte Streifen den Flor. Zusammen mit den Fransen bildet der Streifen einen dekorativen Rand. Die Fransen werden von den abgeschnittenen Kettfäden gebildet. Sie werden manchmal auch zu Quasten gebunden.

Knotenarten

Die Arten der Knoten bei Teppichen beruhen auf lokalen Traditionen. Am häufigsten werden der Türkische oder Ghiordes-Knoten und der asymmetrische Persische oder Senneh-Knoten verwendet. Der türkische Jufti-Knoten entspricht dem Ghiordes-Knoten, er wird um vier statt um zwei Kettfäden gebunden. Aufgrund der Kenntnisse über Wanderungen der verschiedenen Völker und Stämme in früheren Zeiten ist es möglich, eine bestimmte Zuordnung zu treffen. Der Ghiordes-Knoten wird vorwiegend in der Türkei, im westlichen Iran und im Kaukasus, der persische Senneh-Knoten mehr im Iran, in Indien und China verwendet.

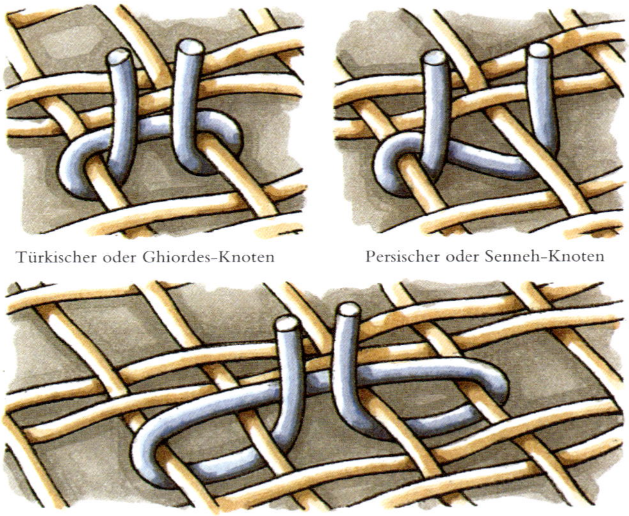

Türkischer oder Ghiordes-Knoten

Persischer oder Senneh-Knoten

Jufti-Knoten

Reinigen von Teppichen

Brücken und Teppiche bedürfen der regelmäßigen Reinigung, um Motten- und Teppichkäferbefall sowie feine Sandkörnchen, welche die Fasern abschleifen, zu entfernen. Obwohl das Staubsaugen von modernen Fußbodenbelägen üblich ist, sollte ein gewöhnlicher Staubsauger nicht für alte Brücken und Teppiche verwendet werden. Stärkere Saugwirkung kann diese zerreißen. Falls man sich keinen im Wirkungsgrad reduzierten Spezialstaubsauger zulegen möchte, ist es besser, Staub und Schmutz mit einer weichen Bürste von geknüpften Teppichen und Kelims zu entfernen. Diese Methode wendet man auch bei Brücken aus Seide an.

Der Bodenbelag sollte möglichst wöchentlich abgebürstet und bei Bedarf alle zwei Jahre gereinigt werden. Dabei ist es ratsam, einen Fachmann für Orientteppiche zu befragen. Einmal im Monat ist eine Brücke oder ein Teppich anzuheben, damit der Schmutz darunter weggekehrt und die Rückseite des Teppichs abgebürstet werden kann.

Abbürsten von Teppichen
Zum Säubern von Teppichen verwendet man eine weiche Teppichbürste. Es sollte vorsichtig in Richtung des Flors gebürstet werden (von oben nach unten).

Entfernen von Flecken
Kleine Flecken stören meistens nicht, vorausgesetzt, sie fallen nicht zu sehr auf. Auf Brücken und Teppichen mit sehr farbigen Mustern sind sie tatsächlich kaum zu sehen. Allerdings sollte man sich einen alten Fleck von einem Fachmann identifizieren lassen, weil dieser Fleck irreparable Schäden an den Fasern hervorrufen kann. Der Fachmann wird feststellen, ob er entfernt werden muss und einen Tipp geben, wie zu verfahren ist (s. auch Seite 129).

Herausfinden der Florrichtung

Streicht man mit der Hand in verschiedenen Richtungen über den Teppich, fühlt man, dass er in der einen Richtung weicher ist. Beim Bürsten ist in die Richtung zu arbeiten, die weicher wirkt. Dadurch wird das Aufstehen des Flors vermieden.

Ausbessern von Teppichen

Niemand erwartet von einem Teppich, über den jahrelang gelaufen wurde, dass er noch wie neu aussieht. Demzufolge sollten selbst ziemlich mitgenommene Teppiche nicht restauriert werden. Ausgebildete Restauratoren schaffen kleine Wunder mit nicht sichtbaren Ausbesserungen von Löchern und Flicken. Allerdings verlangen solche Ausbesserungen Fingerspitzengefühl beim Ergänzen von Farben und Mustern. Ein Restaurator kann auch Fransen und Randleisten ersetzen. Das sind mühsame Arbeiten. Werden sie nicht von einem Fachmann ausgeführt, können leicht noch mehr Schäden entstehen.

Bevor sich ein Teppich ganz auflöst, sollte er nicht mehr benutzt oder kleinere Ausbesserungen selbst vorgenommen werden.

Verhindern des Ausfransens

Der untere Abschluss des Kelims (der schmale Rand aus eng gewebten Fäden oben und unten an einem Florteppich) hält die Knoten fest und verhindert das Auftrennen. Wenn ein Kelim beginnt auszufransen, ist sofort die Hauptdekorfläche des Teppichs zu sichern. Dazu wird ein Stück Polstergurtband aus ungebleichter Baumwolle (Kaufhaus, eventuell Kurzwarenhändler) benötigt. Es wird in Breiten bis zu 50 mm angeboten. Man verwendet eines in der Breite des Kelimabschlusses.

Falls das Band wie der Kelimabschluss gefärbt werden muss, kann dies mit Beize in kaltem Wasser geschehen.

Anbringen des Gurtbandes

Das Band mit der Hand entlang des ausgefransten Randes an den Kelimabschluss annähen. Auf beiden Seiten des Bandes mit einem dickeren Polyesterfaden V-Stiche ausführen. Wenn das Band etwas breiter als nötig ist, sind die beiden Nähte auf dem Kelimabschluss anzubringen und nicht durch den Flor.

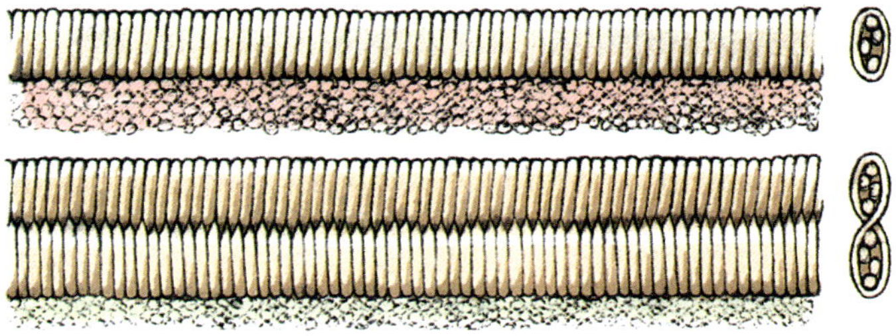

Ausbessern von Randleisten

Als Teil des Webvorganges werden an jeder Seite des Teppichs die Schussfäden um die letzten Kettfäden gewunden. Wenn der Teppich fertig ist, umwickelt man die Ränder mit Garn, um die Randleisten zu verstärken. Manche Teppiche haben Doppelrandleisten aus einer Wicklung in Form einer Acht.

Da sie dicker sind als der übrige Teppich, stoßen sie sich relativ schnell ab. Hier ist die defekte Wicklung zu erneuern, bevor Kette und Schuss zerrissen sind.

1 Einziehen eines neuen Fadens

Die Nadel mit dem Faden etwa 12 mm vom Beginn der Schadstelle unter die alte Wicklung führen.

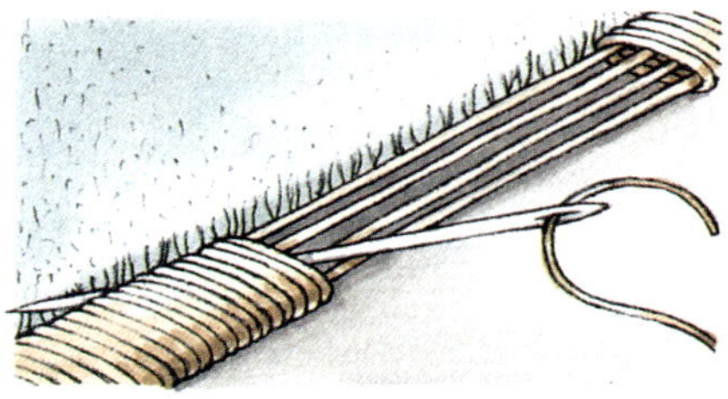

2 Umwickeln

Von dieser Stelle aus den Faden zurückführen. Den gerissenen Rand sauber, aber nicht zu fest übernähen, sonst verformt sich die Randlinie.

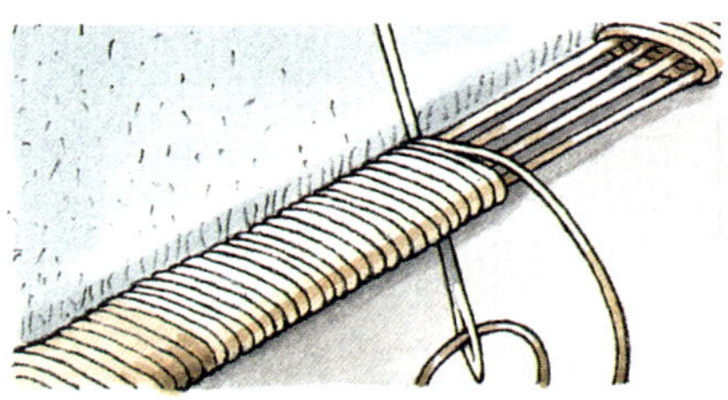

3 Verstechen

An der Schadstelle 12 mm weiter nähen, dann die Nadel etwa 25 mm zurück durch die neue Wicklung führen und das Garn abschneiden.

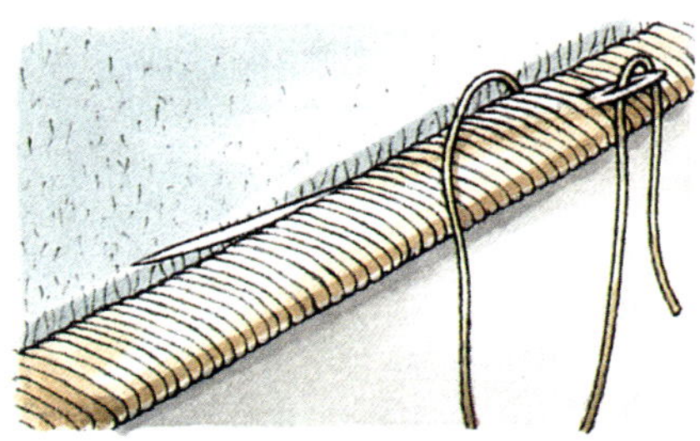

Gebrauch von Teppichen

Teppiche werden mehr als andere Antiquitäten ihrem eigentlichen Zweck entsprechend benutzt. Dadurch sind sie natürlich auch ständig gefährdet. Bodenbeläge können sich schnell verschleißen, wenn sie nicht so behandelt werden, dass sie möglichst wenig abgenutzt werden.

Vorbeugen von Schäden bei Teppichen

Alte Brücken und Teppiche sollten nicht in Korridoren, auf Treppen, Treppenabsätzen und in anderen Bereichen mit starkem Begängnis ausgelegt werden. Am gefährdetsten sind sie im Esszimmer. Dort haben sie nicht nur das Gewicht des Esstisches auszuhalten, sie werden auch durch Füße und Stuhlbeine immer wieder an der gleichen Stelle beansprucht. Ebenso lässt sich kaum vermeiden, dass Speisen und Getränke darauf fallen. Selbst wenn man einen alten Läufer in das Schlafzimmer legt, welches selten mit schweren Schuhen und Stiefeln begangen wird, lohnt es sich, ihn regelmäßig zu drehen, damit die Abnutzung verteilt und er überall dem Licht ausgesetzt wird. Es sollten auch keine schweren Möbel auf einen alten Teppich gestellt werden. Möbelgleiter zum Schutz der Teppiche vor Stuhlbeinen und Rollen sind sehr zu empfehlen.

Brücken und Teppiche sollten nicht direkt auf Stein, Beton oder Fliesen, ebenso nicht auf Dielen mit breiten Fugen gelegt werden. Eine gute Unterlage verlängert die Lebensdauer und verhindert, dass durch die Fugen Schmutz zieht, der dann als Streifen auf der Oberfläche des Belages erscheint. Wird eine Brücke auf einen Teppichboden gelegt, muss eine Antirutschmatte dazwischen gelegt werden. Wasserrohrbrüche können sehr schaden (besonders von Heizrohren, in denen Entsalzer und Korrosionsschutzmittel eingesetzt werden). Die Ventile sind regelmäßig zu kontrollieren.

Brücken als Wandbehänge

Brücken von besserer Qualität und solche, die zu schlecht sind, um als Belag zu dienen, können an die Wand gehängt werden. Dabei ist zu beachten, dass das Gewicht verteilt wird, damit kein Zug auf defekte Stellen ausgeübt wird. Brücken dürfen nicht in die Sonne, auf feuchte Wände, über einen Kamin oder einen Heizkörper gehängt werden.

Hängen einer Brücke an eine Gardinenstange

Als Aufhängung näht man 50 mm breites Teppichband auf die Rückseite des Teppichs, und zwar ungefähr 18 mm unterhalb der Fransen oder des Kelimrandes. Das Band ist oben und unten mit stärkerem Polyesterfaden anzunähen. Dabei muss genügend Hohlraum für die Stange gelassen werden. Die Enden der Stange werden in die Wandhalterungen gesteckt. Die Stange kann auch mittels Ketten angehängt werden.

Verwenden von Klettband

Zur Befestigung von schweren Brücken kann man Klettband verwenden. Das eine Band wird auf die Rückseite der Brücke genäht, das andere auf einer Hängeleiste angetackert.

Soforthilfsmaßnahmen

Es ist kaum zu verhindern, dass ein alter Teppich, der auf dem Fußboden liegt, irgendwann fleckig wird. Jedoch kann man durch eine sofortige Behandlung verhindern, dass der Fleck gar nicht mehr zu entfernen ist. Sollten Sofortmaßnahmen nichts nützen, ist ein fachlicher Rat bei einem Spezialisten einzuholen.

Aufsaugen verschütteter Flüssigkeiten

Verschüttete Flüssigkeiten müssen sofort aufgesaugt werden, damit sie nicht in das Material eindringen können.

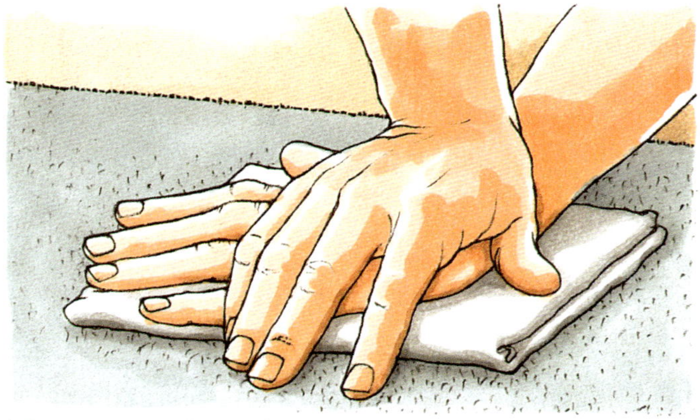

1 Benutzen von Saugtüchern

Ein trockenes weißes Papiertuch mehrfach falten, auf die feuchte Stelle legen und kräftig drücken. Ist das Tuch durchweg feucht, ein neues Tuch verwenden und erneut drücken. So fortfahren, bis die Feuchtigkeit vollständig aufgesaugt ist.

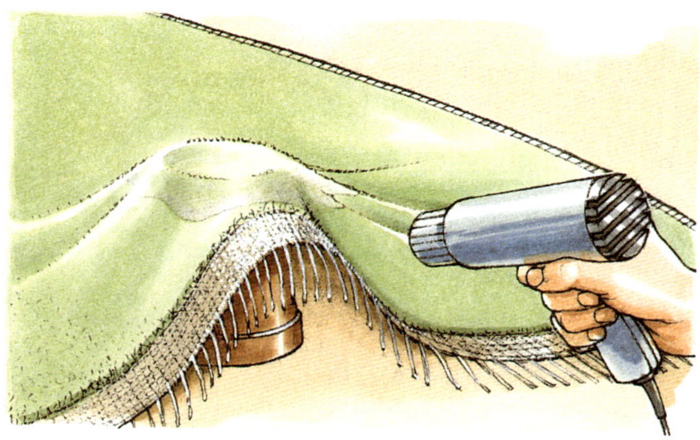

2 Trocknen des Teppichs

Handelt es sich um verschüttetes sauberes Wasser, den Teppich mit einem Föhn auf der Kaltstufe oder einem Ventilator nach dem Auftupfen trocknen. Die feuchte Stelle dabei etwas anheben, damit die Luft besser zirkuliert. Wenn der Teppich trocken ist, den Flor mit den Fingerspitzen aufrichten.

Aufsaugen von Rotwein
Es ist möglichst viel Wein mit Saugtüchern zu entfernen, dann wird dick Salz darauf gestreut und dieses am nächsten Morgen wieder abgebürstet.

Tierurin
Urin enthält Säure, die für Textilien schädlich ist. Er darf nicht mit Wasser ausgewaschen werden, weil dadurch noch mehr Schaden entsteht. Der feuchte Teppich ist aufzunehmen und eine Folie unterzuschieben, damit der Bodenbelag darunter geschützt wird.

Dann wird möglichst viel Feuchtigkeit mit einem sauberen Baumwolltuch aufgesaugt. Anschließend ist der Teppich zu einem Restaurator zu bringen. Alte Brücken und Teppiche sollten nie in einen Raum gelegt werden, in dem sich Haustiere aufhalten dürfen.

Entfernen von Schmutz
Sollte jemand einen Teppich mit den Schuhen verschmutzen, lässt man den Teppich trocknen und dann möglichst viel Schmutz abbröckeln. Anschließend wird er gebürstet.

Entfernen von Kaugummi
Um Kaugummi von einem Teppich zu entfernen, wird ein Eiswürfel in einem Plastikbeutel an den Kaugummi gepresst. Ist der Gummi hart gefroren, hebt man ihn mit einem stumpfen Küchenmesser ab. Handelt es sich um einen wertvollen Teppich, übergibt man ihn einem Fachmann. Niemals sollte man selbst Hand anlegen.

Aufbewahren von Brücken und Teppichen

Liegt ein Teppich längere Zeit gefaltet, können die entstandenen Knicke nicht wieder entfernt werden. Deshalb rollt man ihn zur Aufbewahrung längs auf ein an beiden Seiten überstehendes großes Plastikrohr.

Um ein Zerdrücken des Flors zu vermeiden, muss ein Knüpfteppich immer von oben eingerollt werden. Mit dem Handballen wird über den Teppich gestrichen. Spürt man einen Widerstand, zeigt dieser in Richtung des oberen Randes.

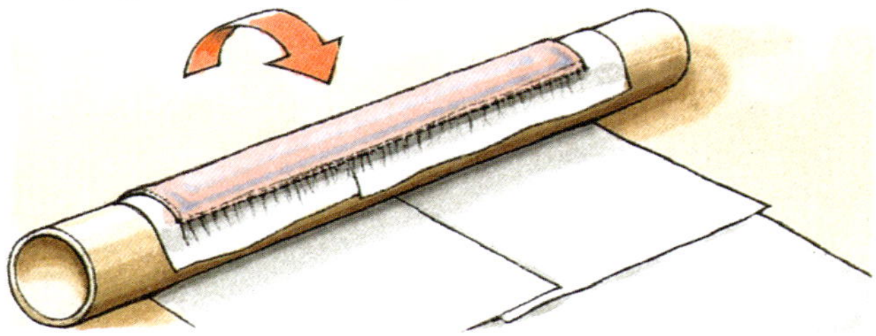

Einrollen eines Teppichs
Den Teppich mit dem Gesicht nach unten legen und mit säurefreiem Seidenpapier bedecken. Die Röhre oben am Teppich anlegen und einrollen, dabei den Flor niederstreichen. Den eingerollten Teppich in ein altes Baumwolltuch oder gewaschenen Kattun wickeln und mit einem breiten Baumwollband zubinden. Die Röhrenenden möglichst auflegen, um den gerollten Teppich horizontal und frei zu halten.

Verwenden alter Teppiche als Bodenbelag
Unter alte Teppiche werden auf die Dielen Zwischenlagen von guter Qualität aufgelegt. Außerdem kann der Flor durch Möbelgleiter an den Tisch- oder Stuhlbeinen geschützt werden.

Die Rohmaterialien

Kunststoffe lassen sich in bestimmten Phasen ihrer Herstellung verformen und gießen. Sie gehören wie die anorganischen Stoffe Mörtel oder Gips zu den „plastischen Massen“. Dieser Begriff wird allgemein auf natürliche und synthetische Materialien angewendet, die eine polymere Struktur haben. Polymere sind aus großen Molekülketten aufgebaut, die aus vielen (griechisch „poly“) Teilen bestehen.

Schildpatt und Horn sind natürliche organische Materialien, die durch Hitze und Druck verformt werden können. Frühe Kunststoffe wurden aus Naturmaterialien, wie Kautschuk, Zellulose, Baumharz, Schellack und Milch, hergestellt. Sie können in Abhängigkeit von der speziellen Zusammensetzung und den eingesetzten Verfahren zu vielfältigen Stoffen umgewandelt werden. Kunststoffe werden in zwei Hauptgruppen eingeteilt – Thermoplaste und Duroplaste. Thermoplaste können durch Hitze wieder erweicht werden, während Duroplaste durch eine chemische Reaktion aushärten, nicht wieder erweichbar und im Gegensatz zu den elastischeren Thermoplasten meist hart und brüchig sind.

Kunststoffe

Wir leben im „Plastikzeitalter", in welchem wir ständig von Kunststoffen der unterschiedlichsten Art umgeben sind. Vermutlich haben sie mehr als andere Materialien zur Entstehung der Wegwerfgesellschaft beigetragen, denn Kunststoffe sind so verbreitet und billig, dass wir nicht darüber nachdenken, sie zu bewahren.

Auf organischen Substanzen beruhende Kunststoffe wurden in der Mitte des 19. Jahrhunderts erfunden. Diese Pionierarbeit führte zu einer neuen Industrie, die sich in den 30er Jahren des 20. Jahrhunderts durch die Einführung neuer synthetischer Materialien rasch entwickelte und auch heute noch prosperiert. Kunststoffe dienten zunächst als Ersatz für Naturmaterialien, wie Elfenbein, Schildpatt und Bernstein. Ihre Eigenschaften sind aber so vielseitig, dass sie bald für Produkte benutzt wurden, die bis dahin aus Holz, Metall, Glas, Keramik und sogar aus Leder sowie textilen Materialien bestanden.

Gegenwärtig wächst das Interesse an alten Erzeugnissen aus Kunststoff. Doch dieser Kunststoff löst sich langsam auf – trotz aller Bemühungen der Sammler, ihn unzerstörbar zu machen. Seine chemische Natur wird durch Veränderungen in der Umgebung beeinflusst. Welcher Kunststoff beständig ist, wird die Zeit zeigen. Die folgenden Informationen beschreiben kurz die gängigen Kunststoffe, die seit 1950 für die verschiedensten Produkte eingesetzt wurden und weisen darauf hin, wie sie erhalten werden können.

Kunststofftypen

Sammler von Werken aus Kunststoffen könnten sich auf einen speziellen Materialtyp oder auf Objekte, die sich durch besondere Bedeutung, Erscheinung oder Funktion auszeichnen, konzentrieren. Gleich unter welchem Gesichtspunkt gesammelt wird – es ist immer gut, den verwendeten Kunststofftyp zu kennen, um auf dieser Grundlage die besten Methoden zur Erhaltung des Materials zu finden.

Die Bestimmung der chemischen Formel eines Kunststoffes aus Polymeren und Zuschlagstoffen für handelsübliche Sorten kann nur von einem Labor vorgenommen werden.

Das ist jedoch normalerweise nicht erforderlich, weil man auch anhand von Oberflächenstruktur, Farbe, Durchsichtigkeit, Härte oder Weichheit sowie durch Geruch den Kunststofftyp erkennen kann. Zeitstil und Funktion des Objektes sowie die Herstellungsmethode sind ebenfalls gute Anhaltspunkte. Bestehen Zweifel, sollte man einen Fachhändler oder ein einschlägiges Museum befragen.

Herstellungsmethoden

Die meisten Kunststoffe können verflüssigt und in einer Form unter Hitze und Druck verarbeitet werden. Bei einigen anderen ist dies auch im kalten Zustand möglich.

Thermoplaste, die als Tafeln oder Stäbe produziert werden, kann man nach dem Erwärmen biegen oder pressen. Frühe Erzeugnisse aus Zellulosenitrat-Tafeln sowie Vorkriegsprodukte aus Acryltafeln wurden vorgeformt.

Bei der Spritzblastechnik benutzte man früher Luft zur Herstellung von Hohlkörpern, indem zwei Thermoplastblätter durch Wärme erweicht und in Hohlformen mit Luft ausgedrückt wurden. Heute werden dazu Extruder benutzt, bei denen durch den Kolben Luft eingeblasen wird.

Hohlkörper können auch durch Überziehen einer erwärmten Form mittels eines polymeren Plaststoffes hergestellt werden. Diese Methode wird beispielsweise bei flexiblen Puppen und weichem Babyspielzeug benutzt. Extrudierte Thermoplaste werden durch Pressen des erwärmten Rohstoffes in einer Form angefertigt, anschließend abgekühlt und besonders zur Herstellung endloser Profile angewendet.

Beim Formpressen wird Duroplastpulver in eine Form gefüllt und diese erwärmt, bis das Pulver flüssig ist. Dann presst man die Form völlig zusammen. Nach dem Aushärten wird die Form geöffnet und das Stück entnommen.

Beim Spritzguss wird Thermoplastgranulat erwärmt, verflüssigt und unter Druck durch einen Trichter in eine mit Trennmittel überzogene Hohlform eingespritzt.

Durch Linien auf der Oberfläche kann man geformte Kunststoffobjekte von denen unterscheiden, die mit der Maschine hergestellt wurden. Die Linien stammen von den Fugen der Formteile, die getrennt werden müssen, um das Gussstück zu entnehmen. Beim Spritzguss zeigt eine runde Markierung, wo die Masse eingespritzt wurde.

Schellack

Allgemein bekannt als Überzug für feine Möbel wurde Schellack unter Beifügung von organischen Füllern, wie Holzmehl, oder mineralischem Pulver, wie Schieferpulver, als formbarer Thermoplast benutzt. Die Masse ermöglichte sehr gute Abgüsse. Sie wurde für Kästchen und Fotorahmen verwendet. Am bekanntesten sind die Schallplatten aus Schellack. Dieser Kunststoff ist ein relativ zerbrechliches Material, welches sich bei Wärme verformt. Geschmolzener Schellack riecht wie Siegelwachs. Als bei den Schallplatten der Schellack durch Vinyl ersetzt wurde, sind einige Platten zu dekorativen Schalen und Gefäßen umgeformt worden. Dies geschah in Handarbeit, wobei die Platten durch Tauchen in heißes Wasser in einen plastischen Zustand gebracht wurden.

Schellackgegenstände werden mit einer weichen Bürste von Staub befreit und mit einem weichen, in warmem Seifenwasser angefeuchteten Tuch abgewischt.

Hartgummi

Vulkanit bzw. Ebonit ist ein Hartgummi, der seit etwa 1839 bekannt war. Er wurde jedoch bis zur Mitte des 19. Jahrhunderts nicht für den Handel produziert. Ursprünglich stellte man ihn durch Vulkanisieren von Naturkautschuk her. Seit den 40er Jahren des 20. Jahrhunderts wurde er auch aus synthetischem Gummi gewonnen.

Aus dem meist schwarzen Vulkanit entstanden viele Kleinobjekte, wie Knöpfe, Kämme, Schmuckwaren und Füllfederhalter. Es gab aber auch pinkfarbene Zahnprothesen sowie Objekte in Braun und solche mit braunen und roten Streifen.

Vulkanit ist licht- und wärmeempfindlich. Dadurch kann die Oberfläche oxidieren und sich mit einem stumpfen grünbraunen Farbton überziehen. Stellt man nach dem Anfassen an den Fingern einen schwefligen Geruch fest, so ist dies ein Zeichen, dass es sich um ein Objekt aus Hartgummi handelt. Zerfällt der Hartgummi, wird Schwefelsäure frei und die Feuchtigkeit lässt Markierungen entstehen. Beim Umgang mit alten Stücken sollten deshalb immer Baumwollhandschuhe getragen werden. So wird vermieden, dass durch feuchte Hände Schwefelsäure auf andere Objekte übertragen wird und sich Fingerabdrücke zeigen. Das Material sollte generell möglichst wenig angefasst werden.

Pflege von Vulkanit

Vulkanisierte Hartgummi-Artikel dürfen nicht dem Licht ausgesetzt und müssen kühl und trocken aufbewahrt werden. Die Oberfläche ist mittels eines mit Petroleum getränkten Tuches zu säubern. Es kann aber auch mikrokristallines Wachs dünn aufgetragen und dann mit einem sauberen weichen Tuch nachpoliert werden.

Nitrozellulose

Nitrozellulose fand in der Mitte des 19. Jahrhunderts als Kollodium für die Beschichtung von Fotoplatten und als Mittel zur Wundbehandlung Verwendung. Daraus entwickelte Alexander Parkes einen weiteren Kunststoff (Parkesine genannt). Dieses Material wurde erstmals auf der Weltausstellung von 1862 gezeigt. Später erfand man es nochmals in Amerika als Zelluloid und in Großbritannien als Xylonite. Es hat eine relativ große Bedeutung, denn Nitrozellulose war der erste auf natürlichen Polymeren beruhende synthetische Kunststoff. Aus ihm wurden eine Vielzahl von Haushaltsgegenständen, Spielzeug und die frühen Kinofilme gefertigt. Viele dieser Produkte formte man vor oder presste sie mittels Druckluft aus zugeschnittenen Platten, die es in vielen Farbtönen gab. Zu Beginn sollte Zelluloid Elfenbein und Schildpatt ersetzen, später wurde es dann für zahllose andere Dinge eingesetzt. Nitrozellulose-Kunststoff ist an seinem charakteristischen Geruch nach Kampfer zu erkennen.

Pflege von Zelluloid

Zelluloid ist leicht entflammbar. Da Feuchtigkeit den Zerfall beschleunigt, sollten die Erzeugnisse in einer trockenen und relativ kühlen Umgebung aufbewahrt werden.

Falls auf der Oberfläche Anzeichen einer Auflösung, wie Ausblühungen oder Krakelierungen auftreten, sollte man die Dienste eines Kunststoffrestaurators in Anspruch nehmen, der möglicherweise weitere Schäden verhindern kann.

Nicht befallene Objekte reinigt man mit mildem Seifenwasser und Baumwolltupfern oder einem weichen Tuch, wobei zuvor altes Wachs oder fettige Rückstände sorgfältig mit Paraffin zu entfernen sind. Nach dem Reinigen müssen die Zelluloid-Objekte mit Papiertüchern getrocknet werden. Über den gereinigten Kunststoff darf kein weiterer Oberflächenüberzug gelegt werden.

Kasein

Kasein wird aus dem Protein der Kuhmilch produziert. Ende des 19. Jahrhunderts fand man heraus, dass Kasein mit Formaldehyd einen recht annehmbaren, wasserabweisenden, durchscheinenden Thermoplast ergibt, der in vielen Farben hergestellt und als künstliches Schildpatt und Horn verwendet wurde.

Die meisten Erzeugnisse aus Kasein, wie Füllfederhalter, Gürtelschnallen, Handbürsten und Handspiegel sowie dekorative Knöpfe, werden spanend verarbeitet und nicht geformt.

Pflege von Kasein

Kasein nimmt Feuchtigkeit auf und gibt sie ab. Dadurch können feine Sprünge auf der Oberfläche entstehen. Die Erzeugnisse sind in einer gleich bleibenden Umgebung und unter Ausschluss von Sonnenlicht aufzubewahren. Sie werden mit Tupfern und sehr mildem Seifenwasser gereinigt und anschließend mit Saugtüchern abgetrocknet. Zuerst muss allerdings geprüft werden, ob die Farbe fest sitzt. Ist das nicht der Fall, dürfen nur kleine Abschnitte bearbeitet werden. Zuletzt ist die Oberfläche dünn mit mikrokristallinem Wachs zu überziehen.

Zelluloseacetat

Zelluloseacetat beruht auf den gleichen natürlichen Polymeren wie Nitrozellulose. Durch Hinzufügen von Essigester entstand ein nicht entflammbarer Thermoplast. Dieser entsprach ursprünglich dem Zelluloid. Durch die Entwicklung geeigneter Weichmacher im frühen 20. Jahrhundert konnte er jedoch für die neu erfundene Spritzblasverformung verwendet werden. Zelluloseacetat ist ein widerstandsfähiges Material und wird vor allem für Spielzeug als Ersatz der spröden Stoffe Bakelit oder Polystyrol verwendet.

Weiße Ausblühungen, Verformungen sowie der Geruch nach Essigsäure sind bei Zelluloseacetat Anzeichen für eine langsame Auflösung. Erzeugnisse aus Zelluloseacetat behandelt man wie solche aus Zelluloid. Durch die sich verflüchtigenden Weichmacher können sie sich verformen. Deshalb sind sie in einem Behältnis ohne Lüftung aufzubewahren.

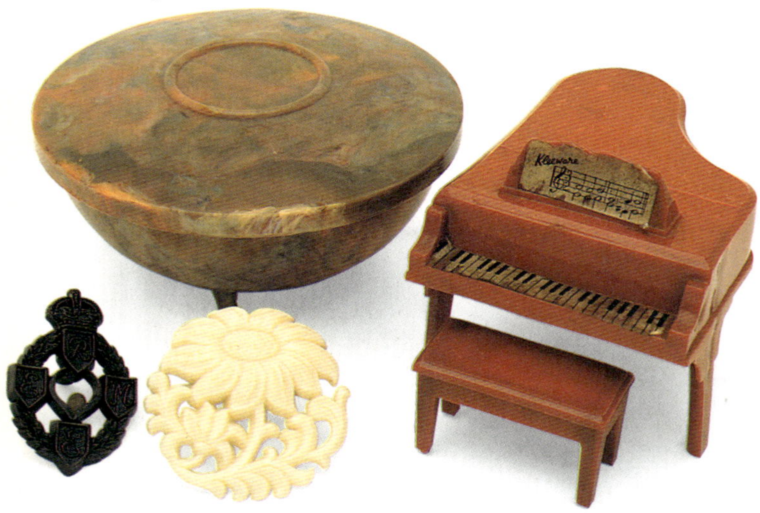

Duroplaste

Duroplaste wurden als Pulver produziert, aus dem man unter Hitze stabile Haushaltswaren und Installationsmaterialien in Formen presste. Am bekanntesten ist Bakelit, mit dem das Zeitalter der Massenproduktion von Kunststoffartikeln begann. Entwickelt 1909 in den USA von L. H. Baekeland, einem Amerikaner, war Bakelit der erste Kunststoff, der nur auf synthetischem Harz beruhte. Er besteht aus Phenol (einem Derivat aus Teer oder Benzol) und Formaldehyd kombiniert mit Füllstoffen und stellt einen harten, widerstandsfähigen Kunststoff mit sehr guten elektrischen und hitzebeständigen Eigenschaften dar.

Pflege von Bakelit

Die Oberfläche kann durch Sonnenlicht stumpf werden und etwas an Farbe verlieren. In Innenräumen verändert es sich unter normalen Bedingungen kaum. Man reinigt es mit einem weichen Tuch und mildem Seifenwasser (nicht in das Wasser tauchen). Dann wird es mit einem sauberen Tuch getrocknet. Wer die Farbe auffrischen will, trägt einen guten Autolackreiniger auf, danach wird das betreffende Stück abgewaschen. Die Oberfläche wird anschließend dünn mit mikrokristallinem Wachs überzogen.

Aminoplaste

Darunter werden viele duroplastische Harze verstanden, die auf Harnstoff und seinen Derivaten beruhen und zusätzlich Formaldehyd enthalten. Obwohl sie in ähnlicher Weise wie die Phenolharze (s. Duroplaste) hergestellt werden, sind sie in vielen hellen und dunklen Farbtönen erhältlich.

Die erste Sorte, sie wurde unter dem Namen „Beatl“ angeboten (abgeleitet von beat all – schlägt alles), wurde in der Mitte der 20er Jahre eingeführt. Es folgten Harnstoffharze und Melaminharze, letztere in der Mitte der 30er Jahre. Beides waren harte und widerstandsfähige Materialien, wobei Melamin noch resistenter gegen Kratzer und Hitze ist. Es wird allgemein für robustes, farbiges Geschirr benutzt, ebenso als Laminat für Arbeitsplatten. Allgemein sind Aminoplaste wie Bakelit zu pflegen (s. oben).

Polyvinylchlorid (PVC)

PVC gehört zu den synthetischen Thermoplasten. Es wird durch Polymerisation von Vinylchlorid hergestellt. PVC ist verhältnismäßig fest. Es kann durch Weichmacher flexibel und durch weitere Zusätze für die verschiedensten Anwendungen nutzbar gemacht werden.

Die ersten PVC-Kunststoffe der 30er Jahre waren instabil. Man produzierte sie in Form von Filmen oder flexiblen Tafeln. Später wurden diese Kunststoffe mit Textilien zu Kunstleder verarbeitet. Auch für die Herstellung flexiblen Spielzeuges, wie Puppenköpfe mit weicher Oberfläche sowie Babyspielzeug, wurden sie benutzt. Aufgrund der niedrigen Kosten und der Möglichkeit, feine Details zu formen, wurde PVC das bevorzugte Material für Schallplatten.

Moderne Hart-PVC-Kunststoffe, deren Entwicklung in den 50er Jahren begann, findet man heute im Baustoffhandel.

Pflege von PVC-Kunststoffen

Alte PVC-Kunststoffe neigen aufgrund des Schwindens der Weichmacher zum Verlust ihrer Flexibilität. Eine unmittelbare Sonneneinstrahlung ist zu vermeiden und die Umgebung sollte kühl sein. PVC-Weichmacher können andere Kunststoffe angreifen. Schmutzige Oberflächen sind mit mildem Seifenwasser zu reinigen.

PVC

Acrylglas

Acrylglas

Polymethylmetacrylat (PMMA), allgemein unter dem Namen Plexiglas oder Resartglas bekannt, ist ein wasserklarer und transparenter Thermoplast. Es wird in Tafeln bzw. Stäben und in vielen durchscheinenden sowie opaken Farben produziert.
Außerdem gibt es ein flüssiges Harz zum Kaltgießen, mit dem häufig dekorative Objekte eingegossen wurden. Heute verwendet man für diesen Zweck Polyesterharz.
Das in den 30er Jahren entwickelte Acrylharz diente in Tafelform als Ersatz für Glas. Auch Installationsmaterialien wurden aus ihm geformt. Die Endbearbeitung erfolgte mit gängigen Werkzeugen und Maschinen. Acrylglas kann auch ganz normal geschweißt und handpoliert werden. Daneben gibt es noch Gießharz, welches für Knöpfe und Telefonzubehör als Ersatz für das ältere Bakelit Verwendung fand.

Aminoplaste

Polyethylen

Polystyrol

Pflege von Acrylglas

Plexiglas ist ein strapazierfähiger Kunststoff, der mit mildem Seifenwasser gereinigt und dann mit Saugtüchern abgetrocknet werden kann. Die Oberflächen dürfen nicht gerieben werden, da sie sich sonst aufladen und Staub anziehen. Antistatikreiniger (erhältlich in Fachgeschäften), die eine wochenlang wirksame Schutzschicht bilden, können hier Abhilfe schaffen. Lösungsmittelreiniger sind zu vermeiden, weil feine Sprünge auf der polierten Oberfläche entstehen können. Die Hochglanzoberfläche wird durch das Schieben von Gegenständen zerkratzt. Staub ist regelmäßig mit einem feinen Pinsel zu entfernen. Feine Kratzer kann man relativ leicht wegpolieren.

Polyethylen

Polyethylen gehört zu den Thermoplasten. Es wurde erstmals 1933 produziert und wird durch Polymerisation aus Ethylen hergestellt. Polyethylen ist ein robuster, wasserdichter, gut isolierender, säurebeständiger und ungiftiger Kunststoff, der in zwei Grundvarianten anzutreffen ist: Hochdruck- (flexibel und weich) und Niederdruck-Polyethylen (relativ steif und fest). Polyethylen hat im Normalfall eine durchscheinende graublaue Färbung, wird jedoch auch in vielen opak-durchscheinenden Farben angeboten und beispielsweise für Verpackungen, Wasserrohre, Kanister, Essgeschirr und Planen verwendet. Man reinigt es mit Seifenwasser.

Polystyrol

Polystyrol ist hart, etwas spröde und transparent und gehört ebenfalls zu den Thermoplasten. Es wird seit der zweiten Hälfte der 30er Jahre in größeren Mengen hergestellt und hat ausgezeichnete Formungs- sowie Isoliereigenschaften. In den 40er Jahren kamen Sorten mit hoher Druckfestigkeit hinzu, die jedoch inzwischen durch den modernen ABS-Kunststoff ersetzt wurden. Polystyrol gibt es in vielen, vor allem opaken Farben.

Polystyrol kann spritzgegossen, warm verformt und extrudiert, ebenso mit Schweißkleber verbunden werden. Es wird vor allem für Elektrozubehör, Haushaltsgeräte sowie Spielzeug und in den letzten Jahren geschäumt als Styropor zum Verpacken und Isolieren verwendet. Die Reinigung erfolgt mit Seifenwasser.

Reparieren von Kunststoffen

Die meisten Kunststoffe sind nicht leicht zu bearbeiten; Reparaturen erweisen sich meist als schwierig. Die Mehrzahl der Objekte wurde in einem Stück gegossen. Es gibt auch solche, die aus einzelnen gegossenen oder bearbeiteten Teilen bestehen und auf mechanische Weise mit Gewindeschrauben verbunden oder zusammengeklebt sind.

Bei den meisten Kunststoffen hält Klebstoff nicht sehr dauerhaft. Eine Ausnahme bildet Epoxidharzkleber, der Duroplaste und feste Thermoplaste gut leimt. Für kleinere Reparaturen kann auch Zyanacrylatkleber verwendet werden. Restauratoren benutzen ihn weniger, da die Langzeitreaktionen noch nicht genügend bekannt sind.

Bei Polystyrol und Acrylglas können aus dem gleichen Material bestehende Schweißkleber eingesetzt werden. Polystyrolzement (für Bastelarbeiten) ist in Modellbaugeschäften erhältlich, Acrylkleber in Geschäften für Acrylglas. Durch diese Kleber entsteht eine Art Schweißverbindung, der jedoch nur auf der Klebestelle aufgetragen werden darf.

Spannungsrisse

Spannungen in Kunststoffen zeigen sich teilweise als helle Ausblühungen, bei Acrylglas sowie Polystyrol als feine Krakelierungen. Diese Erscheinungen werden durch die eingemischten Mittel hervorgerufen. In extremen Fällen kann der Kunststoff brechen. Spannungen können durch die Formgebung, den Druck oder die Hitze während der Fabrikation entstehen. Hersteller von Acryl sind bemüht, diese Probleme durch kontrollierte Temperaturen zu lösen. Bei Schäden durch Spannungen kann man nur wenig tun. Es sollten generell keine Lösungsmittel zur Reinigung verwendet werden, damit sich das Problem nicht vergrößert. Zum Entfernen von Klebstoffresten können weniger starke Verdünnungen oder Paraffin Verwendung finden (außer bei Duroplasten, Acrylglas und Weich-PVC).

Kleben von zerbrochenem Bakelit

Da Bakelit relativ spröde ist, bricht es leicht bei Schlag und Fall. Abgüsse werden gewöhnlich mit dicken Wänden hergestellt, damit die Bruchflächen bündig angesetzt werden können. Bei Bedarf können fettige Rückstände mit weniger starker Verdünnung von alten Bruchstellen entfernt werden. Dann wird der Kunststoff mit warmem Seifenwasser gewaschen.

1 Auftragen von Klebstoff

Die Bruchstücke ohne Kleber aneinander passen. Die Teile mit einem Föhn langsam erhitzen, bis sie sich warm anfühlen. Dadurch läuft der Klebstoff besser in die Fuge. Dünnen Epoxidharzkleber nach Vorschrift auf die Bruchstelle des Hauptteiles auftragen. Das abgebrochene Teil anpassen und pressen. Über den Bruch unter Druck Klebeband anbringen, bis der Kleber abgebunden ist.

2 Glätten der Fuge

Bevor der Kleber hart ist, mit der Spitze eines Skalpells den überschüssigen Klebstoff entfernen. Die polierte Oberfläche dabei mit der Klinge nicht beschädigen.

3 Ausfüllen von Fehlstellen

Bei Bedarf werden nach dem Kleben fehlende Stückchen mit einem gefärbten Füller aus Bakelitresten vermischt, mit Epoxidharzkleber geschlossen und mit dem Messer geglättet (s. oben).

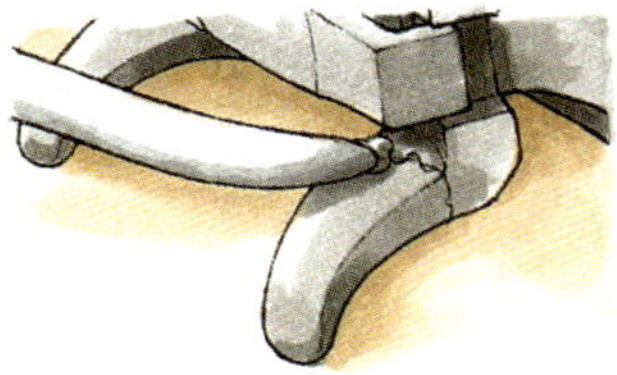

Entfernen von Kratzern

Plexiglas hat eine hochglänzende Oberfläche, die durch Kratzer beeinträchtigt wird. Tiefe Kratzer können mit der Hand und feinem Nass- und Trockensandpapier sowie Wasser abgeschliffen und danach handpoliert werden (s. unten). Einfacher geht es allerdings mit einer elektrischen Schwabbel mit Baumwollscheibe und feiner Schmierseife. Es ist ohne großen Druck zu arbeiten, damit der Kunststoff nicht zu heiß wird. Um einen sanften Übergang zu erreichen, wird über den Kratzer hinaus geschliffen.

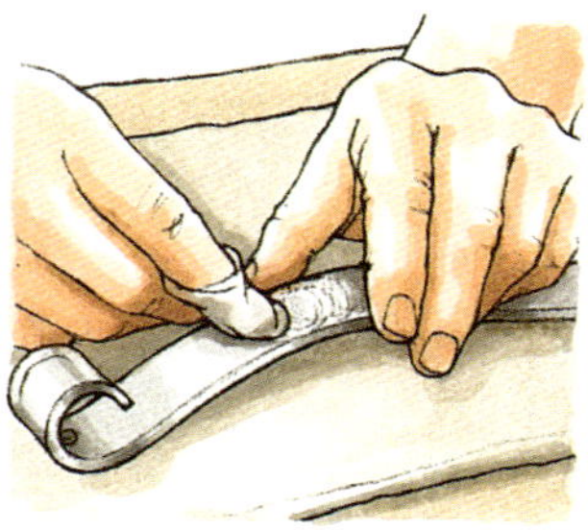

Polieren mit der Hand

Eine infolge feiner Kratzer matte Oberfläche kann mit der Hand und handelsüblichen Acrylpolituren bearbeitet werden. Die Politur mit einem weichen Tuch kreisförmig auftragen. Zuletzt mit einem sauberen weichen Tuch schwabbeln.

Übersicht zu den verschiedenen Kunststoffen

Material Handelsname	Farbe	Lichtdurchlässigkeit	Merkmale	Formgebung	Typische Beispiele
Hartgummi Vulkanit	Schwarz ist typisch, aber auch Rot und wellenartige Effekte.	Opak	Hart. Beim Reiben entsteht Schwefelgeruch. Im Licht wird er braun.	Spanabhebend mit Maschine hergestellt oder geformt.	Kleine Dosen, Kämme, Füllfederhalter, Schmuck. Vulkanit in Pink wurde auch für Zahnprothesen benutzt.
Schellack	Dunkelbraun, Schwarz oder rötlicher Ocker.	Opak.	Hart und spröde. Riecht beim Schmelzen nach Siegelwachs.	Meist geformt.	Dekorative Bilderrahmen, 78er Schallplatten, Dosen und Kästchen.
Nitrozellulose Zelluloid	Alle Farben, auch gesprenkelte, perlmuttartige und spezielle Effekte.	Durchsichtig, durchscheinend oder opak.	Flexibel und fest. Riecht nach dem Erwärmen nach Kampfer.	Meist sehr dünne Platten. Hohle Körper können mit Gips gefüllt sein.	Dünner Belag auf Spiegelglas und anderen Kosmetik-Utensilien. Füllfederhalter.
Kasein Galalith	Alle Farben, auch gesprenkelte, perlmuttartige und spezielle Effekte.	Meist opak. Einige sind durchscheinend wie bei künstlichem Schildpatt und Horn.	Hart. Im Wasser riecht es manchmal nach Formaldehyd.	Meist spanabhebend hergestellt, maschinell heiß gepresst zu flachen Objekten, nicht geformt.	Farbige Stricknadeln, Knöpfe und Drehbleistifte.
Phenolpresspulver Bakelit	Meist braun, rot oder grün gesprenkelt, auch einfarbig Schwarz oder Braun.	Opak.	Hart und spröde. Die Oberfläche ist oft braun verfärbt. Kann bei Erwärmung nach Karbolineum riechen.	Immer in Formen hergestellt.	Radiogehäuse, Aschenbecher, Elektrostecker und Fassungen.
Phenolgießharz	Alle Farben sind möglich, selten Weiß oder Blau.	Oft durchscheinend und marmoriert, selten durchsichtig und manchmal opak.	Hart und spröde. Die Oberfläche ist oft braun verfärbt. Bei Erwärmung kann es nach Karbolineum riechen.	Meist Abschnitte von Stäben, Rohren usw., oft spanabhebend geformt.	Serviettenringe in Tierform und geschnitzte Armreifen. Schreibtischgarnituren.
Aminoplaste Melamin	In verschiedenen Farben, aber auch marmoriert oder gesprenkelt.	Niemals durchsichtig, es kann durchscheinend und manchmal marmoriert wie Alabaster sein. Melamin ist opak.	Hart und spröde wie Bakelit, aber Aminoplaste verfärben sich nicht.	Immer in Formen hergestellt.	Farbiges Campinggeschirr. Matte Farben bei Elektrosteckern und Fassungen. Melamin: Festes und farbiges Essgeschirr.
Zelluloseacetat Bergacell Tenite Acetat	Alle Farben, meist einfarbig, gelegentlich marmoriert.	Durchsichtig, durchscheinend oder opak.	Widerstandsfähig und etwas weich, flexibel an dünnen Stellen. Häufig riecht es bei Erwärmung nach Essig.	Meist geformt.	Filme, besondere Rahmen, alte Puppen und Spielzeug.
Acrylharz Plexiglas	Alle Farben, besonders häufig Pastelltöne.	Durchsichtig, durchscheinend oder opak.	Hart, nicht spröde. Glatte, glasartige Oberfläche, die leicht zerkratzt werden kann.	Meist heiß aus Platten gestaltet, aber auch geformt.	Flache Teller, Lampen, Uhren und durchsichtige Anstecknadeln mit Schnitzerei auf der Rückseite.
Polyvinylchlorid PVC Vinidur Vinoflex	Alle Farben.	Durchsichtig, durchscheinend oder opak.	Weich und sehr flexibel, jedoch kann modernes PVC fest sein. Die Oberfläche radiergummiartig.	Kunstlederbeschichtung oder geformt.	Flexibles Babyspielzeug, hohle Bälle, Modegürtel, Schallplatten.
Polystyrol	Alle Farben. Perlmutt gab es vor einiger Zeit, es hatte schimmernde Effekte.	Durchsichtig, durchscheinend oder opak.	Hart und spröde, manchmal zäh. Beim Beklopfen blecherner Ton.	Meist geformt.	Spielzeug, Selbstbaumodelle, billige Mitbringsel.
Polyethylen Baylon Hostalen Lupolen	Alle Farben.	Meist durchscheinend, manchmal opak.	Weich und flexibel. Fühlt sich „ölig" an, durch Fingernägel entstehen Kratzer.	Meist geformt.	Luftdichte Lebensmittelverpackungen, Spielzeug und Perlen.

Glossar

Aceton
Farbloses, brennbares Lösungs- und Reinigungsmittel.

Acryllack
Ein Klarlack auf Wasserbasis, vor allem als Holzüberzug oder als Schutzschicht über Anstrichen benutzt, ebenso als Glasurersatz bei der Keramikrestaurierung.

Ader
Ein schmaler Furnierstreifen zur Abgrenzung der umgebenden Flächen.

Alpaka (Neusilber)
Eine Legierung aus Kupfer, Nickel und Zink, wird elektrolytisch versilbert.

Angeschlagene Keramik
Meist halbkreisförmig abgebrochenes Stück an den Rändern von Tassen, Tellern, Vasen und anderen Keramikgegenständen.

Anlaufen
Leichte Korrosion.

Ausblühungen
Weiße Schlieren auf klaren Überzügen infolge des Einwirkens von Feuchtigkeit oder Hitze.

Ausfiedern
Herstellen eines unauffälligen Überganges zwischen zwei Farbflächen aus unterschiedlichem Material.

Ballen
Weicher Ballen zum Auftragen von Französischer Politur. Besteht aus einem Baumwollwattebausch, der in ein viereckiges Baumwolltuch eingeschlagen ist.

Bindung
Die Kreuzungsart von Kett- und Schussfäden bei der Textilweberei. Es gibt drei Grundformen: Leinen-, Körper- und Atlasbindung.

Blasen
Kleine abgehobene Stellen im Furnier, wo es abgeleimt ist.

Blattgold
Hauchdünne Blätter aus reinem Gold, die zur Verzierung aufgelegt werden. Als Ersatz dient das billige Blattmetall aus Messing.

Bläuen
Durch Erwärmung und plötzliche Abkühlung von Eisen entstehendes dunkelblaues Oxid als Schutzschicht vor Korrosion, vor allem an Kanonenrohren, Rüstungen und Uhrzeigern zu finden.

Bleirute
Genuteter Bleistreifen zwischen den Glasstücken bei Bleiverglasungen oder Glasmalereien.

Bleiverglasung
Fensterscheibe aus kleinen, klaren, gefärbten oder strukturierten Glasstücken, die von genuteten Bleiruten gehalten werden.

Blindholz
Unterlage aus Massivholz oder Spanplatte für die Furnierung.

Boulle-Marketerie
Dekorative Furniergestaltung aus Messing- und Zinnblech, Schildpatt und anderen Materialien.

Britanniametall
Eine Legierung aus Zinn, Antimon und Kupfer. Sie ist härter und heller als altes Zinn und wurde oft für elektroplattierte Metallwaren verwendet.

Buchblock
Die zusammengenähten und -geklebten Seiten eines gebundenen Buches.

Cabochon
Gewölbter, glatter Schmuckstein.

Chromstahl
Relativ moderne, silbrige, nicht rostende Legierung aus Stahl und Chrom.

Destilliertes Wasser
Wasser, das industriell destilliert wurde, um Verunreinigungen auszufiltern.

Dokumentenreiniger
Radiermittel in Pulverform in einem grobmaschigen Beutel. Wird zum Reinigen von Papier benutzt und schleift die Oberfläche nur leicht.

Dokumentenreparaturstreifen
Selbstklebender, säurefreier Papierstreifen mit einer reversiblen Acrylklebefläche.

Ebenholznachbildung
Schwarze Holzbeize zur Nachahmung echten Ebenholzes meist auf Birnbaum.

Ebenholzpolitur
Schwarz gefärbte Französische Politur als Überzug für sehr dunkle Hölzer. Häufig für Klaviere benutzt.

Ecken streichen
Zur Einbeziehung der Ecken den Pinsel etwa 2 mm vorher hochziehen, die Farbe läuft von selbst hinein.

Einguss
Trichterförmiges Reservoir in der Gussform mit Verbindungskanal zum Hohlraum des Gussstückes.

Einlagen
In vertieft ausgeschnittene Muster werden Stücke aus Holz und Metall oder halbedle Materialien bündig zur umgebenden Oberfläche eingeklebt.

Email
Farbiges opakes oder durchscheinendes, mit verschiedenen Verfahren auf Metall aufgeschmolzenes Glas. Sind die Farbflächen durch aufgeschmolzene Stege getrennt, heißt dieses Email Zellenschmelz (Cloisonné), ist das Email in gravierte Vertiefungen eingegossen, nennt man es Grubenschmelz (Champlevé). Es gibt u. a. noch das Tiefschnitt-, Fenster-, Körper- und das Maleremail.

Emaileinbrenn-Klarlack
Transparenter Lack, der bei relativ niedriger Temperatur in einem Küchenherd erhärtet. Dient zur Restaurierung der Keramikglasur.

Engobe
Gefärbter Tonschlicker zur Dekorierung von Keramik.

Epoxidharzklebstoff
Zweikomponenten-Klebstoff aus Epoxidharz und einem Härter. Mischt man beide zusammen, entsteht eine sehr feste Verbindung.

Epoxidharzspachtel
Ein Füller bzw. eine Modelliermasse aus zwei Komponenten, die bei Zusammenkneten hart werden.

Falzbein
Flaches, vorn zugespitztes, spatelähnliches Werkzeug aus Knochen. Vom Buchbinder zum Falten von Papier, auch für Klebebünde und zum Kaschieren verwendet.

Fayence
Zinn- und bleiglasierte Irdenware.

Federring
Ein hohler runder Ring mit einem Federbolzen. Benutzt als Verschluss von Armbändern und Halsketten.

Fliegendes Blatt
Die lose Hälfte eines Vorsatzpapiers, zugleich das erste und letzte Blatt eines gebundenen Buches.

Flor
Samtartige Oberfläche bei Teppichen, entstanden durch die abgeschnittenen Knotenenden.

Flussmittel
Eine Substanz zum Reinigen der zum Löten vorgesehenen Stellen.

Französische Politur
Überzug für Holz aus in Spiritus gelöstem Schellack. Wird mit einem Ballen aus Watte, die mit einem Tuch eingeschlagen ist, aufgetragen. Siehe auch Politur für Pinselarbeit, Knopfschellackpolitur, Ebenholzpolitur, Granatpolitur, Transparente Politur, Weiße Politur.

Furnier
Dünne Blätter aus Holz zur Abdeckung von weniger gutem Blindholz (vor allem Nadelholz) oder von Spanplatten.

Furnierband
Furnierstreifen mit und ohne Muster für dekorative Randabschlüsse (siehe auch Querfries).

Furnierhammer
Hammer mit einer Messingvorderkante zum Andrücken von geleimtem Furnier.

Galvanisierung
Elektrolytisches Auftragen von dünnen Schichten vor allem aus Silber und Chrom auf ein Trägermetall.

Gaze
Durchsichtiges, gitterartiges Gewebe, das den Rücken des gebundenen Buchblockes mit den Einbanddeckeln verbindet.

Gazeheftbund
Verbindungsstreifen zwischen einem Buchblock und den Pappdeckeln aus Gaze. Wird mit Klebestreifen verstärkt und von den Vorsatzpapieren bedeckt.

Gelatine
Aus pulverisierten Tierhäuten und -knochen in Wasser gekocht. Gut geeignet als Papierleim.

Geschlagenes Metall
Festigen der Wandung von Metallgeräten durch Hämmern.

Geschliffenes Glas
Gläser, die durch ein Schleifrad mit Facetten, Kerben und kreisförmigen Vertiefungen verziert sind.

Glasmalerei
Bleiverglaste Fenster mit bemalten Glasscheiben.

Glasprismen
Tropfenförmige, reflektierende Glas- oder geschliffene Kristallglasstücke an Kron- oder Tischleuchtern.

Glasur
Eine harte, glasige, durchsichtige und wasserundurchlässige Schicht auf Keramik, auf die auch gemalt werden kann.

Granatpolitur
Tief rotbraune Französische Politur, entspricht der Tönung von Mahagoni bzw. anderer ähnlicher Holzsorten.

Grundierungsschicht
Ein Auftrag von verdünntem Anstrich auf das unbehandelte Holz, damit der Schlussüberzug nicht weggesaugt wird.

Grünspan
Grünliche Ablagerung auf Bronze, Kupfer und Messing. Entsteht durch Korrosion.

Haarrisse
Ganz feine Sprünge in Porzellan oder Irdenware.

Hartlöten
Herstellen einer haltbaren Verbindung von Metallen durch ein Hartlot mit hohem Schmelzpunkt.

Hartporzellan
Eine Mischung aus Kaolin, Quarz und Feldspat. Wurde 1707/08 von J. F. Böttcher und E. W. von Tschirnhaus in Dresden erfunden.

Heizspachtel
Thermostatisch kontrolliertes Werkzeug mit einem elektrisch beheizten Schuh für Papier- und Buchrestauratoren, u. a. zum Aufbringen von Heißaufziehfilm.

Holzdichte
Kennzeichnung für den Faserwuchs bei Holz je nach Art der Zellen.

Holzmehl
Fraßreste von Holzwürmern.

Holzwurm
Larve des Klopfkäfers, der die Holzfasern frisst und ein Netzwerk von Gängen hinterlässt.

Intarsien
Auf Blindholz zu Mustern oder Bildern aufgeleimte Holzfurnierstücke. Siehe auch Boulle-Marketerie.

Irdenware
Keramik mit nicht durchscheinendem, porösem Scherben, die bei relativ niedriger Temperatur gebrannt wird und eine Glasur erhält, damit sie dicht wird. Irdenware hat einen vergleichsweise groben Scherben in verschiedenen Färbungen von Rotbraun bis zu Weiß und Schwarz.

Kalkflecken
Weiße Ablagerungen von Mineralsalzen, die im harten Wasser gelöst sind.

Kapital
Schmales Textilband an den beiden Enden des Rückens vom Buchblock.

Karat
Bezeichnung zur Angabe des Feingehaltes von Gold und des Gewichtes von Edelsteinen.

Kelim
Gewebter Teppich ohne Flor, hauptsächlich in Mittelasien hergestellt.

Kettfäden
Die senkrecht verlaufenden Fäden bei einem gewebten Stoff.

Klammer
Metallklammer für das Aneinandersetzen von Keramikscherben ohne Klebstoff.

Klebeband
Nicht sehr stark haftendes Klebeband zum Abdecken von Stellen, die keinen Anstrich erhalten sollen.

Knochenleim (Tischlerleim)
Traditioneller Holzleim aus tierischen Häuten und Knochen. Er wird als Perlleim oder Gel zum Mischen mit warmem Wasser angeboten.

Knopfschellackpolitur
Erstklassische Politur aus goldbraunen Schellackblättchen hergestellt.

Krakelee
Feine Risse, die netzartig die Glasur von Töpferwaren und Porzellan durchziehen.

Krakelierte Glasur
Eine Glasur, die während der

Herstellung reißt, wodurch eine dekorative Oberfläche entsteht.

Kreidegrund (Gesso)
Eine Masse aus Kreide und Hasenleim. Aufgetragen auf Holz wird es geschliffen und dient als Unterlage zur Blattvergoldung.

Kurzfaserigkeit
Damit wird eine schmale gesägte Stelle am Holz bezeichnet, bei der die Fasern quer geschnitten sind.

Lage
Mehrere gefaltete und zusammengeheftete Doppelseiten aus einem Druckbogen.

Legierung
Eine Mischung von zwei oder mehreren Metallen.

Lineal
Metall- oder Holzlineal mit wenigstens einer festen Kante zum Anreißen und Schneiden gerader Linien und zum Abmessen glatter Flächen.

Luftpfeifen
Kanäle in einer Gussform vom Hohlraum nach außen zur Ableitung der Luft beim Eingießen des flüssigen Materials.

Lüsterglasur
Hauchdünne Metall- oder Metalloxidschicht auf Keramikglasuren.

Marketerie
Intarsie mit geometrischen Mustern, auch furnierte Dekore aus verschiedenen Materialien (siehe Boulle-Marketerie und Intarsien).

Maserung
Die Zeichnung, die durch den Faserwuchs auf der Oberfläche von Massiv- oder Furnierholz entsteht.

Mikrokristallines Wachs
Feine weiße Wachspolitur als Überzug für verschiedene Materialien.

Nass- und Trockensandpapier
Siehe Silikonkarbidschleifpapier.

Neusilber
Siehe Alpaka.

Niello
Vertieft in einen Metallgrund in Mustern eingelassene schwärzliche, schwefelhaltige Metallpaste.

Ofenschwärze
Eine Mischung aus Graphit und weichem Wachs. Ergibt auf Eisenguss einen dunkelgrauen Metallglanz.

Offene Fassung
Eine aus einem Metallstreifen bestehende, von unten offene Edelsteinmontierung.

Ösen
Gesprengte Metallringe an den Enden von Halsketten zum Anbringen eines Verschlusses oder eines Federringes.

Oxalsäure (Kleesäure)
Giftiges, kristallines Kaliumhydrogenoxalat, als Bleichmittel benutzt.

Paraffin
Aus Erdöl oder Braunkohlenteer bestehend, als Lösungs- und Reinigungsmittel verwendet.

Passepartout
Ein Karton mit einem eckigen Fensterausschnitt zur Umrahmung von Bildern.

Patina
Färbung und Struktur der Oberfläche von natürlich gealterten und lange gebrauchten Gegenständen.

Perlmutt (Perlmutter, Perlmut)
Die irisierende Innenschicht von Perlmuschel- und Seeschneckenschalen.

Plattbohrer
Ein kleines Werkzeug zum Bohren von Löchern. Es hat eine scharfe Spitze wie ein Schraubenzieher, damit das Holz nicht splittert.

Polierleder
Weiches Wildleder zum Polieren aus Ziegen- oder Schafshaut, auch als Sämischleder bezeichnet. Es wurde früher aus der Haut der Gämse hergestellt.

Politur für Pinselarbeit
Eine Politur, die mit dem Pinsel anstelle eines Ballens aufgetragen wird.

Polyethylen
Polymerisationsprodukt des Ethylens, zu Isolier- und Verpackungsmaterial verarbeitet. Wird unter den Namen Lupolen, Hostalen u. a. gehandelt.

Porzellan
Der feine, weiße, aus Kaolin, Feldspat und Quarz bestehende und glasierte Scherben von Porzellan entsteht durch hohe Brenntemperatur. Er ist sehr hart und durchscheinend. Siehe auch Hart- und Weichporzellan.

Puffer
Eine alkalische Substanz im Karton oder Papier, um sie säurefrei zu machen.

PVAC-Klebstoff (Holzkaltleim)
Fertiger Holzklebstoff auf Wasserbasis. Von Buchbindern in einer restaurierungsgeeigneten Variante benutzt.

Querfries
Furnierstreifen mit Quermaserung im rechten Winkel zur Maserung der Hauptfläche.

Reversibel
Ein Prozess, der wieder rückgängig gemacht werden kann und bei dem das verwendete Material nicht lange wirksam bleibt.

Richtplatte
Kräftige Gusseisenplatte zur Bearbeitung von Metallgegenständen.

Rücken
Die eingebundene Rückseite eines Buches sowie des Einbandes.

Säurefrei
Betrifft Papier oder Karton aus Lumpenfasern oder gebleichter Holzpulpe mit neutralem oder leicht alkalischem pH-Wert.

Schellack
Wird aus dem Sekret der Lackschildlaus gewonnen und ergibt in Spiritus gelöst die Französische Politur. Schellack wird noch für vieles andere benutzt, wie z. B. für Schleiflack und Siegelwachs, früher auch für Schallplatten.

Schichtaufbau
Der Prozess des Auftragens von Schellackpoliturschichten (Französische Politur) bis zur gewünschten Stärke.

Schussfäden
Die waagerecht verlaufenden Fäden bei einem gewebten Stoff. Sie liegen über und unter den Kettfäden.

Schutzumschlag
Abnehmbare, bedruckte Umhüllung aus Papier, die um ein gebundenes Buch geschlagen wird.

Schwabbeln
Feinpolieren von Oberflächen mit textilen Materialien von Hand oder mechanisch mit einer Schwabbelscheibe.

Schweißen
Zusammenschmelzen zweier Teile aus Metall oder Kunststoff durch Hitze. Beim Schweißen von Metall wird normalerweise ein extra Schmelzmetall eingefügt. Bei Kunststoff wird häufig ein Lösungsmittel an der Verbindungsfuge aufgebracht.

Sheffield-Ware
Besteht aus dünn ausgewalzten Kupferplatten mit Silberauflage auf einer oder beiden Seiten.

Silbertuch
Poliertuch, das zum Reinigen von Silberzeug mit nicht abtragender Politur imprägniert ist.

Silikonkarbidschleifpapier
Sandpapier aus dunkelgrauen Silikonkarbidkörnchen, die mit wasserfestem Klebstoff auf dem Papier befestigt sind. Bekannt als Nass- und Trockensandpapier wird es mit Wasser als Schmiermittel zum Abschleifen von Farb- und Lackschichten benutzt. Ein hellgraues Silikonkarbidpapier mit einem Schmiermittel in Form von Trockenpulver wird zum Schleifen von Oberflächen verwendet, die wasserempfindlich sind.

Silizium, gebrannt
Reines, pulverisiertes Silizium, als Trübungsmittel verwendet.

Spanplatten
Stabile Platten aus Holzspänen und Bindemittel gepresst.

Spelter
Legierung von Kupfer und Zink für dekorative Gegenstände und als Ersatz für Bronze bei gegossenen Figuren.

Spiritus
Durch Pyridin vergällter Ethylalkohol. Der giftige Methylalkohol wird oft violett gefärbt. Beides verwendet als Lösungs- und Reinigungsmittel.

Spritzgriffel
Zum Sprühen von Farben und Überzügen als Glasur- und Fondersatz. Ein Spritzgriffel erlaubt sehr genaues Arbeiten.

Stahlwolle
Kissen aus Stahlspänen zum Schleifen von Oberflächen und zum Auftragen von Überzügen.

Steinzeug
Hochgebrannte, salz- oder lehmglasierte Keramik mit dichtem Scherben aus einem speziellen Ton, manchmal mit Sandmehl gemagert. Es gibt Steinzeug mit weißem, blaugrauem, beigefarbenem und braunem (Böttchersteinzeug) Scherben. Aus England stammt die schwarze Basalt- und die blaue Jasperware.

Stockflecken
Kleine braune durch Schimmel hervorgerufene Flecken auf feuchtem Papier.

Sumakh
Eine Sorte flach gewebter Teppiche aus dem Kaukasus und aus Nordwestpersien.

Tafel
Ein extra gedrucktes Bild zur Buchillustration.

Terpentin (eigentlich Terpentinöl)
Eine farblose, ölige Flüssigkeit mit einem stechenden Geruch. Benutzt als Lösungsmittel für Farben und Lacke.

Terpentinersatz (Testbenzin)
Farbloses Lösungsmittel aus Erdöl oder Braunkohlenteer für Farben und Lacke.

Titandioxid
Weißes Pigment, wird dem Leim beigefügt, um Vergilben zu reduzieren.

Transparente Politur
Klare Französische Politur, welche die Farbe des Holzes kaum verändert.

Verdünnung
Mittel zur Verflüssigung von Farben, Lacken und Polituren.

Vergoldete Bronze
Feuervergoldete, dekorative Bronzeapplikationen an Möbeln, Uhren und manchmal auch an Keramik.

Vergoldetes Silber
Silber, das eine dünne Goldauflage hat.

Vergoldung
Auftragen von Blattgold oder Goldlack.

Verzinnen
Überziehen von Eisenblech mit Zinn (Weißblech) unter Zuhilfenahme der Spitze eines Lötgerätes mit Lot.

Vorsatzpapier
Papierblätter, die zur Hälfte auf die Innenflächen des vorderen und hinteren Buchdeckels aufgeleimt sind und als Spiegel bezeichnet werden. Die nicht angeklebte andere Hälfte ergibt das fliegende Blatt.

Wasserflecken
Graue oder braune Flecken, die durch Feuchtigkeit in den Fasern von Textilien oder Papier entstehen.

Wasserstoffperoxid
Bleichmittel in verschiedenen Wirkungsgraden.

Weichlöten
Das Verbinden von zwei Metallteilen mit Weichlot und einem erhitzten Löteisen.

Weichporzellan
Weichporzellan hat weniger Kaolin als Hartporzellan und wird auch niedriger gebrannt.

Weiße Politur
Milchig-weiße Variante der Französischen Politur aus gebleichtem Schellack für helle Hölzer.

Zellulosefüller
Ein Füller, den Dekorateure zum Schließen von Löchern oder Rissen in Gips benutzen. Auch zur Restaurierung von Irdenware geeignet.

Zinkspritzguss (Mazac)
Legierung aus Zink und Magnesium, die unter Druck in beheizte Formen gepresst wird. Besonders zur Herstellung von Spielzeug verwendet.

Zinnfiguren
Vorwiegend Soldaten, die flach (etwa 1 bis 2 mm) in Metall gegossen und flach reliefiert sind.

Zyanacrylatklebstoff
Klarer Mehrzweckkleber auf Acrylatbasis, bekannt als Kraftklebstoff.

Register